YANDI WENHUA
YU
ZHONGHUA WENMING

炎帝文化与
中华文明

马平安 著

团结出版社

图书在版编目（CIP）数据

炎帝文化与中华文明 / 马平安著 . -- 北京：团结
出版社，2023.8
ISBN 978-7-5234-0193-4

Ⅰ . ①炎… Ⅱ . ①马… Ⅲ . ①炎帝 - 人物研究②远古
文化 - 文化研究 - 中国 Ⅳ . ① K827=1 ② K210.3

中国国家版本馆 CIP 数据核字（2023）第 095432 号

出　　版：团结出版社
　　　　　（北京市东城区东皇城根南街 84 号　邮编：100006）
电　　话：（010）65228880 65244790（出版社）
　　　　　（010）65238766 85113874 65133603（发行部）
　　　　　（010）65133603（邮购）
网　　址：http://www.tjpress.com
E-mail：zb65244790@vip.163.com
　　　　　tjcbsfxb@163.com（发行部邮购）
经　　销：全国新华书店
印　　装：三河市东方印刷有限公司

开　　本：170mm×230mm　　16 开
印　　张：17
字　　数：260 千字
版　　次：2023 年 8 月　第 1 版
印　　次：2023 年 8 月　第 1 次印刷

书　　号：978-7-5234-0193-4
定　　价：58.00 元

前言　炎帝文化：中华民族的源头活水

一

在中华民族源头史上，有很多人物都值得世人缅怀。

神农氏时代的标志性人物——炎帝神农氏，就是这样的典型人物。

炎帝文化是中华文明的源头之一。

所谓炎帝文化，大致就是后人对神农氏时代炎帝氏族的历史追忆，是探讨、总结与研究炎帝氏族所生产的物质文化和精神文化的综合成果，是从神农氏时代的先民传闻开始，经五帝、夏商周时代直至今日，历代对炎帝神农氏及其氏族部落传说所进行的阐发、认同与不断重构的文化，是中华民族精神与文化血脉的重要组成部分，是中华民族的文化溯源、寻根和追魂之学。炎帝氏族，在华夏历史的黎明时期，以自己的开拓、进取和创新，为中华文明作出了引领性、独创性的贡献，形成了炎帝神农氏这样符号化的人物以及炎帝文化的内核精神。

然而，遗憾的是，在先秦至两汉的国家正史中，并没有对炎帝神农氏的历史贡献给予应有的重视，没有将炎帝文化纳入国家治理文化的行列，没有给炎帝神农氏立纪或作传，即使如史家绝唱之司马迁的《史记》与学问独步天下之班固的《汉书》，谈到炎帝神农氏时也都是寥寥数笔带过，这给后人了解这位伟大的人文始祖造成了很大的困难。因此，为炎帝神农氏立传十分必要。

炎帝神农氏是神农氏时代炎帝氏族首领之群称。先秦文献《国语》《世本》皆记载，炎帝发祥于姜水，因姓姜。以火德王，亦以火纪官，故称炎帝，或曰帝炎，一云赤帝，一云有炎氏。兴农业，嘉禾粒民，号神农氏，一云农皇。又曰本起烈山，故亦曰烈山氏。一云厉山氏，一云连山氏，一云伊耆氏，一云大庭氏，一云魁隗氏。炎帝身号，神农世号，合称炎帝神农氏。炎帝氏族的世代首领亦皆以此称谓。故里宝鸡，或曰随州，亦云发祥于湖湘、中原、三晋等地。兴盛伊、耆，曾都陈，后迁鲁，族裔遍及黄河、长江、珠江、辽河流域及大漠边陲等地，数千年代代承继，奋斗不止。上承伏羲氏之蛮荒时代，弃茹毛饮血之腥臊，播五谷种植之馨香，将渔猎采集经济发展为农耕经济；下启轩辕氏统一万邦之时代，炎黄合作、结束分裂，共同开启华夏大一统历史新篇章。炎帝神农氏，殚精竭智，合众开疆，芟夷万难，创业洪荒。斫木为耜，揉木为耒，耒耨之利，以教天下。亲尝百草而解众药寒温之性，悟君臣佐使之义，救人夭伤，后人尊奉为药祖，后世传有《神农本草经》。列廛市，首倡交易，日中为市，贸易初形。上观法于天，下取法于地，近取诸身，远取诸物，总会枢极，削桐为琴，绳丝为弦，以通神明之德，合天地之和，通万物而考治乱。作《扶持》歌以化民，又称《下谋》传后世。在伏羲氏基础上复演八卦为六十四卦，名曰《连山易》，又称《中天易》。为政治民，风俗淳良，润物无声，不贵难得之货，不器无用之物，男耕妇织，刑措不用；不贪敛，不自贵，殷勤爱民，注重德化。始祖炎帝，仁厚寿昌，在位一百二十年而崩，一说在位一百四十年。古籍文献有七十世、十七世、八世等说，子孙繁盛，族裔绵长，足迹八荒，留踪四海，在中华文明起源史上留下了浓墨重彩之一页。其事迹载《尚书》《国语》《左传》《世本》《周易》《庄子》《管子》《礼记》《列子》《尸子》《墨子》《孟子》《逸周书》《山海经》《战国策》《商君书》《韩非子》《竹书纪年》《吕氏春秋》等先秦文献典籍中，亦见于汉以来《史记》《汉书》等正史以及为历代杂史、地方志所记述。后人尊奉为人皇，跻身三皇之行列；又与黄帝、蚩尤一起，成为中华民族之始祖。五千余年来，香火不断，万古流芳。

二

神农氏时代距今 10000 年左右（约 12000—5000 年），开始于约公元前 10000 年，结束于公元前 3000 年上下，相当于我国考古学所定义的新石器时代。根据考古资料，我们可以将神农氏时代划分为早、中、晚三个时期。（1）早期：距今约 12000—9000 年，社会性质是母系氏族社会。在这一时期，先民稻作农业、粟作农业都已在南北各地相继出现，但还处于萌芽开端状态，由于生产经验不足，工具简陋，其产量还非常有限，是从渔猎采集经济向农耕经济逐渐过渡时期。（2）中期：距今约 9000—7000 年，处于母系氏族社会繁荣时期。在这一时期，长江流域中游的稻作农业、黄河流域中下游的粟作农业都开始逐渐走向成熟，生产经验、生产工具与粮食产量都得到了较大的进步，家畜饲养业也已出现。（3）晚期：距今约 7000—5000 年。在这一时期，炎帝氏族开始跨入父系氏族社会，社会等级现象出现，先民迅速向"古国"时代过渡。

大量考古资料表明，早在旧石器时代晚期，在中国长江、黄河流域等广阔地域内，已经生活着大大小小众多的氏族部落，过着采集和渔猎的生活。从文献学角度看，这是伏羲氏时代向神农氏时代的过渡时期。迄今为止，长江流域、黄河流域已考古发现众多原始稻、粟等农作物的文化遗存。其中长江流域的江西万年仙人洞与吊桶环遗址，湖南澧县彭头山、八十垱及城头山遗址，浙江余姚河姆渡文化；黄河流域的河北保定徐水南庄头遗址，陕西宝鸡一带以高家村遗存、苟家岭遗存、旭光二号遗存、冉家沟遗存为代表的老官台文化，以及河南新郑的裴里岗文化、河北邯郸武安的磁山文化等文化遗存颇具代表性。它们既代表了上古中国长江、黄河流域处于新石器时代早、中期原始农业的变化发展进程，又说明了神农氏时代早、中期原始农业的大致情况，据放射性碳素断代其时间大约距今为 10000—7000 年。在这一时期，先民不仅已经由游牧转变为农耕定居，使用经过磨制的石器、骨器、木器等生产工具，而且经济上已经出现了比较典型的原始农业形态。陶器和纺织也已经出现，但还比较原始。而神农氏时代中、晚期，即考古学上所说的仰韶文化中、晚期，其放射性碳素断代时间距今 5000—7000 年左右。这一时期，在黄河流域有北首岭、福临堡、石嘴山、姜城堡、仝家沟等宝鸡遗存，半坡和庙底沟等仰韶文化类型；在江汉地区和长江三峡地区有屈家岭文化、大溪文化等遗存。此时的社会性质是处在母系氏族公社繁荣并开始向父系氏族社会迅速过渡时期，人们定居生活已相当稳固，生产工具主要以磨制的石器为主，甚至已经出现了黄铜冶炼的尝试；农业已成为经济生活中的主体；制陶业也已相当进步。人们已学会驯养猪、狗、牛、鸡等牲畜，先民已进入了物质生活较为丰富的氏族部落交往的时代。此后，随着生产力的发展，剩余物交换的频繁，炎帝氏族的社会发生分化，各部落间出现纠纷甚至战争，炎帝、蚩尤争位，黄帝轩辕氏部族乘势崛起。经过涿鹿等上古大战，中国历史进入了黄帝时代。

三

世人之所以缅怀炎帝神农氏，是因为谈华夏社会的农耕文明创造，谈华夏社会早期之人文化成，谈中华上古史，炎帝神农氏都是不可或缺的重要人物，他代表着中华农业的起源，是神农氏时代的群体代表和新石器时代的文化象征。

天地玄黄，宇宙洪荒。

在距今12000年左右，中华先民跨入了新石器时代——神农氏时代。此时，正是母系氏族社会的重要发展时期，历史需要伟人，历史也在召唤伟人的到来。在这样的环境下，一个对后世历史产生重大影响的氏族群体——神农（炎帝）氏族出现了，其领头人物就是炎帝神农氏。

开创华夏农业，陶铸民族精神，应是炎帝神农氏对中华文明最伟大的贡献。

从文献记载来看，炎帝神农氏又称烈山氏、厉山氏、连山氏、伊耆氏、大庭氏、魁隗氏、有炎氏，等等，总之有很多的名号，给人以很乱的感觉，很难理出个清晰的头绪来。但由此也给了我们以启发，或者，我们可以这样认为，神农氏是神农氏时代的氏族群体的代称，因为，神农氏时代的原始农业肯定是由无数个从事农耕的原始部族在不同的地域、不同的时期共同创造的。那么，炎帝神农氏则不仅仅是一个人，而是神农氏时代众多从事农业生产的氏族部落的首领群体。可以说，炎帝神农氏应该是"神农氏世"一批最杰出人物在不同时空的形象浓缩。

从文献典籍的描述来看，炎帝氏族的历代首领（或各地首领）各具特点，对后世皆具有开拓创造之功，为万世立标尺，经过一代又一代人的"挖山不止"，创造了一个令后人念念不忘、充满想象的简单、朴素、人和人之间没有战争、没有剥削、共同劳动、共同享有劳动成果的和谐社会风貌，值得世人尊敬和缅怀。

神农氏时代可谓中华民族的"创世"时代。

农业使人们定居，从而才有条件创造文化。

而炎帝氏族的主要功绩即在开创华夏农业。

夏曾佑在其所著《中国古代史·传疑时代（太古三代）》中说：

> 案此时代，发明两大事，一为医药，一为耕稼。而耕稼一端，尤为社会中至大之因缘。盖民生而有饮食，饮食不能无所取，取之之道，渔猎而已。然其得之也，无一定之时，亦无一定之数，民日冒风雨，蕶溪山，以从事于饮食，饥饱生死，不可预决，若是之群，其文化必不足开发。故凡今日文明之国，其初必由渔猎社会，以进入游牧社会。自渔猎社会，改为游牧社会，而社会一大进。盖前此之蚤暮不可知，巨细不可定者，至此皆俯仰各足，于是民无忧馁陟险之害，乃有余力以从事于文化。

对于上古农业文明出现之重要性，夏曾佑的评论诚然客观，然上古农业社会的形成，事实上不可能由某一人某一时即能完成，一定是经历过一个十分漫长的文明演进的变化发展的阶段。它应是一个较长时期的由炎帝氏族及其他从事农业生产的部落群体反复实践、不断探索，经验反复积累，文明不断跃进的渐进的变化过程，是炎帝氏族历经无数代奋斗、传承而最终完成的集体智慧的结晶。笔者更愿意将炎帝神农氏视作三皇时代的一个永远璀璨夺目的文化符号，将炎帝神农氏的种种发明创造，看作是上古先民们在漫漫岁月长河中的集体开辟和创造，炎帝神农氏应是神农氏时代先民们辛勤奋斗、勇于进取、开拓创新的形象代言人。这个时代比较漫长，按照《古史考》《帝王世纪》等文献的记载推断，至少长达500余年；如按照现代考古资料，则至少有上万年。作为农耕文明初创的先驱者，就像愚公移山寓言故事中愚公率领子孙决心搬走横在自己家门口的王屋、太行两座大山一样，炎帝氏族必定有过数十代、十几代或者至少经过八代的创业历史。

从考古学意义上看，稻作农业、粟作农业以及耒耜的发明可作为中国早期农耕起源的标志，而以稻、粟、耒耜所代表的农耕文化符号和生产力水平恰恰构成了炎帝文化的核心内容。

从文化史的角度讲，炎帝文化是中华文明史的源头，它奠定了中华上古文明史的基础，也预示和决定了中华文化未来发展、变化与走向的基因和特点。

在那个开辟蛮荒、生存极为困难的年代里，中华先民在炎帝神农氏的带领和影响下，筚路蓝缕，跋涉山林，以坚韧不拔之精神，披荆斩棘，艰苦奋斗，经过一代又一代人的不懈努力，终于实现了人类由纯消费型社会向自主生产型社会的转变，初步夯牢了中华民族原始农耕文明的基业，使中华先民开始由流动不定、巢居穴处的渔猎采集经济进步到了筑室定居、以农桑为主的种植养殖经济生活阶段。正是在此基础上，炎帝氏族实现了对群体内部的革命性的改革，创立了与渔猎采集时代完全不同的社会分工模式，这就是开创了男耕女织的性别分工生产方式。这可不是一次简单的生产力革命，而是中华文明史甚至人类历史上的一次质的飞跃。它从根本上改变了上古先民的生产与生活方式，是中国历史进入文明时代的启明星。这个时期，可谓中华民族诞生的摇篮期，而炎帝神农氏，正是这首时代摇篮曲的智慧谱曲者与高明演奏家。

四

长期以来，人们的意识多被炎帝的"帝"字光环所迷惑，以为既然炎帝神农氏是冠以"帝"字的中华第一帝，一定该是王者范儿十足、霸气咄咄逼人的传统帝王形象吧，可这其实是一种极大的误解。《说文解字·卷一》说："帝，谛也；王天下之号也。"《古代汉语词典》将此解释为"君主，皇帝"的意思。按照这两种解释，帝是统治天下的称号，是君主。然而，将这两种解释用到炎帝神农氏的身上却显得一点也不合适，更是对炎帝神农氏的一种极大误解。

事实上，最接近历史的真相可能是，神农氏时代历时约 7000 年，在其早、中期漫长的母系氏族社会的演进中，虽然逐步实现了从渔猎采集经济向农耕定居经济的过渡，但生产力水平仍然十分低下。只是到了公元前 5000—前 3000 年左右，母系氏族向父系氏族社会过渡基本完成之时，生活产品才开始出现了剩余。生产决定分配，环境决定意识。在神农氏时代的绝大多数时间内，还没有国家、阶级与私有制产生的条件与环境，部落首领是各氏族成员共同推选出来的为大家"免费服务"者，绝无后世帝王那样的特权。在那个时代，部落首领虽然没有特权，但是其选拔标准之严苛却一点也不含糊。首先，只有德高望重、以奉献精神感染大家、为族人信服并推崇的人才能担任；其次，必须是富有智慧、勇气、胆识兼备，能够带领部落族人维持生存、免于伤害、克服困难者；再者，身体健壮、气力十足也很可能是一个不可或缺的必备条件。总之，在那个时代，氏族首领仅仅是全体氏族成员为满足生存这个极为简单需要条件的组织者，是带领部族成员为衣食温饱与大自然搏斗的抗争者，他们既无优越于其他成员的待遇，也没有将自己的意志强加于其他成员的特权，炎帝神农氏就是这样一位真正的全心全意为族人服务的"公仆"。这种情况，在《韩非子·五蠹》篇中可以得到印证。韩非在谈到已经处在父系氏族社会的尧舜禹历史时说：

> 尧之王天下也，茅茨不翦，采椽不斫；粝粢之食，藜藿之羹；冬日麑裘，夏日葛衣；虽监门之服养，不亏于此矣。禹之王天下也，身执耒臿以为民先，股无胈，胫不生毛，虽臣虏之劳，不苦于此矣。以是言之，夫古之让天子者，是去监门之养，而离臣虏之劳也，古传天下而不足多也。今之县令，一日身死，子孙累世絜驾，故人重之。是以人之于让也，轻辞古之天子，难去今之县令者，薄厚之实异也。

按照韩非的说法，尧舜禹管理天下的时候，衣食住行和普通民众没有什么区别，住的是茅草陋房，吃的是野菜粗粮，穿着和普通民众一样再简单不过，而且还要比大家更加繁重苦劳。他们的情况和后世传统君主迥然不同。已经到了阶级社会门槛前的尧舜禹时代的部落首领日常情况尚且如此，身处母系氏族社会关键发展时期的具有原始共产制社会性质的神农氏时代，其情况一定比这还要艰苦和困难万倍。可见，炎帝神农氏并没有任何特权，说炎帝神农氏是无偿为民众服务的上古氏族首领可能更为合适。炎帝神农氏是华夏民族的人文始祖，是一个时代、一个氏族、众多部落群体探索创新、自强不息文化精神的象征。用后世拥有特权和等级观念的帝王形象来对号入座炎帝神农氏，这是一种想当然的意识在作祟，只能导致人们对炎帝文化意蕴的认识出现偏差，在理解上更加南辕北辙。

五

从严格意义上说，神农氏时代并不是中华历史的开端，只能说它与中华文明的初曙密切相关。

从历史上看，神农氏之前有伏羲氏时代，传说八卦就是伏羲所发明。伏羲氏之前传说还有个燧人氏时代，相传火种就是为他所发现。燧人氏时代之前还有个有巢氏时代，有巢氏时代之前一定还会有其他更古老更蛮荒时代的存在，如盘古创世时代等。不过，因为先秦历史上的记载模糊不清，语焉不详，到现在估计也说不清楚了。景明在《神农氏·炎帝》一书绪论中说：

> 中国古代传说历史之长和内容之丰富在世界上是首屈一指的，这也反映了我国先民在改造自然中的悠久历史和巨大成绩。有巢氏构木为室，燧人氏钻木取火，伏羲氏教民渔猎，神农氏发明农业，既是千百年来滋补我国文化的养料，也反映了先民在征服自然过程中的不同阶段。人们今天说中华民族是炎黄子孙，并不是一种虚幻的想象，它确实反映了我国历史和民族发展的实际。只是由于时间较为久远，当时缺乏文字记载，后人在传说中又加上自己时代的烙印。因此，一些传说便成为矛盾和失真的折射图像，使后人对其真实情况产生了迷惑。

事实诚然。在神农氏时代，因为原始农业的诞生，人类社会的发展出现了飞跃的现象，人类可以通过农耕生产来主宰自己的命运，终于摆脱了受天赐食的被动的命运，成了万物之王，一切都变得与以前不一样了。

农耕文明的开创谱写了华夏历史新篇章，神农氏时代的地位因此凸显而变得更加重要和丰富多彩起来。

准确而言，炎帝文化是在汲取、改造、完善燧人氏、伏羲氏文化的基础上逐渐形成的。相传，伏羲氏生于甘肃成纪，殁于河南淮阳。然上古时代不像今日之交通便利，从甘肃迁徙到中原大地要跋涉千山万水，要克服各种不可预知的困难，这么远的路程，在文明还没有开启的洪荒时代似乎不大可能在一人一氏族一时代内完成。但说伏羲氏氏族部落活动的核心区域在以甘肃、陕西、河南为中心的黄河中上游一带，倒是合乎情理。《周易·系辞下》说伏羲氏"作结绳而为罔罟，以佃以渔"。可见当时的人们靠采摘野生果实和集体围捕野兽为生已经出现困难。伏羲氏发明以绳结网的办法来捕鱼捉兽，人们能更容易得到大量的食物，由此暂时缓解了先民吃不饱的困难。这一划时代的发明，使渔猎社会的生产力得到了一次革命性的飞跃。正是在伏羲氏时代进步的基础上，炎帝神农氏又进一步开创了原始的农耕文明事业。正因为如此，人类，在神农氏时代，才真正进入了一个生存质量开始发生质变的新时代。

一代伟人毛泽东曾赋诗："人猿相揖别，只几个石头磨过，小儿时节。"上古时代正好就是人类的这个"小儿时节"，即中华文明史的源头期，这里姑且称之为"三皇五帝"时期。古籍文献记载和近现代考古发现皆表明，中国历史上确实存在过一段比较漫长的伏羲氏时代、神农氏时代、轩辕氏时代，给后人留下最深刻而明显的印象就是：伏羲氏教人结网渔猎，神农氏教人种植五谷，轩辕氏则是开创中华大一统政治的领军人物。今天遍布各地的三皇庙、先农坛、炎帝文化遗胜，等等，无不是民间与官方对这段早期历史的一种最朴素的追忆、保存和重塑，或者亦可说是一种仪式性的怀念也不为过吧。

六

长期以来，对于中华上古史的探讨与研究，学界好像有一条不成文的规矩，一般只重视先秦文献与史料的记载，而对于汉以后的文献资料，则仅取参考之态度，至于民间的传说，那更是不愿意采纳的。有人以为传说不可靠，炎帝神农氏不能入正史。也有人将之归入神话系列，认为根本就不存在这段历史。20世纪二三十年代兴起的疑古思潮，直将春秋以前的历史一概抹杀。按照他们的说法，从三皇五帝到夏商周的历史，都是人们"层累叠加"杜撰出来的神话故事，纯属子虚乌有。这种轻视古文献的记载而只以考古、实证为依据的所谓"科学"臆想的撰史笔法，这种轻易否定前人历史与文化创造努力的做法，其不当之处，谅早已为世人所共知。

其实，探讨华夏文明的起源，单纯地用哪一种研究方法好像都有所欠缺，有所不足。这是因为实在太缺乏史料的记载，加上三皇之事又太过遥远，似虚似实，若隐若现，若存若亡。纯取任何一种学术工具都很难说得清楚明白。炎帝文化是一个涉及文献学、历史学、考古学、人类学、文化学、民族学、民俗学、地理学等多学科领域的交叉综合学科，探讨炎帝文化需要有大局观，需要博通专精、清理与统一旧说，最要紧的是应在对古籍文献、考古资料以及大量的古史传说、民俗文化等的辨析上下足功夫。

正如司马迁在《史记·货殖列传》中所言："夫神农以前，吾不知已。"岂止"神农以前"，即使"神农之世"，博学如太史公者亦仅是言之以片言只句，而不敢多加妄论，而且还是该模糊处且模糊，该存史处且存史。事实上，上古传说与神话故事，因为其时没有文字的记载，发生过的历史只能通过先民世代口耳传承而保存下来，加上民间因为对英雄崇拜而产生的历史神话化做法的影响，走味与变异自然不可避免。但也由此说明，传说和神话本身就是一种历史载体，神话或传说中往往都含有历史真实的身影，其中很多问题，如用历史学、考古学的研究方法，往往既不能肯定，亦缺乏充足的理由加以否定，但如果从文化学、民俗学等角度加以鸟瞰与剖析，则又豁然开朗，一切都那么自然而然，一目了然、理所当然了。学人的责任，就是通过对上古流传下来的传说与神话的辨伪求真，运用考古资料等手段逐步还原历史的本来面目。

翻阅经史子集，先秦古籍文献虽然保留有一些与炎帝氏族相关的记载，但一般都是只言片语，朴素、模糊而又不甚系统，且往往因为传说和记载不一致而常常出现矛盾与抵牾的地方，这就需要学人去仔细进行分析和论证，去粗取精，去伪存真，由此及彼，由表及里，绕开重重的迷雾，尽可能地无限接近与还原历史和文化深层面的真相。

从历史上看，东汉班固的《汉书》虽然在历史及文化方面利用先秦文献资料对炎帝文化初步进行了整合与定位，但真正系统地记述并研究炎帝文化，则是从西晋皇甫谧撰《帝王世纪》开始的，研究热潮则出现在宋代。而有关记载炎帝陵、庙的文献，不是在先秦，而主要分布在唐宋以后的各朝代史籍文献之中。因此，探讨炎帝文化与中华文明的关系，秦汉以前的资料固然重要，秦汉以后的历代文献志书同样具有借鉴价值。

在历史研究法方面，1925年王国维于《古史新证》中提出的"二重证据法"可谓典型。他说："吾辈生于今日，幸于纸上之材料外，更得地下之新材料。由此种材料，我辈固得据以补正纸上之材料，亦得证明古书之某部分全为实录，即百家不雅驯之言，亦不无表示一面之事实。此二重证据法，惟在今日始得为之。虽古书之未得证明者，不能加以否定，而其已得证明者，不能不加以肯定，可断言也。"① 所谓"纸上之材料"，当然是指古籍文献的记载，也包括学界所说的"古史传说"。所谓"地下之新材料"，指的就是通过考古所得的新资料。这里既包括地下发掘所得的实物材料，也包括考古所得和地下出土的文字材料。

然而，不可否认，考古学也有其一定的局限性，且不说上古社会的实际生活

---

① 周锡山编校：《王国维集》（第四集），中国社会科学出版社 2008 年版，第 72 页。

状况不可能全部、完整、原封不动地保存下来，即以发掘出来的东西而言，也不可能全部证明后世文献史籍记载的真伪，其作用在于窥斑见豹，可以为还原历史做个参照。当然，如能有具体而详细的考古资料且能够于细微处见精确，那就是天缘了，只是我们不可以将希望仅止于此。

事实上，尽管涉及新石器时代的考古资料已经十分丰富，好像可以道尽炎帝文化之奥秘，其实不然，因为这些考古资料只是反映了上古先民所使用的工具、器物、粮食等生产、生活资料的基本状况，而没有描绘也无法反映出上古神农氏时代的社会组织、人际关系、历史变迁、文化精神生活等具体变化与发展的动态过程。事实上，文献是文献，考古是考古，二者功能不同，考古学并不能包办一切。考古是发现与考证古文献典籍的一种手段。考古可以充实与印证文献中的历史与文化的印记，但绝不能代替或者改变古代文化产生、变化与发展的轨迹。

笔者愚见，关于炎帝文化，应该采取历史认证与文化认证相结合的态度，能够证史的地方就应该历史认证，不能证史但符合文化范畴的地方就应该文化认证，要站在整理中华上古文明史的立场上进行总结、研究与探讨，不要轻易否定前人的成果，但要在继承中弃其糟粕，汲取精华。就资料而言，文献记载、考古资料与古代尤其是先秦留下的民俗、神话传说都很重要，缺一不可。就炎帝文化而言，虽然记载炎帝氏族的古代文献，最早的已是在西周与春秋战国时期。这时的社会，早已进入阶级社会，距离神农氏时代已有数千年之遥了，文献的记载也只是将长期流传下来的传说加以简单整理与记述而已，由于各人所听闻的内容不同，记载者又有自己的时代和观念局限，因此，这些记载也难免有不真实之处。然而即使这样，这些文献也弥足珍贵。对于古籍文献尤其是汉之前的资料记载，我们不要轻易否定；对于考古成果，也必须以文献记载互为参照。文献记载与考古资料相吻合的内容，就可以定论；没有得到考古印证的文献记载，不一定就不存在；脱离了文献印证的考古资料，事实上也无法还原具体而翔实的历史真相。至于用民俗传说来探讨文化与历史，当然资料是愈古愈好，因为可以有所参证；至于由今人之口所述的所谓上古故事，运用时就应当认真辨析，慎之又慎。

总之，文章之妙，存乎一心。写一部作品易，但写成一部精品难；写成一部精品易，但写成一部具有家国情怀、能"为天地立心，为生民立命，为往圣继绝学"、有格局、有境界、有思想、有文化的能为新时代中国式现代化服务的精品就更难。"中华民族生生不息绵延发展、饱受挫折又不断浴火重生，都离不开中华文化的有力支撑。中华文化独一无二的理念、智慧、气度、神韵，增添了中国人民和中华民族内心深处的自信和自豪。"[①]如何总结前人成果，在炎帝文化方面写出有骨气、有个性、有神采的作品，这是时代交给我们学人的一份考卷，责任与压力不言自明。

七

代表炎帝氏族形象的炎帝神农氏之所以为后人缅怀，不仅因为他是中华民族人文始祖这一显要文化符号，更重要的还是他的高贵人格及为民众服务的无私奉献精神。

炎帝文化的基调是奉献和创造。

作为炎帝氏族的首领人物，炎帝神农氏为人师表，垂范后世。

他为民众无私奉献。《吕氏春秋·爱类》说他胼手胝足艰苦劳作，"身亲耕，妻亲绩"。《淮南子·修务训》说："神农憔悴，尧瘦臞，舜霉黑，禹胼胝。"显然，上古先贤都留下了他们为民众服务、长期辛勤劳作所烙下的岁月印记。

他为政务实利民惠民。"王以民为天，而民以食为天。"远古之时，浑沌初开，衣食匮乏，随着人口的不断增加，采集与渔猎已不能满足先民的生存需求，炎帝

---

① 习近平：《在中国文联十大、中国作协九大开幕式上的讲话》（2016 年 11 月 30 日），人民出版社2016 年版，第 4 页。

神农氏甘做时代先驱，为解决人们衣食住行等基本问题进行了艰苦卓绝的探索，最终开创了原始农业。《白虎通义》卷第一说："古之人民皆食禽兽肉。至于神农，人民众多，禽兽不足，于是神农因天之时，分地之利，制耒耜。教民农作，神而化之，使民宜之，故谓之神农也。"这里的"因天之时，分地之利""神而化之"等都说明炎帝神农氏对农作物的选择、生长规律有所发现，在此基础上，发明了农具，教民耕作，使民宜之，这才使"九州之民乃知谷食"。当生产力有所进步之后，先民们有了交换的需求，炎帝神农氏于是又首创市场交易，方便解决人们的劳动生活需求。《周易·系辞下》说他"日中为市，致天下之民，聚天下之货，交易而退，各得其所"。

他关心民众的疾病健康。炎帝神农氏急民所急，想民所想，研发医药，解决先民因居住、饮水等带来的健康问题。《淮南子·修务训》言炎帝神农氏根据先民"时多疾病毒伤之害"，"尝百草之滋味，水泉之甘苦，令民知所避就"。《世本·作篇》说"神农和药济人"。为解民于疾病痛苦，炎帝神农氏以身试药，尝遍百草，几乎无日不中毒。《淮南子·修务训》说他"当此之时，一日而遇七十毒"，仍然不畏艰险，顽强地去发现各种可食的药草。传说炎帝神农氏为民治病，在采药尝药过程中，误食断肠草而不幸身亡，为人民贡献了他的宝贵生命。

炎帝神农氏如此奉献于世人，大有益于世人，可谓中国历史上最早的"人民公仆"。

八

炎帝神农之治颇具特色。

作为一种治理文化，炎帝文化堪称后世为政的典范。

《神农书》说：

　　神农之数：

一谷不登减一谷，谷之法什倍；二谷不登减二谷，谷之法再什倍，夷疏满之，无食者予之陈，无种者贷之新。故无什倍之贾，无倍称之民。

神农之法：

丈夫丁壮而不耕，天下有受其饥者；妇人当年而不织，天下有受其寒者。故天子亲耕，后妃亲织，以为天下先。不贵难得之货，不器无用之物。是故其耕不强者，无以养生；其织不力者，无以掩形。有余不足，各归其身；衣食饶溢，奸邪不生；安乐无事，而天下均平。智者无所施其策，勇者无以行其威；故衣食为民之本，而工巧为其末也。

神农之教：

有石城十仞，汤池百步，带甲百万，而无粟者，不能守也。

民为邦本，食为民天；农不正，食不充；民不正，用不衷。

《古三坟·人皇神农氏政典》说：

正天时因地利，惟厚于民；民为邦本，食惟民天；农不正，食不丰；民不正，业不专。惟民有数，惟食有节，惟农有教，林林生人，无乱政典。

《神农书》与《古三坟》虽为后人模仿神农之政的风韵所撰，但其文化意蕴却十分接近神农之世。炎帝神农之政的核心集中在两点：一是农为国本。高度重视农业生产，以发展农耕经济为施政的重点。二是民为邦本。高度重视民生问题，以饱食、美衣、卫生、社会和谐安宁为目的的民生建设是炎帝神农之政的根本目标。

九

本书框架结构如下：

前言，概述笔者的炎帝文化观，梳理炎帝文化的基本特色并尝试塑造全书之灵魂。

第一章，揭示炎帝文化从何处演变发展而来。

第二章，对学界长期众说纷纭的"神农氏"与"炎帝"关系进行定位。

第三章，讨论炎帝氏族的主要发祥地。

第四章，探索炎帝的家世、氏族性格、迁徙及分布规律。

第五章，寻觅炎黄时代更替的历史缘由。

第六章，研讨炎帝寝地的历史之谜。

第七章，总结炎帝氏族的发明创造功绩。

第八章，溯源历代帝王祭祀炎帝的深层次原因，从民族始祖角度探讨炎帝氏族对中华民族形成之贡献及与两岸共祖之关系。

第九章，总结炎帝文化与五行学说关系；追寻中华大同、民本、农政思想的源头；揭示儒道理想社会的历史根源；最后呼应各章，概述曹植、王安石等诗人对炎帝至德至治的典型赞颂。

十

北宋苏轼《题西林壁》曰：

> 横看成岭侧成峰，
> 远近高低各不同。
> 不识庐山真面目，

只缘身在此山中。

用这首诗来观察炎帝神农氏行为人格可谓恰当。

从古籍文献来看，炎帝神农氏的形象不像是一个大杀四方的人间帝王，而更像是一位慈祥、宽厚、睿智、循循然得道的圣者。虽然有文献说他"人身牛首"，后世很多炎帝庙祠也都将他塑造成为"人身牛首"，然这其实是一种历史的误会。先民们都有自己的图腾崇拜，炎帝氏族的图腾崇拜是羊、牛、马等，这与其氏族部落的原始农耕文明基因有关，而不是说他的相貌是"人身牛首"。

虽然历史上炎黄二帝并称为中华民族的人文始祖，且他们皆重视国计民生，然二者留给后人的形象却有着很大的不同。

炎帝神农氏极像一位中国历史上最早的科学家，他深谙天人之和，善于处理人与自然的关系，埋头苦干，厚德载物，根据民众的需要，开创农耕经济，发明中医中药，探索市场交易的规律，好像是一位知识渊博的一心一意为民奉献的孜孜不倦的仁慈的学者。黄帝则是一位自强不息、刚猛进取、战无不胜的大政治家，他一手开启了华夏大一统的历史新格局，是中国传统政治的开山者。

炎帝神农氏治理民众循循善诱，清静自然，讲求无为而治。黄帝治理则重视制度政权建设，尤其重视以法度治民理天下。

炎黄二帝虽皆重视民生问题，然二者表现出不同的特点。炎帝文化重视民众生活温饱问题，以民生经济为中心；黄帝文化则以开疆拓土、实现政治、军事统一、规范社会秩序及调节人与人之间的社会关系为中心。

炎帝神农氏的氏族部落组织比较松散，而黄帝政权则具有比较严格的制度与组织约束力。

炎帝神农氏淳朴、平和、勤奋、谨慎，厚德载物；黄帝则"习用干戈"，"修德振兵"[1]，兼并统一，建立政权，指点江山，擘画制度，气吞万里，征战四方，所向披靡。

---

① 《史记·五帝本纪》。

　　如果说炎帝神农氏是温文尔雅、潜心探究天人大道、大公无私、为民造福的圣者，风格如无所不容的大地，满满都是厚德载物的精神；那么黄帝就是德威兼俱、战无不胜、为万民立法的王者，风格则更多地展现出阳刚不羁，洋溢着自强不息、战无不胜的王者气质。

　　总之，炎帝神农氏是以一个淳厚朴实、辛勤探索、为民无私奉献的圣者形象而深入人心的。从中华文明的早期发展历程来看，经历了三次比较大的历史性飞跃：第一次发生在炎黄时代，农业的发明与部落联盟的出现，为华夏族经济、政治的初步飞跃奠定了基础；第二次发生在夏商周时代，国家与阶级的出现，尤其是西周王朝创新性的政治建构，直接导致了中华文明的迅速飞跃；第三次是秦汉之际君主集权政治的形成以及儒法成为传统国家的政治意识形态的工具，最终奠定了中华民族大一统政治的新格局。炎帝文化是中华民族优秀传统文化的重要组成部分，是中华民族的宝贵文化遗产。炎帝神农氏和他所带领的炎帝氏族，在长期的劳动生产实践中，创造了比较丰富的物质文化和精神文化，形成了不畏困难的艰苦奋斗精神、敢为人先的开拓创新精神、厚德载物的团结合作精神、追求中和的天人和谐精神、自强不息的民族进取精神以及为民造福的无私奉献精神，等等。所有这一切，皆为炎黄时代中华文明的初次飞跃奠定了坚实的物质和精神文化基础。神农氏时代的物质文明和精神内涵，开启了中华文明的曙光，成了中华文明的源头。炎帝神农氏，作为中华民族的始祖、中华文明的精神标识，永远激励中华儿女披荆斩棘、乘风破浪，佑福泱泱华夏不断再创辉煌，走向更加美好的未来。

目　录

第一章　太古初曙：炎帝文化之渊源

司马迁撰《史记》，其上古史起笔于《五帝本纪》，不述三皇。他坚持信史原则，于渺渺传说，宁付阙如，无可非议。然纵览中华文化，五帝之先，亦确实存在过一个遥远、漫长的三皇时代，这也是不能否认的事实。唐朝史学家司马贞作《史记索隐》，补撰《三皇本纪》，附载《史记》之后，这种尝试，代表了世人不断寻根、铸魂、问祖、探古、寻求和探索中华民族起源时代历史真相的努力。寻觅中华文化史的源头，从西周至今，历代皆有早于神农氏的燧人氏、伏羲氏开辟蛮荒的大量文献记载。燧人、伏羲文化诸如钻燧取火、结绳网罟、教民渔猎、构画八卦、肇始文字以及淳朴、和谐、无争的世风和龙图腾等元素，皆为神农氏时代炎帝文化的形成与发展奠定了比较坚实的基础。

一、黄帝之梦：华胥氏世之风气

《列子·黄帝》开篇就告诉了我们这样一个故事，文中说：

> 黄帝即位十有五年，喜天下戴己，养正命，娱耳目，供鼻口，焦然肌色皯黣，昏然五情爽惑。又十有五年，忧天下之不治，竭聪明，进智力，营百姓，焦然肌色皯黣，昏然五情爽惑。黄帝乃喟然赞曰："朕之过淫矣。养一己其患如此，治万物其患如此。"于是放万机，舍宫寝，去直侍，彻钟悬，减厨膳，退而间居大庭之馆，斋心服形，三月不亲政事。昼寝而梦，游于华胥氏之国。华胥氏之国在弇州之西，台州之北，不知斯齐国几千万里，盖非舟车足力之所及，神游而已。其国无师长，自然而已。其民无嗜欲，自然而已。不知乐生，不知恶死，故无夭殇；不知亲己，不知疏物，故无爱憎；不知背逆，不知向顺，故无利害。都无所爱惜，都无所畏忌。入水不溺，入火不热。斫挞无伤痛，指擿无痟痒。乘空如履实，寝虚若处床。云雾不硋其视，雷霆不乱其听，美恶不滑其心，山谷不踬其步，神行而已。黄帝既寤，怡然自得，召天老、力牧、太山稽，告之，曰："朕闲居三月，斋心服形，思有以养身治物之道，弗获其术。疲而睡，所梦若此。今知至道不可以情求矣。朕知之矣！朕得之矣！而不能以告若矣。"又二十有八年，天下大治，几若华胥氏之国，而帝登遐。百姓号之，二百余年不辍。

黄帝是上承神农氏时代、开辟轩辕氏时代的上古部族首领。黄帝梦游华胥氏国这个故事，寓意十分深刻而富有哲理，它告诉了世人先秦黄老道家所主张的"致虚守静""长生久视""道法自然""修身治国""无为而治"等深刻道理，是反映上古治理之道的一篇经典性文献。

黄帝梦游华胥氏国这个故事告诉我们，黄帝治理天下 15 年，万邦归心，百姓拥戴，他自己也十分高兴，于是就松懈下来保养身体，兴娱歌舞，调食美味，然而却弄得肌肤枯焦，面色霉黑，头脑昏乱，心绪恍惚。又过了 15 年，他因忧虑天下得不到治理，又竭尽精力治理百姓，然而同样是肌肤枯焦，面色霉黑，头脑昏乱，心绪恍惚。黄帝反复琢磨，终于认识到了自己在养生、治理上的不足，于是放下纷繁的日常事务，远离政殿寝宫喧闹的红尘场所，清除心中杂念，降服形体自然的欲望，静心反思自己的过失，探索天人合一的大道。终于有一天，他做梦游历到了华胥氏之国。其国在弇州的西方、台州的北方，不知离中国有几千万里，非乘船、坐车或步行所能到达，唯有得道者才能神游及此。其国无师长训诲引导，无官员行政管理，百姓寡欲安乐，生活淳朴、简单，不知乐生，不知恶死，没有世俗的名利争夺，没有厚此薄彼的远近、贪婪等欲念，一切都是那么自然而然，和谐而太平，因而人人都可以享有天年，真正做到了天人合一，无为而治，从心所欲不逾矩。黄帝通过梦游华胥氏之国，最终彻悟治理大道，在治理国家上达到了炉火纯青的境界，将天下治理得几乎和华胥氏之国一模一样，实现了天下大治，而黄帝也因此而得道成仙，不仅自己永驻"长生久视"、不生不灭之境界，而且永远为万世百姓所纪念，历代祭祀香火不绝，在中华大地上与日月同辉。

黄帝如何治天下、得大道，这不是本书探讨的范畴。然而，给黄帝治理臻于完美之灵感的华胥氏之国，却与炎帝文化有着很深的渊源。

《淮南子·主术训》说：

> 昔者神农之治天下也，神不驰于胸中，智不出于四域，怀其仁诚之心，甘雨时降，五谷蕃植，春生夏长，秋收冬藏，月省时考，岁终献功，以时尝谷，祀于明堂。明堂之制，有盖而无四方，风雨不能袭，寒暑不能伤，迁延而入之，养民以公。其民朴重端悫，不忿争而财足，不劳形而功成，因天地之资，而与之和同。是故威厉而不杀，刑错而不用，法省而不烦，故其化如神。其地南至交阯，北至幽都，东至旸谷，西至三危，莫不听从。当此之时，法宽刑缓，囹圄空虚，而天下一俗，莫怀奸心。

淮南王刘安认为，从前炎帝神农氏治理天下，能够做到精神安静而不浮躁，智慧施行而不逾越范围，怀抱着仁诚之心为政，按照时令教民从事农业生产，春天播种夏季生长，秋天收获冬天贮藏；每月按时考察下情，年终统计奉献收成；按时品尝新谷，在明堂上举行祭祀感恩天赐。神农之政真正做到了风调雨顺、五谷丰登，民众端正、朴实、不争，刑法不用，政令简约。因为炎帝神农氏化育万民，昌盛时期，炎帝氏族踪迹所至，南达交趾，北达幽都，东达旸谷，西达三危，四海之内，莫不风化。

刘安及其门客在编纂《淮南子》时，或许有文献、传说加以参考，但对历史事实的夸大不可避免。尽管如此，我们从这段文献中还是可以感受到炎帝神农之政与华胥国的治理模板几乎是一模一样的，完全可以视作为华胥国的翻版。

华胥国为黄帝治理天下提供了借鉴，而华胥国之祖华胥氏则与伏羲氏有着直接的关系。据史籍记载，华胥国即是燧人氏国，华胥氏是伏羲氏之母，也是华夏族——汉族的先祖。晋代皇甫谧撰《帝王世纪》说："太昊帝庖牺氏，风姓也。燧人之世，有巨人迹出于雷泽，华胥以足履之，有娠，生伏羲于成纪，蛇身人首，有圣德。"唐朝司马贞撰《史记·补三皇本纪》曰："太皞庖牺氏，风姓，代燧人氏继天而王，母曰华胥。"这就是说，伏羲氏来源于华胥氏。华胥氏既可以看作是一个人名，更可以视作上古开创时代的一个氏族部落。

我们可以这样鸟瞰伏羲氏的文化踪迹：

伏羲氏脱胎于华胥氏，其氏族起源于甘肃天水一带，处于旧石器时代晚期，距今约 50000—12000 年，其生产方式是"渔猎、采集"[1]。后为了生存和发展，内迁陕西陈仓（今宝鸡），再在漫长的岁月中继续向东迁徙到中原今河南、山东、江南等地，成为有文献记载的中华民族历史上最早的开辟蛮荒的氏族部落。

一些文献记载华夏族的祖先是夏禹或禹的祖先黄帝，而梳理上古历史，事实的逻辑顺序很可能是：夏是黄帝轩辕氏的嫡裔，而黄帝轩辕氏和炎帝神农氏之祖则同

---

[1]　参见信阳师范学院《炎黄学概论》编委会编著，李俊、王震中主编，梁枢、姚圣良副主编：《炎黄学概论》，人民出版社 2021 年版，第 31 页，《考古学与中国古史体系的时代对应关系表》。

为太昊伏羲氏之母族华胥氏。因此从时间上看，华胥氏比夏人要古老得多。"华夏族之得名，乃由华胥氏及其嫡裔夏人所构成，历来对夏人研究得很多，并公认夏乃华夏人和其嫡裔汉人的祖先，却很少对华夏族的始祖母华胥氏进行研究。必须认识到，首先有华胥氏，然后才有夏人。"[1]

从时间上推测，华胥氏国应属于燧人氏时代晚期的文化范畴。

关于燧人氏，历史文献记载不多，他的主要成就集中在对火的发明上面。

《太平御览·皇王部》：

> 燧人始钻木取火，炮生为熟，令人无腹疾，有异于禽兽，遂天之意，故谓燧人。

《古史考》：

> 古之初，人吮露精，食草木实，穴居野处，山居则食鸟兽，衣其羽皮，饮血茹毛。近水则食鱼鳖螺蛤，未有火化，腥臊多害肠胃，于是有圣人以火德王，造作钻燧出火，教人熟食，铸金作刃，民人大悦，号曰燧人。

《白虎通义》卷第一：

> 谓之燧人何？钻木燧取火，教民熟食，养人利性，避臭去毒，谓之燧人也。

众所周知，火对于人类的进化和文明的发展有着极其重要的意义。据考古发现，从100多万年前的元谋人到50万年前的北京人，在他们的遗址中，都发现了用火的痕迹。人工取火始于何时，没有确切的史料根据。不过，浙江萧山距今8000年左右的跨湖桥文化遗址出土器物中已有弓钻取火的工具，印证了后世文献对燧人氏时代人工取火的记载。

如果按照时间前后顺序排列的话，华胥氏源自燧人氏，伏羲氏源自华胥氏，而神

---

[1] 何光岳著：《炎黄源流史》，江西教育出版社1992年版，第1页。

农氏则源自伏羲氏，彼此存在一脉相承的关系。在《庄子》一书中，将华胥氏、伏羲氏、神农氏三世均视作"至德之世"，称赞此三个时代为"至治""子独不知至德之世乎？昔者容成氏、大庭氏、伯皇氏、中央氏、栗陆氏、骊畜氏、轩辕氏、赫胥氏、尊卢氏、祝融氏、伏羲氏、神农氏，当是时也，民结绳而用之，甘其食，美其服，乐其俗，安其居，邻国相望，鸡狗之音相闻，民至老死而不相往来。若此之时，则至治已。"[1] 文中所说的"赫胥氏"即华胥氏，可见在《庄子》的视野中，华胥氏、伏羲氏、神农氏在治理百姓与世风人心上存在共生共通的关系，这说明华胥氏国的治理与世风对炎帝神农氏的为政之道及神农之世的社会风气是有着一定影响的。

二、渔猎八卦：伏羲文化之特点

伏羲氏是神农氏之前的一个上古时代，传说其氏族首领为伏羲。上古因无文字记载，历史全靠口耳相传，其间不免会出现很多的变化，是故伏羲又作伏牺、包羲、庖羲、包牺、庖牺、伏戏、宓戏、炮牺等。传说中的伏羲，是旧石器时代晚期的一位杰出的氏族首领，可谓中华民族之文化初祖。

三国曹植曾作《伏羲赞》，对伏羲极尽赞美与歌颂，诗中说：

> 木德风姓，八卦创焉。
>
> 龙瑞名官，法地象天。
>
> 包厨祭祀，罟网渔畋。
>
> 瑟以象时，神德通元。

曹植的《伏羲赞》是迄今所见到的最早的一首歌颂伏羲的诗歌。诗篇以凝练的语言概括了伏羲一生在中华民族创世历史上的不朽功绩。诗中提到：（1）伏羲氏为风姓；（2）在五行学说中属于"木德"；（3）伏羲画八卦；（4）重"龙瑞"，以龙纪官；

---

[1] 《庄子·胠箧》。

（5）开创渔猎经济；（6）饮食之祖；（7）用琴瑟沟通天人之和。此诗在文学领域内奠定了讴歌伏羲的基调，可以说是一首传颂千年的赞颂先祖的史诗名篇。

唐司马贞撰《史记·补三皇本纪》曰：

> 太皞庖牺氏，风姓，代燧人氏继天而王。母曰华胥，履大人迹于雷泽而生庖牺于成纪，蛇身人首，有圣德。仰则观象于天，俯则观法于地，旁观鸟兽之文与地之宜，近取诸身，远取诸物，始画八卦，以通神明之德，以类万物之情。造书契以代结绳之政。于是始制嫁娶，以俪皮为礼。结网罟以教佃渔，故曰宓牺氏。养牺牲以充庖厨，故曰庖牺。有龙瑞，以龙纪官，号曰龙师。作三十五弦之瑟。木德王。

司马贞是唐代史学家，在他看来，《史记》无《三皇本纪》是一个缺失，于是他搜寻资料，撰写补充了《三皇本纪》，这反映了唐代史家的视域与文化追求。

综合《伏羲赞》及《史记·补三皇本纪》篇，伏羲文化的主要内容大致可以概括如下：

1. 网罟渔猎。《周易·系辞下》：伏羲"作结绳而网罟，以佃以渔"。《古史考》："伏羲氏作网。"《尸子》卷下："虑牺氏之世，天下多兽，故教民以猎。"《抱朴子·对俗篇》："太昊师蜘蛛而结网。"《汉书·律历志下》："作网罟，以田渔，取牺牲，故天下号曰炮牺氏。"

2. 结绳记事。《文子·精诚》：伏羲氏"枕石寝绳"。《史记·补三皇本纪》：伏羲"造书契以代结绳之政"。

3. 构画八卦。《礼含文嘉》："伏羲德合天下，天应以鸟兽文章，地应以河图洛书，乃则之以作《易》，始画八卦。"《周易·系辞下》："古者包牺氏之王天下也，仰则观象于天，俯则观法于地，观鸟兽之文与天地之宜，近取诸身，远取诸物，于是始作八卦，以通神明之德，以类万物之情。"《尸子》卷下："伏羲始画八卦，列八节，而化天下。"《孔子集语》卷四："方上古之时，人民无别，群物无殊，未有衣食器用之利。于是伏羲乃仰观象于天，俯观法于地，中观万物之宜，始作八卦，以通神明之德，以类万物之情。"《史记·太史公自序》："伏羲至纯厚，作易、八卦。"《白虎通义》卷第一："伏羲仰观象于天，俯察法于地，画八卦，以治天下，天下伏而化之，故谓之伏羲也。"《宋书·符瑞志上》："受龙图，画八卦，所谓河出图者也。"

4. 作瑟制乐。《世本·作篇》："伏羲氏作瑟，五十弦。瑟，洁也，使人清洁于心，淳一于行。"《广雅·释乐》："伏羲氏瑟长七尺二寸，上有二十七弦。"《皇王世纪》："太昊帝庖牺氏……作瑟三十六弦。"《孝经·钩命决》："伏羲乐为《立基》。"《路史》卷十："作荒乐，歌扶徕，咏网罟，以镇天下之人，命曰立基。斫桐为琴，绳丝为弦，弦二十有七，命之曰《离》……以修身理性，反其天真，灼土为埙，而礼乐，于是兴焉。"

5. 驯服牛马。《路史·后纪一》：伏羲"豢养牺牲，服牛乘马，草鞯皮蒙，引重致远，以利天下，而下服度"。

6. 钻木作火。《绎史》卷三引《河图挺佐辅》："伏羲禅于伯牛，钻木作火。"历史上早就有燧人氏钻燧取火的经验，伏羲氏加以完善，钻木取火，更加完善了取火的方法。

7. 制造杵臼。《新论·离事》："宓牺之制杵臼，万民以济。"杵臼是农业社会和采集经济所必需的食物去壳的加工工具，这使先民增加了食源，饮食也更易消化。

8. 尝试作衣。《白虎通义》卷第一：伏羲"衣皮韦"。

9. 制造干戈。《太白阴经》："木兵始于伏羲。"《拾遗记》：伏羲"造干戈以饰武……""于兹始作。"

10. 始制嫁娶。《世本·作篇》："伏羲制以俪皮嫁娶之礼。"《古史考》："伏羲制嫁娶以俪皮为礼。"《白虎通义》卷第一："古之时未有三纲六纪，民人但知其母，不知其父……于是伏羲……因夫妇，正五行，始定人道。"《通鉴外纪》："上古男女无别，太昊始制嫁娶。"

11. 推作历度。在远古始祖中，中国有史记载"作甲历"，最早的自然要数太昊伏羲氏了。《管子·轻重戊》："虑戏作，造六峜，以迎阴阳，作九九之数，以合天道，而天下化之。"《古三坟·山坟》：太昊庖牺氏"主我阴阳、甲历，咨于四方，上下无或差"。《周髀算经》："伏羲作历度。"《通鉴外纪》：伏羲"作甲历，起于甲寅，支干相配为十二辰，六甲而天道周矣。岁以是纪而年不乱；年以是纪而时不易。东西南北以是纪而方不惑矣"。《太平御览》卷七十八引《春秋内事》："伏牺氏以木德王……定天地之位，分阴阳之数，推列三光，建分八节，以爻应瑞，凡二十四气，消息祸福，以制吉凶。"

总之，后人将上古伏羲氏时代一切创造发明都尽可能地归功于伏羲一人，这是先民崇拜英雄情结的自然结果。其实，伏羲时代的文化是当时先民集体长期探索、发现与共同创造的智慧结晶。炎帝文化亦然。《古三坟·山坟》说：伏羲"命臣飞龙氏造六书。后草木一易，木王月，命臣潜龙氏作甲历。伏制牺牛，冶金成器，教民炮食。易九头为九牧，因尊事为礼仪。因龙出而纪官，因凤来而作乐。命降龙氏倡率万民。命水龙氏平治水土。命火龙氏炮治器用。因居方而置城廓，天下之民，号曰天皇、太昊、伏牺、有庖、升龙氏，本通姓氏之后也"。伏羲氏时代上述种种发明创造所凝聚而成的文化成果，为神农氏时代炎帝文化的繁荣与发展奠定了基础。

三、龙的传人：对炎帝文化之影响

在炎帝文化中，我们多少可以看到一些华胥氏、伏羲氏时代的文化身影。

其一，伏羲氏创业探索精神对炎帝文化的影响。

伏羲氏时代，原始先民山野群居，巢居穴处，茹毛饮血，全靠采摘野生果实和集体围捕野兽为生，食物常常不能满足人们基本的生存需求。特别是随着人口的不断增多，采猎的食物常常不够食用，这深深地影响了其时人们的生存与生活。面对生存环境的恶劣与困难，伏羲氏氏族自强不息，积极探索，"中观万物"，从蜘蛛结网的现象中得到启发，于是发明了以绳结网来捕鱼捉兽，使人们能更容易得到较多的食物，由此来解决基本温饱的难题。这一划时代的发明，使渔猎社会的生产力得到了一次革命性的跃进，为先民们的衣食住行等生活方式奠定了较为坚实的物质基础。结网捕鱼的发明，促使伏羲氏时代的氏族社会开始由山居猎捕向河湖捕鱼的历史阶段演进。伏羲氏这种创业探索精神对炎帝文化有着重要的影响。炎帝氏族正是在继承与弘扬伏羲氏艰苦创业与积极探索、创新的基础上，发明并开创了华夏原始农耕文明事业，从而迎来了中华文明的初曙。

其二，一脉相承的"上古竞于道德"之社会风气。

《韩非子·五蠹》中说：

> 上古之世，人民少而禽兽众，人民不胜禽兽虫蛇。有圣人作，构木为巢以避群害，而民悦之，使王天下，号曰有巢氏。民食果蓏蚌蛤，腥臊恶臭而伤害腹胃，民多疾病。有圣人作，钻燧取火以化腥臊，而民说之，使王天下，号之曰燧人氏。中古之世，天下大水，而鲧、禹决渎。近古之世，桀、纣暴乱，而汤、武征伐。今有构木钻燧于夏后氏之世者，必为鲧、禹笑矣；有决渎于殷、周之世者，必为汤、武笑矣。然则今有美尧、舜、汤、武、禹之道于当今之世者，必为新圣笑矣。是以圣人不期脩古，不法常可，论世之事，因为之备。宋人有耕田者，田中有株，兔走触株，折颈而死；因释其耒而守株，冀复得兔。兔不可复得，而身为宋国笑。今欲以先王之政治当世之民，皆守株之类也。

韩非是战国末期法家著名的代表人物，在其著作《韩非子》中，他用历史分期的观点分析了中国上古历史发展的进程。韩非把中国早期的历史从远古到战国分作四个时期，即"上古""中古""近古"和"当今"四世。"上古"的特点是人类刚从自然中分化出来，初创人类衣、食、住等生活方式的时代。人类最初混迹于野兽之中，茹毛饮血，于是有巢氏教人"构木为巢"，燧人氏教人"钻燧取火，以化腥臊"，从而使人类与动物分离开来，开创了人类新的生活方式。"中古"以鲧、禹治水为代表，表明人类进入了改造自然的时代。"近古"指殷周之世，其特点是"一治一乱"。而"当今"是一个由兼并而争于一统的时代。在此基础上，韩非提出了"上古竞于道德，中世逐于智谋，当今争于气力"①的著名论点。从历史学的角度看，《韩非子》的观点仅代表其一家之言，不尽完全。然从文化学的角度看，这种说法却颇具新意，为后人研究中华上古史开拓了一种新视野，值得借鉴。

在上古时代，因为人口稀少，生产力水平又极为落后，先民们生存严重困难。在自然灾害以及"禽兽众"的客观环境面前，为了生存，人们之间不像后世那样充满矛盾与争斗，而是团结一心，共同为温饱与生存而全力拼搏，因为只有这样，才能勉强维持最基本的生存。从有巢氏、燧人氏、伏羲氏直到神农氏时代，先民基本上处在一个原始公有制社会的状态，那时的人们没有机心，不追逐"智谋"，不"争于气力"，人与人之间推崇奉献和团结精神，因此是一个"竞于道德"的时代。神农氏时代沿袭了有巢氏、燧人氏、伏羲氏淳朴、和谐、无争的社会风气，炎帝神农氏就因为其"尝百草"为民无私奉献而扬名青史。

其三，对伏羲文化的全面继承和发展。

燧人氏、伏羲氏文化对炎帝文化的影响是全方位的。

1. 对火的运用。炎帝文化对燧人氏、伏羲氏火的发明与运用更加全面，除了日常生活外，还直接将其用在了焚烧山林、开辟和改良农田以提高农作物的产量上，这是一个重要的文化继承与发展的过程。

2. 对农业的发展。中华农业萌芽于旧石器时代晚期，到新石器时代早期开始有了发展。这说明，在伏羲氏时代的晚期，很可能就已经出现了最初的原始农业，炎帝氏族有可能是在伏羲氏初级简单的农业基础上，才真正发展出了系统而比较成熟的中华原始农耕文化。

3. 对八卦的发展。在结绳记事与八卦推演的基础上，炎帝氏族在对原始文字及对大自然的认识上，较伏羲文化已经有了很大的进步，这主要表现在将八卦发展到六十四卦。南宋罗泌《路史·后纪三》说："（炎帝神农氏）乃命司怪主卜，巫咸、巫阳主筮。于是通其变以成天地之文，极其数以定天下之象。八八成卦，以酬酢而

---

① 《韩非子·五蠹》。

佑神，以通天下之志，以定天下之业。谓始万物、终万物者，莫盛乎《艮》。《艮》，东北之卦也，故种《艮》以为始，所谓《连山易》也。故亦曰连山氏。谨时祀尽敬，而不薪喜，挹春间，焚封豨，块枰土鼓以致敬于鬼神，而上下达矣。"

4. 对天文历法的发展。基于为农业生产服务的目的，炎帝氏族也发展了伏羲氏时代人们对天文历法的观察以及天象预测等方面。史书对此多有记载。《晋书·律历志》："逮乎炎帝，分八节以始农功。"《白孔六帖》卷六十二："神农立四时。"《物理论》："畴昔神农，始治农功，正节气，正寒温，以为早晚之期，故立历日。"炎帝氏族是开创农业的氏族部落，传说炎帝神农氏发明了天文历法是有可能的。

5. 对以药济人事业的发展。神农氏时代在"和药济人"方面有了质的发展，这也与伏羲氏时代的先民对医药治病的初步探索有着一定的继承关系。

6. 对生产工具的改进。在生产、生活工具及武器发明创造上，伏羲氏时代已经出现了"木兵"，炎帝氏族在此基础上进一步发明出耒耜、陶器以及弓箭等工具，这是原始社会科学技术的重大进步，表明人类已经由受自然环境主宰命运开始发展到逐渐由自己主宰命运的相对自由的阶段。

7. 对礼乐文化的继承。至于制琴瑟作乐、婚姻嫁娶等高层次文化方面的进步成就，神农氏几乎都是在伏羲氏文化的基础上逐步发展与完善起来的。

其四，伏羲氏文化在龙的传人这一历史文化意识形成中的作用。

伏羲氏文化对炎帝文化的影响，还主要表现在伏羲氏时代的龙图腾对炎帝氏族的影响上。

《山海经·海内东经》：

> 雷泽中有雷神，龙身而人头。

《拾遗记》：

> 有华胥之洲，神母游其上，有青虹绕神母，久而方灭，即觉有娠，历十二年而生庖牺。

根据上述文献的说法，伏羲氏之"母曰华胥"，是"燧人之世"的人物，传说她因为足履雷泽"巨人"之迹而有娠，后"生庖牺"。而根据上面材料来理解，"雷泽雷神之迹"自然就是龙迹了。由于古人缺乏科学知识，因此将雷与龙相联系，认为龙的活体一定是在看不见的浓云密雾中或大海大洋之深水中。所以《周易·乾卦》说："云从龙"，"飞龙在天"。《左传·昭公二十九年》曰："龙，水物也。"《论衡·龙虚篇》曰："云雨感龙，龙亦起云而升天。"又由于当时的人们对天上刮风、下雨、闪电、打雷等自然现象不理解，误认为闪电、打雷这些气象变化都是由"天神"所为，而能代表天神意志做到这点的也只有"神龙"了，故此先民有可能便将天上打雷时发出的巨大"隆隆"声幻想成"龙吼"。特别是在乌云翻滚、狂风大作的阴霾天气里，当一道刺眼的蛇形闪电划破长空，突然，"咔嚓"一声震天巨响，让人仿佛感到乌云之中真有张牙舞爪的龙在翻滚跳跃、喷雨吐雾，施展神威，真使人心惊胆战、毛骨悚然。若有雷电击物或伤人的现象出现，古人就认为是龙在代表天意"赏善罚恶"，这就更加深了先民对龙的敬畏崇拜心理。从此在华夏辽阔的大地上，人们便认为天空和四海深渊之中真有能兴风作雨的"神龙"存在了。伏羲氏是传说中的人文初祖，既然其母感应"青虹"、足履雷泽雷神之迹而有娠，那么他自然应该就是龙的最早的传人了。因此，古籍文献中有伏羲氏以龙纪官等许多的记载也就不奇怪了，如《左传·昭公十七年》就说："太皞氏以龙记，故为龙师而龙名。"

在民俗的十二生肖中，尽管龙是在现实动物中唯一无对应者，但却是对华夏民族产生影响最深刻者。龙是华夏民族由渔猎经济向农耕经济过渡时期出现的图腾崇拜，这不仅因传说始祖伏羲、神农皆为"龙祖"，也因为龙能呼风唤雨、变幻莫测，更重要的是与农业生产的气候变化密切相关。

作为一种文化符号，龙在历代典籍中多有记载。

《礼记·礼运》："麟、凤、龙、龟，谓之四灵。"

《说文解字》卷二十二："龙，鳞虫之长，能幽，能明，能细，能巨，能短，能长；春分而登天，秋分而潜渊。从肉，飞之形。"

《广韵·钟韵》："龙，通也。"

《广雅·释诂三》："龙，和也。"

《管子·水地篇》："龙生于水，被五色而游，故神。欲小则化如蚕蠋，欲大则藏于天下；欲上则凌于云气，欲下则入于深泉。"

《太平御览》卷八："云从龙……召云者龙。"

《荀子·劝学》："积水成渊，蛟龙生焉。"

《大戴礼记·易本命》："有鳞之虫三百六十，而蛟龙为之长。"

《孔子家语·执辔》："介鳞夏食而冬蛰。"

《淮南子·天文训》："龙举而景云属。"

《后汉书·张衡传》："夫玄龙迎夏则凌云而奋鳞，乐时也；涉冬则渥泥而潜蟠，避害也。"

类似的文献记载与说法还有很多。龙文化是中华传统文化中的一项重要内容。中华民族被誉为龙的传人，龙是中华民族的象征，中华大地号称"龙的土地"，这种历史文化意识应从伏羲氏族图腾崇拜信仰中去寻根溯源。中华民族上下数千年的传统文化，从某种程度上可以说就是龙文化。相传伏羲氏、神农氏、轩辕氏、尧帝、夏王、秦皇、汉高祖刘邦等皆为"龙子"，随着"龙子龙孙"成为历代帝王的专属品，"龙"亦成为王权的一种象征。

伏羲氏的龙图腾文化直接影响到炎帝氏族对龙文化的崇拜，这种情况在一些古代文献中颇有记述，诸如：

《帝王世纪》：

> 神农氏母曰女登，有神龙首，感女登而生炎帝。

《宋书·符瑞志上》：

> 炎帝神农氏，母曰安登，游于华阳，有神龙首感女登于常羊山，生炎帝，人身牛首，有圣德，致大火之瑞。

《初学记·帝王部》：

> 神农氏，姜姓也。母曰妊姒，有蟜氏女名安登，游于华阳，有神龙首感女登于尚羊，生炎帝，人身牛首。长于姜水。

《通志·三皇纪》：

> 女登有神龙之感而生神农焉，长于姜水，故为姜姓；以火德王天下，故为炎帝。

《明一统志》卷三十四：

> 炎帝神农氏，母为蟜氏女登，为少典妃，游华阳，感神龙而生炎帝，长于姜水即此。

从上述有关神农"感神龙首"而生的诸种文献记载中，我们可以得出这样的结论：从文化角度说，所谓神农氏即神龙氏，最早很可能是以"龙"为图腾的氏族，只是后来由于炎帝氏族开创了农耕文化，又发展了畜牧业，这样，以羊、牛以及火、鱼、鸟等为图腾，[①] 便逐渐取替了"神龙"的图腾。

中华民族素称"龙的传人"，而"神龙首感女登于常羊，生炎帝"的历史传说无疑为这一文化增添了传奇的色彩。

其五，民俗文化中炎帝与龙有关系的传说。

宝鸡、株洲等地的民俗传说，都记述炎帝的生死与龙有着不解之缘。

据民俗传说，炎帝生下来时就具有龙的容颜，他的母亲女登曾在宝鸡姜水东岸的九龙泉为炎帝洗澡，洗完澡后又骑上一条青龙，飞到濛峪石洞隐居，今天宝鸡仍有"九龙泉"的传说。又说炎帝三岁时就拜见龙王，要求龙王施雨要均匀。另外，在

---

① 参见信阳师范学院《炎黄学概论》编委会编著，李俊、王震中主编，梁枢、姚圣良副主编：《炎黄学概论》，人民出版社2021年版，第102—109页，"炎帝族团的图腾"。

湖南炎陵一带的传说中，炎帝神农氏因尝百草中毒而去世，在他下葬的时候，各处的龙王都争抢着要把炎帝的遗体埋葬在自己管辖的地方。最后，湖南酃县（今炎陵县）的龙王如愿以偿，并在炎陵山下洣水河边留下了龙脑石、龙爪石等遗迹。[①]

类似上述文献与传说的记载还有很多，这里不再赘述。通过这些文献记载及民俗传说，我们大致可以得出这样的看法，即很多古籍文献及民间传说都将炎帝神农氏的出生与龙联系在了一起。炎帝神农氏既然是感"神龙"而生，从文化意义而言，自然也是继伏羲氏之后的龙的传人了。

总之，文化是民族的灵魂。伏羲、神农氏时代形成的对龙的崇拜的文化意识，经过万年来的不断积淀、演变与升华，一个兼万物之长、矫健活泼、吉祥神圣的"龙图腾"，已经成了中华民族文化精神的象征，在中国人的心目中有着至高无上的神圣地位，龙图腾的形象也日臻完美，并逐渐成为中华民族的文化"标志"，人们也已由对龙的信仰、自然崇拜，进化到祖神崇拜、民族团结、民族复兴等较高层面的文化上来。伏羲、神农时代所凝聚而成的龙文化"可以用多元兼容、开拓创新、造福人类、与天和谐来概括"[②]。在龙的传人这一历史文化意识的形成过程中，炎帝文化确实起到了承上启下的至关重要的作用。

---

① 　参见陕西省地方志编纂委员会编：《陕西省志·炎帝志》，三秦出版社 2009 年版，第 401—402 页、第 414 页，以及曹敬庄主编：《炎帝陵传说故事》，湖南人民出版社 2001 年版，第 15—17 页、第 137 页。

② 　庞进：《炎黄二帝与龙文化》，载霍彦儒主编：《炎帝与汉民族论集》，三秦出版社 2003 年版，第 54 页。

第二章　神农密码：如何解读"神农氏"

长期以来，人们常将"神农氏"解读为人名，视为上古之圣人，且因为先秦文献记载的不一，学界在炎帝与神农氏的问题上众说纷纭，故而产生了较多歧义。看来开锁之钥，只能是正确解读"神农氏"，这是解开疑团的关键。一般而言，现存的先秦文献是探讨炎帝文化最基本的资料；其次是秦汉时人的记述，也有相当的资料参考价值。但由于种种原因，在先秦、两汉文献典籍中，有关炎帝氏族及炎帝神农氏的记载少而不详，亦无史家专为炎帝神农氏立纪或作传，且先秦文献中涉及炎帝氏族及炎帝神农氏者往往都是只言片语，因而导致其面目模糊不清，著述者常常语焉不详，且文献记载之间矛盾抵牾的地方颇多。通过对散见于先秦诸子典籍中的炎帝神农氏资料进行梳理，可以看到这样一种容易令人产生误会的现象，有言神农氏而不提炎帝的，如《庄子》等；有谈炎帝而不说神农氏的，如《山海经》等；有将炎帝、神农氏合二为一的，如《世本》等。这种现象，给世人了解炎帝氏族及炎帝神农氏这位上古时代的符号化人物造成了一定的困难，因此亟须梳理、澄清、诠释与整合清楚。

一、耕食织衣：神农氏是一个时代

要想解开"炎帝神农氏"的种种谜团，首先应该搞清楚先秦文献中"神农氏"的文化意蕴。

《周易·系辞下》：

> 古者包牺氏之王天下也，仰则观象于天，俯则观法于地，观鸟兽之文与地之宜，近取诸身，远取诸物，于是始作八卦，以通神明之德，以类万物之情。作结绳而为罔（网）罟，以佃以渔，盖取诸《离》。包牺氏没，神农氏作。斫木为耜，揉木为耒。耒耨之利，以教天下，盖取诸《益》。日中为市，致天下之民，聚天下之货，交易而退，各得其所，盖取诸《噬嗑》。神农氏没，黄帝、尧、舜氏作。通其变，使民不倦。神而化之，使民宜之。《易》，穷则变，变则通，通则久。是以自天佑之，吉无不利。黄帝、尧、舜垂衣裳而天下治，盖取诸《乾》《坤》。

在上述资料中，包牺氏即伏羲氏，其时人们"结绳而为罔（网）罟，以佃以渔"，处在最原始的渔猎时代。"包牺氏没，神农氏作。"这说明神农氏是承接伏羲氏的以结绳记事及网罟渔猎为特征的时代发展而来，其时人们已经懂得"斫木为耜，揉木为耒"，说明在神农氏时代人们在生产、生活方式上已经步入了农耕时代的初期。"神农氏没，黄帝、尧、舜氏作。"是说在神农氏时代之后，黄帝、尧、舜时代相继而兴，时间顺序清晰明白。在五帝时代，黄帝、尧、舜的治理特色表现为"通其变，使民不倦。神而化之，使民宜之"。从《周易》的记载中可以看到，神农氏上承伏羲氏时代，下启黄帝时代。可见，书中是将神农氏作为一个时代来讲的。

《庄子·盗跖》：

> 神农之世，卧则居居，起则于于，民知其母，不知其父，与麋鹿共处，耕而食，织而衣，无有相害之心，此至德之隆也。

从这段文字的记载来看,《庄子》认定有一个"神农之世"的存在,其时代特点有三:(1)其社会性质处在"民知其母,不知其父"的原始母系氏族社会阶段;(2)其时代已经具有了"耕而食,织而衣"的典型的传统农耕文明社会特色;(3)神农氏时代的先民,生活简单、和谐,彼此没有"相害之心",社会安定而祥和。显然,《庄子》也是将神农氏作为一个社会时代来认识的。

《商君书·画策》:

> 昔者昊英之世,以伐木杀兽,人民少而木、兽多。黄帝之世,不麛不卵,官无供备之民,死不得用椁。事不同,皆王者,时异也。神农之世,男耕而食,妇织而衣,刑政不用而治,甲兵不起而王。神农既没,以强胜弱,以众暴寡。故黄帝作为君臣上下之义,父子兄弟之礼,夫妇妃匹之合。内行刀锯,外用甲兵,故时变也。由此观之,神农非高于黄帝也,然其名尊者,以适于时也。

《商君书·更法》:

> 公孙鞅曰:"前世不同教,何古之法?帝王不相复,何礼之循?伏羲、神农,教而不诛。黄帝、尧、舜,诛而不怒,及至文、武,各当时而立法,因事而制礼。礼、法以时而定,制、令各顺其宜,兵甲器备各便其用。"

昊英就是伏羲,"昊英之世"即是伏羲之世。在上述两段资料中,"神农之世"上承接"昊英之世",下开启"黄帝之世",显然有着神农氏是一个时代的文化意蕴在其中。商鞅是战国时期著名的政治家、改革家,先秦法家著名的代表人物,他在与秦孝公谈论历史上治国之道时,提出了"昊英之世""神农之世""黄帝之世"的时代划分法,主张以史为鉴,世易时移,以时变来定立法度,也是将神农氏作为一个时代——"神农之世"来认识的。

《史记·五帝本纪》:

> 轩辕之时,神农氏世衰……而诸侯咸尊轩辕为天子,代神农氏,是为黄帝。

可见，作为国家正史之首的《史记》，也是将神农氏作为一个时代来看待的。司马迁指出，正是因为"神农氏世衰"，才有了新时代——轩辕黄帝时代的开创。

《独断》卷下：

> 伏羲为太昊氏，炎帝为神农氏，黄帝为轩辕氏。

东汉蔡邕在《独断》中明确谈及上古三皇，认为"炎帝为神农氏"。

《越绝书》卷十一：

> 轩辕、神农、赫胥之时，以石为兵，断树木为宫室……至黄帝之时，以玉为兵，（以）伐树木为宫室，凿地……禹穴之时，以铜为兵，以凿伊阙，通龙门，决江导河，东注于东海……当此之时，作铁兵，威服三军；天下闻之，莫敢不服，此亦铁兵之神。

东汉袁康在《越绝书·越绝外传记宝剑》中对上古时代划分得很是详细，它告诉我们这样一个重要信息：神农氏时代是石器时代，"以石为兵"。而后到了黄帝时代，是"以玉为兵"，玉器比较发达了。而在夏禹时代，中国进入了青铜器时代，"以铜为兵"。再往后到了春秋战国时代，人类便进入了铁器时代，"作铁兵，威服三军"。这段记述为现代考古成果所印证。诸多考古资料均表明，在神农氏时代，中华先民已经处于新石器时代。语言与劳动工具的出现是人类进入文明时代的标志。在中华文明的草创时期，中华先民使用的劳动工具，是循着石器—玉器—青铜器—铁器这样一个轨迹变化来展现的，神农氏时代的主要劳动工具是石器。

《古史考》：

> 伏羲、神农、黄帝为三皇，少昊、高阳、高辛、尧、舜为五帝。
> 炎帝之后，凡八代五百余年，轩辕氏代之。

《古史考》为三国时期蜀汉谯周所撰。在《古史考》中，谯周认为上古史有一个"三皇时代"的存在，有一个"五帝时代"的存在，"炎帝之后，凡八代五百余年"。

显然，这也是将"神农氏"作为一个时代来推定、划分的。

清代陈寿祺作《尚书大传辑校》，其中《略说》选录有：

> 伏羲氏没，神农氏作；神农氏没，黄帝、尧、舜氏作。

可见，清人也是将神农氏作为一个时代来看的。

综上可见，说神农氏是一个时代应该不会与事实相差太远。这个时代，大致长达 5000—12000 年，属于我国考古学认定的新石器时代。"炎帝并非神农氏。神农氏同有巢氏、燧人氏、伏羲氏一样，是先秦史家述史分期所定的形象化名称。有巢氏指原始人在无衣服、无宫室的条件下，为躲避猛兽侵害而巢居的时代；燧人氏指发明了钻木取火，变生食为熟食的时代；伏羲氏指养牺牲以庖厨，避免因猎获不足而受饿的时代，用现在的话说就是原始人类社会发展到了畜牧业生产的时代；神农氏是指以农耕为主要经济生产特点的时代，即相当于裴李岗与磁山文化年代至轩辕黄帝肇造文明的国家制度之前的历史时代"。[①]"在古代传说资料中，我们很难找到'神农'的'子及女'，但是却不乏炎帝的子女及后裔的传说。这本身也是一种有趣的现象，它也可以证明……神农氏作为一个时代，它无所谓子女问题；即使有将神农氏当作'具体的人'的，这种说法往往是将神农与炎帝均作为具体的人来对待，而这种观点也未提神农的子女问题，这也说明当时氏族为社会组织的主要形式，众多的氏族还不足以产生任何一位出众的首领，而只有到炎帝'成而异德'，成为部落首领后，才有人提出'炎帝神农氏'，即炎帝为身号，神农氏为世号"[②]的问题。神农氏的称谓，是代表时代的称号，也是氏族的称号。在神农时代，因是母系氏族的神农氏，就无法确定哪一位是始祖，只能说神农氏是各氏族、氏族部落的联盟，而处于领导地位。在炎帝时期，仍然袭用祖宗时的时代称号，神农氏的盛德，更加发扬光大，"身亲耕，妻亲织"，遂成为各氏族部落的神圣主宰者。[③]

---

① 王德蓉、曹敬庄、邓玲玲主编：《炎帝与中华文化》，人民出版社 1994 年版，第 40 页。

② 景明著：《神农氏·炎帝》，西北大学出版社 1993 年版，第 142—143 页。

③ 参见王树新、孟世凯主编：《炎帝文化》，中华书局 2005 年版，第 61 页。

二、炎帝氏族：神农氏是氏族部落

前面说过，"神农氏"可追溯至传说中的伏羲氏时代的末期，其根据有《周易·系辞下》"庖牺氏没，神农氏作"以及《史记·五帝本纪》等记载。然而，在后世文献及相关研究记述中，常常有将神农氏当作具体人名称呼为"神农"的说法。事实上，将"伏羲""神农"视为个体之名，应该是一种误解，或者说是一种不太精确的提法。这种主观地将"氏"字抹掉，其实是将"神农氏"概念或者说是将其外延窄化了。《说文解字》卷二十四曰："氏，巴蜀（山名）［名山］岸胁之旁箸欲落擂者曰氏。"段玉裁《说文解字注》云：氏，"象傍于山胁也"。这就是说，"氏"即山的支脉、分支，相当于"支"。根据这种解释，我们可否作这样的理解，所谓"某某氏"，即是人们对上古时期某一族群的某个分支的专有称谓，其意在标明某氏族部落居处或血缘族属。原始先民最初以居住地域和母系血缘为依据，名之曰"某姓某氏"；后来逐渐以父系血缘为依据，规范为"某祖某宗"。"某某氏"的广泛使用，大概是母系氏族社会文化发展的一种标志。《国语·晋语四》记载："黄帝之子二十五人，其同姓者二人而已……其同生而异姓者，四母之子别为十二姓。""四母之子""同生而异姓""别为十二姓"等记述，反映出上古时期依母族立姓氏以区分后代支脉的习惯。《说文解字》卷二十四又说："姓，人所生也。古之神圣母，感天而生子，故称天子。从女，从生，生亦声。《春秋传》曰：'天子因生以赐姓。'"同样印证了这一说法。"同德则同姓"当属后起。至于《礼记》"别子为祖，继别为宗，继祢者为小宗"的说法，当是父系氏族社会的文化成果，此不赘述。可见，先秦典籍中的"某某氏"，多是针对某某族群分支而言的，与后世以"氏"指称具体某人的用法迥异。按照这样的认识推理，"神农氏"应当是指以"神农氏族"，或者"神农族群"，或者"神农部落"，或者"炎帝氏族"等为称呼的群体。《吕氏春秋·慎势览》曰："神农氏十七世有天下。"《尸子》卷下曰："神农氏七十世有天下。"都含有这个意思。

西晋皇甫谧整合前人诸说，撰《帝王世纪》，其中有"诸子称神农之王天下也，地东西九十万里，南北八十五万里"的说法。这一材料中不但有"神农王天下"的记载，更有具体的地域管辖范围，说神农氏族曾居天下之首，一度十分强盛，其首领世袭"神农"之称号。以此而论，"神农氏"完全可以作"神农部族""炎帝氏族"等概念来理解。

另外，汉末宋衷在《世本注》中说："神农，代号也。"神农既然能作代号讲，神农氏当然亦可以作部族的名号来讲了。显然，将神农氏说成是某一个具体的人的这种认识有待进一步商榷和深入讨论。

三、身号世号：炎帝是神农氏族首领

迄今为止，就笔者所涉猎的有限的文献记载来看，"炎帝"名号最早来自上古母系氏族社会神农氏时代的姜水部族首领，因其功勋卓著，故人们尊其为"炎帝"，并以其尊号为其部族之代称，从先秦至明清，此说都有大量资料可资佐证。

《国语·晋语》：

> 黄帝以姬水成，炎帝以姜水成。成而异德，故黄帝为姬，炎帝为姜。二帝用师以相济也，异德之故也。

杜预《左传集解》：

> 神农，姜姓之祖也。

《帝王世纪》：

> 神农氏，姜姓也……长于姜水。

类似记载还有很多，此不赘述。

综合上述文献记载，姜水氏族首领炎帝崛起而得"神农氏"尊号，其氏族遂名"神农氏"。作为氏族首领，"神农氏"成为世袭之号，"炎帝"成为身号，于是就有了炎帝氏族首领炎帝神农氏的称号。

从战国以前的文献记载来看，多只言炎帝而不谈神农，而到战国时期，神农之称则出现在诸子的著述之中。可见炎帝的史料记载要更早一些，可以认定是上古一个氏族或氏族部落首领的统称。战国时因天下大乱，救世之说频出，提神农而不言炎帝，很可能是诸子托古改制以寻求国家政治出路的客观需要的产物。

炎帝是神农氏部落的首领。炎帝不仅是身号，而且亦是世号；不仅是神农氏部落的首领，而且从神农氏部落首任首领石年（一名曰轨）开始到末代首领榆罔结束，历代首领皆袭称炎帝神农氏这一名号。

有资料表明，炎帝氏族在上古时期的活动以今天的陕西、河南、山西、山东、河北、湖北、湖南等为核心地域。因为文献记载不一，其首领名号众多，难以统一，需要人们去仔细辨别。例如，《竹书纪年·统笺·前编》："育于姜水，故以姜为姓。其起本于烈山，号烈山氏。其初国伊，又国耆。合而称之，又号伊耆氏。"《淮南子·天文训》："南方曰炎天……其帝炎帝。"《册府元龟·帝王部》："南方生夏，教民耕农，故天下号曰神农氏。"《路史·炎帝纪》：安登"生神农于烈山之石室……亦曰烈山氏。"《国语·鲁语》："昔烈山氏之有天下也。"韦昭注："烈山氏，炎帝之号也，起于烈山。《祭法》以烈山为厉山。"炎帝又称"朱襄氏"。《吕氏春秋·仲夏纪》说："昔古朱襄氏之治天下也。"高诱注："朱襄氏，古天子炎帝之别号。"此氏族以火为标识。《左传·昭公十七年》："炎帝氏以火纪，故为火师而火名。"谯周《古史考》亦谓"炎帝有火应，故置官师皆以火为名"。炎帝氏族崇拜火或太阳，故后世有"炎神"之称。《春秋文耀钩》："仓帝，其名灵威仰；赤帝，其名赤熛怒；黄帝，其名含枢纽；白帝，其名白招拒；黑帝，其名汁光纪。"

可能是因为从上古以来各地传说不一，或者是因为文献记载存在以讹传讹等因素，反正先秦的诸种文献资料表明，"炎帝"与"神农氏"，本是截然不同的两种尊号，各有所指，承载着不同的历史传说，只是在战国史官所撰的《世本》中，才有"姜姓，炎帝神农氏后"的说法，但这也是孤证。不过，无论"炎帝"抑或是"炎帝神农氏"，作为神农氏时代的氏族首领来理解，应该是没有太大问题的。上古时代没有文字，各地情况又不一样，在人们长期口耳相传过程中，将炎帝与神农氏分开来说亦属正常。不过，无论炎帝，抑或是神农氏，二者都有很多相似与共同的文化元素，经过秦汉时期大一统文化的整合，炎帝神农氏两种身份最终合一。但这也不是没有原因的。我们不能认为古籍中把神农与炎帝分开记述，就把他看作是两个人。在一种情况下提到神农应是提神农氏族而不是人，指炎帝本人；在另一种场合中，提到神农就是代表炎帝本人，说是两个人也可以，因为一个是神农氏族的代表人称神农；另一个是神农氏族的首领称炎帝。但或许合为一个更为恰当，因为炎帝是身号，指他本人；神农是代号，指神农氏族。[①]

四、政治需要：炎帝神农氏合户进程

上面初步述说了"神农氏"与"炎帝"原初所指，明确了"炎帝"与"神农"本是上古时期神农氏氏族部落的发迹始祖与领袖之尊号。虽然上古没有今天这样发达的文字可做传播工具，但因为文化与历史的承传性等特点，经过近万年岁月人们代代口耳相传，"神农氏""炎帝"由于其对农业种植及"和药济人"、使用火耕等伟大贡献而受到后人的崇拜与神化。久而久之，作为文化符号的"神农氏"与"炎帝"的界限日益模糊，出现渐趋合一的现象自然不可避免。

从文献典籍的记载来看，炎帝神农氏合一的过程具有较为明显的阶段性。

战国以前，两者传说互不相涉；战国时期，两者有分有合；秦汉时期，因为大一统政治文化的需要，"神农氏"与"炎帝"二者合一成为历史文化发展的必然之势。战国末年的史籍《世本》已经出现"炎帝神农氏"的称呼。西汉末年，刘歆在《世经》中也把"神农氏"与"炎帝"二者合一："神农氏作，以火承木，故为炎帝。教民耕农，故天下号曰神。"这种说法被东汉班固采纳并写入《汉书·律历志》中。《汉书》是继《史记》之后又一部非常重要的国家正史。以《汉书》的整合为标志，"炎帝神

---

① 参见梁福义编著：《炎帝氏族考略》，宝鸡市炎帝陵文管所 1995 年版，第 14 页。

农氏"的称谓从此为官方所统一，虽然历代不断有人对此质疑，但《汉书》的说法成为主流文化并且一直沿用至今。

我们可否这样理解，"神农氏""炎帝"的分离是上古各地文化独立散乱、文字缺失及口口相传错误等因素综合造成的结果，而"神农氏""炎帝"由分而合的历程，则是秦汉以来中国大一统文化发展的客观需要。

夏、商、周三代，"学在王官"，加上"炎帝"作为五方帝及农神祭祀成为传统，"三皇""五帝"的传说与事迹大多"载于祀典"，有专门的"王官"负责管理，追溯先王功德的祭祀活动又定期进行再现性演绎，古史传说得以在官方仪式及祀典中保存下来，传承比较稳定。春秋后期"礼崩乐坏"，"祀典"遭到严重破坏，相关传说开始讹变甚至湮灭。战国时期虽然兼并战争频繁，但各民族急剧融合，国家统一成为历史潮流，为稳固政治局面，各诸侯国都很重视对文化凝聚力和向心力的建构，由史官编制上古以来历代王侯谱系及文化谱系就成为统治者在文化上建设其统治合法性、合理性理论的必然选择。秦并六国，建立了空前统一的秦王朝，民族认同感的培养和强化本应得到进一步延续，但秦朝二世而亡，没有能够完成历史交给的文化统一的任务。面对"文化统一""民族融合""法统传续""意识形态重建"等尚未解决的历史遗留问题，西汉建立后，出于政治需要，从最高统治者到文化界、思想界的饱学人士，都很重视对"神农氏"与"炎帝"融合的文化建设，这是有其历史原因的。汉高祖刘邦起事之初曾以"赤帝子"的传说和"瑞应"来号召民众。《史记·高祖本纪》记载：秦末天下大乱，众人"乃立季为沛公。祠黄帝，祭蚩尤于沛庭，而衅鼓旗，帜皆赤。由所杀蛇白帝子，杀者赤帝子，故上赤"。《史记·封禅书》记载："汉兴。高祖之微时，尝杀大蛇。有物曰：'蛇，白帝子也，而杀者赤帝子。'高祖初起，祷丰枌榆社。徇沛，为沛公，则祠蚩尤，衅鼓旗。遂以十月至灞上，与诸侯平咸阳，立为汉王。因以十月为年首，而色上赤。"秦末，刘邦被推立为沛公后，立即祭祀赤帝。攻克咸阳被封为汉王后，"因以十月为年首，而色上赤"，这些都是刘邦以"赤帝子"自居的表现。刘邦以"赤帝子"自称，直接以南方之帝"炎帝"做招牌，称"赤帝子"而比拟"天子"，企图以火德继秦水，这其实是战国以来"五德终始说"在政治上的成功运用。既然刘邦为"赤帝子",又做了皇帝,那么汉代文人学士自然要歌颂炎帝,将"赤帝"捧上高高的神坛,与黄帝平起平坐,以此来抬高汉高祖刘邦的地位。而先秦典籍中记载的"赤帝"亦即"炎帝",又曾经与人文始祖"黄帝"不断分、和斗争且处于失败与在野的状态。因此,刘邦建汉后,势必要清理这些旧说,建立适合自己政治需要的文化学说。于是,汉初思想界、文化界、学术界将"炎帝"同"神农氏"合一,以此美化刘邦,完成汉政权合法性、合理性的理论建构就成为势所必然。

东汉建立后,为了寻找"汉德未衰""刘氏再王"的合理性和神圣性依据,在光武帝刘秀的倡导下,"天命论"和"五德终始说"再度复兴。思想文化界配合统治者意识形态的建设需要,普遍认同"炎帝"与"神农氏"为一体。东汉初袁康所撰的《越绝书》,可说是中国最早的一部地方志,其《越绝计倪内经》说:"炎帝有天下,以传黄帝。"而根据《史记》等记载,炎帝是被黄帝用武力取而代之的,袁康却说是"传位",亦即"禅让",这显然是对炎黄二帝一种刻意的道德美化与对大一统政治文化在法统上的重新构建。尤其是东汉史学家班固撰《汉书》,他在《百官公卿表》中说"神农火师火名",慎重地将"炎帝""神农氏"合一写入《律历志下》,并诠释了炎帝的身份名号:"以火承木,故为炎帝。教民耕农,故天下号曰神农氏。"《汉书·古今人表》也列有"炎帝神农氏"。以此为标志,"炎帝神农氏"的称谓被写进国家正史,炎帝神农氏的文化形象最终定型。到唐朝姚思廉撰《梁书》,进一步肯定了这一结论,其在《梁书·许懋列传》中说:"神农与炎帝是一主,而云神农封泰山禅云云,炎帝封泰山禅云云,分为二人,妄亦甚矣。"此后,历代史家均不再对此产生大的争议。

综上可见,"炎帝神农氏至少有三重涵义,即既可看作部落联盟首领的称号,又可视作部落联盟的代号,还可视作农耕文明阶段的时代概念。正如炎帝、神农氏、烈山氏三位一体一样,上述三重涵义也是三位一体的"。①

---

① 章开沅、张正明、罗福惠主编,刘玉堂、张正明著:《湖北通史·先秦卷》,华中师范大学出版社2018年版,第116页。

第三章　起源地望：炎帝氏族发祥地之纷纭

开启炎帝氏族发祥地历史之门的钥匙，应当是文献记载与考古资料的相互印证。古籍文献中关于炎帝神农氏发祥地的记载众说纷纭，目前学界主要有湖南、湖北、陕西、河南、山西、河北、山东、甘肃、四川等地的说法，其中主要有湖南环洞庭说、陕西姜水说、湖北厉山说、山西上党说、河南华阳说等。另外，从近现代以来的考古资料中，我们也可以找到许多的佐证，理出一条比较清晰的线索。按理说，神农氏时代长达数千年，炎帝氏族的分布也是如满天繁星般遍及中国南北各地，炎帝氏族在所至之地的开发时间上应该有前后不同，发祥地亦应该有很多而并非仅有上面所述的五地。不过，因资料欠缺，目前就古籍文献记载、考古发现、留存遗迹以及民俗传说等综合来看，发祥地主要集中在上述数地。

一、发祥地一：湖南环洞庭说

迄今为止，诸多文献史志与考古资料均表明，湖南环洞庭湖一带曾经是炎帝文化的重要发祥地之一，湖湘大地存留有大量炎帝文化遗迹与传说。

其一，地质学家研究认为，第四纪冰期与人类的命运息息相关，它的每一次脉动，都引发人类乃至整个生命世界的巨变。第四纪冰期时代，绵亘于湘赣粤桂间的南岭是上古中国重要的生物避难之地，在冰期复暖的条件下，这些保存下来的物种又重新分布。"在这一'重新分布'的过程中，湖南是最先蒙惠的地区之一。现代考古证实，正是南岭之北的这个马蹄形盆地，生成了我国最早的稻作文化和名播万古的炎帝氏族。"①

其二，战国屈原《离骚·远游》说："指炎神而直驰兮，吾将往乎南疑。"南疑可能就是湖南九嶷山。1995 年在九嶷山附近的道县玉蟾岩发现了距今万年前的栽培稻谷壳。这一惊人发现，给屈原《远游》诗中所说的"炎神"在今湖南省的湘南、湘东南地区一带作了恰当的注脚。

其三，《墨子·节葬》说："楚之南，有炎人之国，其亲戚死，朽其肉而弃之，然后埋其骨，乃成为孝子。"炎人应是炎帝族裔，楚之南当为屈原所说的"南疑"。

其四，《列子·汤问》说："楚之南，有炎人之国，其亲戚死，朽其肉而弃之，然后埋其骨，乃成为孝子。"此记载与上面《墨子·节葬》一条内容相同，可以相互印证。另外，晋张华撰《博物志》卷二中亦说："楚之南有炎人之国，其亲戚死，朽之肉而弃之，然后埋其骨，乃为孝也。"这显然是袭用了前面两条史料之说。

其五，《山海经·海内经》记载："南方……有人曰苗民。"《山海经·大荒西经》："颛顼生老童，老童生祝融。"《山海经·大荒北经》："西北海外，黑水之北，有人有翼，名曰苗民。颛顼生骦头，骦头生苗民，苗民厘姓，食肉。有山名曰章山。"

---

① 彭志瑞著：《炎帝与炎帝氏族》（前言），广东人民出版社 2021 年版，第 1 页。

其六，《战国策·魏策一》记载："昔者三苗之居，左彭蠡之波，右有洞庭之水。文山在其南，而衡山在其北。"由此史料所描述的"三苗之居"的地理位置来看，当在今天的湘东南一带。

其七，《淮南子·时则训》记载："南方之极，自北户孙之外，贯颛顼之国，南至委火炎风之野，赤帝祝融之所司者，万二千里。"明确指出炎帝所管辖的地区是在南方，而且地域辽阔。

其八，唐陆羽在《茶经·六之饮》中说："茶者，南方之嘉木也。""茶之为饮，发乎神农氏。"《神农本草经》记载："神农尝百草，日遇七十毒，得茶而解之。"茶叶是南方特产，古代四川、湖北、湖南一带都是茶树的发祥地，这说明此三省历史上很可能曾是炎帝氏族的生息之地。今湖南省东南部的株洲市炎陵县在古代属于茶陵县，是炎帝陵寝所在地，自古与茶结有不解之缘。《炎帝陵志》言炎帝足迹曾遍及"茶陵云阳和露岭"[①]。"茶祖在湖南，茶源始三湘"的提法不是没有道理的。

其九，《衡湘稽古·以火纪官》记载："《衡湘传闻》曰：'帝自曰朱，故衡山为朱帝游息之地，有曰朱陵洞天。'《吕氏春秋》曰：'朱襄氏之有天下。'王氏注：为炎帝之别名也。"《衡湘稽古·帝子柱教耕于淇田之阳》记载："衡湘之间，其民至今犹念柱。凡一境数里，共奉一柱，以春祈秋报焉。谓树者，柱也。又所在有神农祠。"此文最重要的信息是保留了南方"柱"文化的传说，"柱"即"朱帝"，"朱陵"即"朱帝"住的地方。"陵"为地名，如朱陵、茶陵、昭陵、沅陵、武陵等，都曾是少数民族酋长居住理事的地方，称其死后的住地为陵，是其引申义也。[②]

其十，《衡湘稽古·帝来都于长沙》还记载："烈山氏……秉火德而王天下，乃就都长沙，正南离火之地也，称炎帝，以火纪官。"这是炎帝湖南说的一个颇具代表性的观点。

---

① 湖南省地方志编纂委员会编：《炎帝陵志》，湖南人民出版社 2019 年版，第 298 页。
② 参见林河：《〈屈赋〉"炎神"考》，侯林青、杨连登主编：《神农文化》，湖南人民出版社 2000 年版，第 54 页。

其十一，《伏滔集》载《习凿齿论青楚人物略》："神农生于黔中。"这个"黔中"，包括今会同、沅陵、常德在内的沅水流域广大地区。①据2002年湘西里耶考古发现的秦简证实，沅陵和常德属于"洞庭郡"，不属"黔中郡"②，说明古之"黔中"是指以会同为中心的沅水上游地区，这成为湖南炎帝会同故里新说的重要佐证之一。

上述文献中，屈原《远游》《墨子·节葬》《战国策·魏策一》《列子·汤问》以及《山海经》中多篇都涉及对炎帝文化的记载，具有重要的学术价值，其史料价值并不比《逸周书》《国语》《左传》逊色。从战国时文献记载的地名来看，炎陵、炎方、炎州、炎徼、炎天、炎湖（洞庭湖）、神农架都在南方，可见炎帝氏族也是上古南方农业民族的重要部落之一。至于其与那个"成于姜水"的炎帝氏族有没有渊源关系，迄今为止，笔者并没有找到直接的证据，可能此炎帝神农氏本就是南方稻作农业文化圈中一个极有威望的氏族首领，也可能与五行学说影响下涌现出来的炎帝文化有着一定的关系。

其十二，从炎帝陵的遗胜历史来看，也能说明湘东南曾是炎帝氏族生产和生活过的地方。《竹书纪年·前编》说：神农"在位一百四十年，陟于长沙之茶乡"。《竹书纪年》为战国时期魏国史官所编录，从时间上看，应是文献上记载炎帝神农氏与湖南"茶乡"有关系的最早史料。另外，湖南酃县一带的民俗传说有炎帝为民治病，遍尝百草，日遇七十毒，终因尝断肠草而"崩葬于长沙"的记载。宋罗泌《路史·后纪三》所载更详：炎帝死后葬于长沙茶乡之尾，叫茶陵，其后裔庆甲等徙居在此，炎帝陵也是炎帝族庆甲等人的集体墓地。秦汉时期茶陵为长沙郡或长沙国辖地，所以称作"长沙茶乡之尾"，或统称"长沙"。"茶陵"即"茶乡之陵墓"。显然，茶陵之名与炎帝陵有关。史载，汉高祖五年（公元前202年）以茶陵名炎帝陵所在地（时酃县尚未建县，地属茶陵，南宋时从茶陵析置酃县，1994年国务院批准改名为炎陵

---

① 杨国胜：《"炎帝故里会同新说"概述》，中华炎黄文化研究会、会同县人民政府编：《华夏同始祖天下共连山——全国首届会同炎帝故里文化研讨会论文集暨会同民间炎帝神农文化资料汇编》，大象出版社2010年版，第39页。

② 李学勤：《初读里耶秦简》，《文物》2003年第1期。

县）。这说明，湖南湘东南地区与炎帝文化的发源地有着密切的关系。

其十三，考古成果的佐证。中国的原始稻作农业起源与发展中心，从时间上看，最早是在湖南环洞庭湖地区，代表有玉蟾岩文化遗址、澧县彭头山文化遗址等。玉蟾岩文化遗址，时代距今 12000 年以前，位于湖南省道县西北，是一处文化内涵丰富的史前洞穴遗址。在此最重要的是发现了稻谷和原始陶片遗存。经专家分析鉴定，玉蟾岩出土的稻谷是一种兼有野、籼、粳综合特征的从普通野生稻向栽培稻初期演化的最原始的古栽培稻类型，这是目前世界上发现的年代最早的人工栽培稻标本，是探索稻作农业起源的时间、地点及稻演化历史的难得实物资料，这些特征表明了玉蟾岩遗址在世界稻作农业文明起源中占有重要地位。澧县城头山古城遗址位于澧阳平原中部，距今约 6200 年。在城头山水田遗迹中存留的稻谷、稻茎叶和根须，反映出撒播种植的迹象，田边也有人工开挖的水坑、小水沟等灌溉设施，这是中国史前农业考古的重大突破，反映了当时的经济与技术取得了显著进步。在距今 8000 年左右的澧县八十垱遗址，发现稻谷和大米两万多粒，是中国史前稻作谷物发现最多的地方；还有木耒、木铲和骨铲等农具以及木杵等加工工具，与炎帝神农氏初创农业文明的时间大体相当。[①] 此外，20 世纪 80 年代以来，随着湘东南茶陵独岭坳、株洲磨山等上古遗址的相继发现，也证明了上古湘江流域特别是株洲一带的农耕文化与炎帝文化具有十分密切的关系。尤其是茶陵独岭坳遗址，表明湘东南很可能就是上古中国水稻栽培的起源地。成熟的湖南史前农业文化，无疑是炎帝文化的重要组成部分。

其十四，湖南多处保留有关于炎帝神农氏的传说。这些传说把炎帝、神农氏、柱都融为一体。传说炎帝族裔南迁之后，把淇田之名移植于宜章、嘉禾县。在湖南，衡南县有神农山，上有神农祠。相传炎帝让其臣赤制氏在今郴州、耒阳为先民制作耒耜，至今有条河叫"耒水"亦称"耒"。相传赤松子作耒耜于郴州之耒山，今耒阳县便因地处耒水之阳而得名。茶陵县有神农尝药亭，传说为神农氏采药、捣药之迹。

---

① 参见曾昭山：《炎帝神农氏与湖南稻作农业的起源》，《科技和产业》2009 年第 12 期。

郴州，据说因神农臣郴天居此而得名。传说炎帝任刑天（一名郴天）为乐官，作《扶持》之乐，以庆贺农业丰收。在《说郛》引《古琴疏》等文献中，传说炎帝族在衡山（今湖南衡阳）活动时，曾祭祀过祝融，取"瑶山之木"为"瑶琴"，"能致五色鸟舞于庭中"，演奏的琴曲为"凤来""鸾来""凰来"等。赤松子是神农时的雨师，华容县有赤松子亭，浏阳县有赤松山，慈利县也有赤松山和赤松村。炎陵县不仅有炎帝陵寝，还有许多关于炎帝神农氏误尝"断肠草"中毒身亡、听讶奔丧一类的传说，等等不一而具。总之，这些传说亦可作为炎帝氏族曾在湖湘大地生产与活动过的佐证。[①]

二、发祥地二：陕西姜水说

宝鸡也是炎帝氏族的重要发祥地之一。

此说不但有古籍文献的记载，而且有考古资料可资印证。

战国时期的文献《竹书纪年》和《世本》均有炎帝"育于姜水""生于姜水"等记载。《国语·晋语四》还记载："昔少典娶于有蟜氏，生黄帝、炎帝。黄帝以姬水成，炎帝以姜水成。"这里，我们不能简单地将"少典"与"有蟜氏"理解成单个的、具体的人名，不能简单地将黄帝、炎帝理解成他们是女子有蟜氏所出，因为少典氏与有蟜氏本为伏羲氏时代末期的两个氏族部落；此处"生黄帝、炎帝"的"生"亦不应作生产的生，似应作"衍生""派生"解。据此文献记载，说炎帝与少典氏、有蟜氏两氏族有较深的渊源关系则应当不会与事实相去甚远。

尤其值得一提的是，战国《世本·氏姓篇》有这样一条史料："姜氏，炎帝生于姜水因氏焉。"记载很是明确，有具体的地点，有炎帝姓氏的渊源，可作为"炎帝生于姜水"的一项重要佐证。

至此，一个重要的问题必须让学人作出解答。

---

① 参见炎帝与宝鸡课题组编著：《炎帝·姜炎文化》，三秦出版社 1992 年版，第 60 页。

古代的姜水究竟在何处？

古之姜水，据北魏郦道元《水经注·渭水》所载在姜氏城南，即今岐山岐水下游，具体无考。明李贤《明一统志》卷三十四记载，"姜氏城，在宝鸡县南七里，城南有姜水"。此姜氏城今名姜城堡，往南即益门堡，堡西有一水即今清姜河。古《凤翔府志》《宝鸡县志》等志书所载之"姜水"和"姜氏城"，均指"清姜河"和"姜城堡"一带。

另外，考古资料也可印证这一说法。

从宝鸡一带已发掘的文化遗址看，出土了大量的新石器时代先民们从事生产和生活的遗物和遗迹。据全国文物普查，在宝鸡一带发现的古遗址近九百处，仅宝鸡渭河及其支流的仰韶文化遗址就多达五六百处，还有龙山文化遗址二三百处。市区20多平方公里的区域内就有新石器文化遗址80余处。据宝鸡学者及全国相关专家研究，从已发掘的关桃园、北首岭、福临堡和石嘴头等文化遗址看，时间为距今8000—4000年左右，其序列完整，反映了新石器时代宝鸡一带不同时期里先民的社会组织和生产、生活情况。关桃园遗址位于宝鸡市西部山区的渭河北岸，是一处发育较好的极为重要的新石器时代的遗址。"关桃园遗址的早期，距今已有8000年的历史，特别是早期地层中出土的最具代表性的古代生产工具骨耜，据史载就是神农氏·炎帝发明，这就从考古学上对于炎帝文化的研究提供了最有力的物质证据。"[1]北首岭出土的居住基址和村落形制、生产工具和生活用具，反映了北首岭原始先民农耕生活的基本状况；福临堡出土的贮藏设施和较大的盛储器物，反映了福临堡原始先民以农耕为主，同时从事饲养、渔猎以及手工业制作的生活状况。它们先后经过的时期与炎帝"生活于仰韶文化的晚期之前"的观点是吻合的，而且农业生产水平的提高，使产品出现剩余，贫富等级出现，与炎帝所处的母系氏族社会向父系氏族社会过渡的社会形态大体相同。北首岭出土的半坡类型仰韶文化"人面鱼纹"陶片与《山海经》中氏人之"人面鱼纹"图有早晚相承的渊源关系，而氏人又恰恰是炎帝之后裔，证

---

[1] 参见刘明科著：《宝鸡考古撷萃》，三秦出版社2006年版，第264页。

明半坡类型仰韶文化之居民就是炎帝部落之居民。从这些考古发现所蕴含的信息来分析，无不与古籍记载的炎帝"斫木为耜，揉木为耒""作陶冶斤斧""日中为市""耕而作陶""神农始教民播种五谷""耕而食，织而衣"等文献记载相吻合、相印证。由此表明生活在这里的原始先民就是"以姜水成"，以炎帝为首，且以农立族的神农氏部落。①

还有，宝鸡当地的民俗传说与风物名胜，也反映出宝鸡与炎帝族的起源具有一定的渊源。至今，宝鸡民间祭祀炎帝的活动相沿成习，早已经成为当地的一种民俗文化。"神农庙""火神庙""炎帝祠""火星庙""先农坛"等民间举行祭炎活动的场所分布在宝鸡城乡各地。传说农历正月十一是炎帝的诞生日，七月初七是炎帝的忌日。每年这两个时间，唱大戏、烧"香山"、耍"火龙"、放焰火、闹社火等形式的祭炎活动要持续好多天，意在祈年、祈福、祈寿。这样的习俗活动也说明，宝鸡一带作为炎帝氏族的核心发祥地之一是有极大可能性的。

三、发祥地三：湖北厉山说

姜水说外，还有一些古籍文献记载炎帝氏族发祥于烈山。

先秦文献关于烈山氏的记载很少，最早见于文献记载的是在春秋时期。

《左传·昭公二十九年》：

> 稷，田正也，有烈山氏之子曰柱，为稷，自夏以上祀之。

《国语·鲁语上》：

> 昔烈山氏之有天下也，其子曰柱，能殖百谷百蔬，夏之兴也，周弃继之，故祀以为稷。

---

① 参见宝鸡市地方志编纂委员会编：《宝鸡市志 1990—2010》，陕西人民出版社 2021 年版，第 2197—2198 页。

　　上面两条材料，第一条是说柱为"自夏以上祀之"，同时说历史上有两个"稷"，分别为烈山氏之子柱及周弃。第二条则进一步点明柱为后人祭祀的原因是他"能殖百谷百蔬"。虽然重点不是在说烈山氏，而是在说其子柱，但以"稷"为连接点已经点明了烈山氏与炎帝神农氏之间的那种剪不断理还乱的关系。炎帝神农氏是华夏农耕文明的开创者，后世历代以先农祭祀，而"其子曰柱，能殖百谷百蔬"，其间联系不言自明。《左传》《国语》均是春秋时期史学家左丘明的著作，其治史能力与史识为后世史家之典范，因而《左传》具有极大的可信度。不过，这两件史料的核心点都集中在柱为"田正"上面，同时说明了柱与烈山氏的关系，却并未点明烈山氏的具体地理位置，这显然是一个缺憾，也给后人对炎帝发祥地的认识布下了疑阵。

　　战国时期的文献记载也具有极大的可信度，涉及炎帝氏族的相关文献主要有《礼记》《竹书纪年》《世本》《战国策》等典籍。

　　《礼记·祭法》：

　　　　厉山氏之有天下也，其子曰农，能殖百谷。

　　另外，《礼记》郑注记载：

　　　　厉山氏，炎帝也。起于厉山。或曰有烈山氏。

　　在《礼记》及郑玄注中，明确提到厉山氏就是炎帝，并且指明炎帝是"起于厉山"。古代厉、烈同音，可见，厉山氏即烈山氏，而烈山氏即炎帝。"有天下"说明炎帝是神农氏时代的开启者，而不能理解成后世概念中的所谓"统治天下者"。"起于厉山"，是说炎帝的发祥地是在厉山。

　　烈山氏，《汉书·古今人表》作列山氏，烈、厉、丽、列数字音同而通用，对此，学界没有异议。

　　由于炎帝氏族的活动与烈山的密切关系，宋人刘恕在其所编的《资治通鉴外记》卷一中清理旧说，进一步明确指出：神农"本起烈山，称烈山氏"。

然而，最根本也是最困惑学人的问题出现了，既然炎帝神农氏本起于烈山，号烈山氏，那么，这个烈山的地点到底是指何处？显然，上述各项材料都没有说明烈山究竟是在何地。

从上面诸项材料的指向来看，烈山氏就是炎帝氏族的首任首领炎帝神农氏。如果是这样的话，那么，就不仅是炎帝族的发祥地问题，而是具体涉及首任炎帝神农氏的出生地问题。然而，关于这个问题，迄今所见到的古籍文献及考古发现，都不能确切地认定，因而引发了学界长期不休的争论。

另外，与先秦文献的记载不同，西晋以后尤其是唐宋文献典籍中有大量内容表明，炎帝神农氏与湖北随州随县的厉山有着密切的关系。

晋皇甫谧《帝王世纪》：

> 神农氏起烈山，谓烈山氏，今随厉乡是也。
>
> 神农继无怀氏以火承木，位在南方，故谓之炎帝。南方属炎为赤，故炎帝亦称赤帝……又曰烈山氏。

唐李吉甫《元和郡县志》卷二十四《山南道二·随县》：

> 随县，本汉旧县，属南阳郡。即随国城也，历代不改。厉山，亦名烈山，在县北百里。《礼记》曰："厉山氏，炎帝也，起于厉山，故曰厉山氏。"

唐李泰撰《括地志》卷七：

> 厉山，在随州随县北百里，山东有石穴。［或］曰神农生于厉乡，所谓列山氏也。春秋时为厉国。

此外，关于炎帝氏族与湖北厉山的关系，清同治八年（1869年）重修《随州志》记述得颇为详细，其卷四：

> 列山在东北一百二十里黄连村，炎帝神农氏所生也。峰峦隐秀，壑洞幽藏，

天然灵境。《荆州记》云：山中有一穴，父老相传神农所生，今谓之神农洞天，上建神农庙，有碑，明知州范钦立。山北有水，即《水经注》所称赐水也。水北为殷家店地，即古厉乡，所谓九井及神农宅当在其地，神农后世称烈山氏，《礼记·祭法》篇亦称厉山氏，即周时厉国。明知州王纳言指此为神农所生，以州北四十里之厉山店，为古厉国，固意拟之辞，州之西自瀖水，东北至黄连村，皆古厉国境也。

虽然上述数件史料都不是先秦的典籍，但至少可以说明，炎帝氏族曾经在湖北随州的厉山一带生产生活过。

据考古发现，"湖北随州本地有冷皮娅遗址，南面有京山屈家岭、朱家咀、油子岭、天门石家河，西南有枝城城背溪、枝城北、红花套、枝江关庙山、宜昌杨家湾、江陵阴湘城、监利福田、柳关、松滋桂花树，东南面有云梦胡家岗、龚寨、斋神堡、好石桥、武昌放鹰台、黄梅焦墩，西北面有枣阳雕龙碑等新石器时代中晚期文化遗址，时间在距今7000—5000年之间"①。上古时代南方的气温比中原地区高，处于"炎天"，适宜农耕，这也从一个角度佐证了炎帝氏族的一支烈山氏曾在湖北地区开创原始农业的史实。

不过，也有现代学者对湖北随州为炎帝故里的说法有不同的看法，纠葛仍在首代炎帝的出处问题上。

王献唐在《炎黄氏族文化考》一书中对炎帝厉山说提出了怀疑。他说：

列山在鄂中部，距陕甚远，只可谓为神农游徙后至之所，非肇迹于此也。然故（古，著者加）书皆谓神农起于列山，若以生长之姜水求之，列山当在陕西，与姜水去不甚远，方与情势相合。以神农生于姜水，发明树艺，必积渐东行，得就一地而发挥光大，著为国氏。断不能以一幼童越数千百里，而至湖北

---

① 黄莹：《炎帝神农文化与长江农耕文明》，马敏、李子林、张执均主编：《炎帝神农与长江文化学术研讨会论文集》，武汉出版社2017年版，第176页。

中部始行其术，以其术早在陕西阐明，观于淇山树艺诸端，可证非在湖北始阐明也。其在陕西既早能种植，亦当就其附近试之；试而成功，因而肇迹，更不能抱怀秘艺越数千百里而试之也。此而既明，则最初发迹之列山，必在陕西，为姜水东部，亦必求得其地，而后神农农业东演之路线，始行接续，否则越数省而至湖北山西，皆事理所不许也。吾尝于此反复推求，欲证实其地，始知康成、渔仲所谓神农起于列山，最初发祥之地，乃为陕西之骊山，不为湖北。康成诸家，但沿旧说著录，正得名实。后人乃以湖北后徙之列山当之，非其初也。①

王献唐根据古文献的记载，认为炎帝神农氏出生在陕西姜水，而非湖北厉山。按照王献唐的说法，神农"起于列山"的列山，不是今天湖北随县的厉山，而应是陕西的骊山，今天湖北随县厉山的神农遗迹则是炎帝神农氏后代迁徙至此后留下的足迹。因为历史上确实存在这样一个事实，即先民将发祥地的名称带到新迁徙居住的地方的事例不少。

另外，何光岳支持王献唐的此"厉山"非彼"厉山"说：

> 王献唐谓：起于厉山者，是往古以来，神农久有此名，周、汉而降，相率沿称。列烈厉同隶祭部，古本同音通用（古读均为卒音之赖）。字又作丽，作赖。赖与厉、烈古音亦同。其作丽者，字本隶歌，乃后厉丽皆转今音，又假丽为厉，实亦一事也。其作连山者，连与列、厉皆一声之转，连山亦犹列山、厉山。《世纪》谓八卦，夏人因炎帝曰《连山》。《礼》言夏谓之《连山》，夏人用之也。神农卦卜之术，本无专名，后人以其出于列山氏，因呼为《列山》，又转为《连山》。列山之列字，与来字双声音转，原始神农率其来族之人树艺于此，因以族名所居之地曰来，又更曰其地之山曰来。其地名之来，后转为厉，因而才有厉国厉乡。厉字又作赖，厉国亦为赖国。其山名之来，后转为列，因有列山。字

---

① 王献唐著：《炎黄氏族文化考》，齐鲁书社 1985 年版，第 409—410 页。

又作烈，作丽，作连，亦为列山、烈山、丽山、连山。神农既曾居于此，因为
列山氏。又谓列山在鄂中部，距陕甚远，故只可谓乃神农游徙后至之所。然故
（古）书皆谓神农起于列山，若以其生长之姜水推测，列山当在陕西。因神农生
于姜水，发明树艺，必积渐东行，得就一地而发挥光大，著为国氏。并指出最
初的发祥地为陕西之骊山，不是湖北。所论是较符合事实的。[①]

显然，何光岳是支持王献唐的说法的，因为历史上确实不可能同时在两个地方
出现同一人物。说今天湖北随县厉山的神农遗迹是炎帝族裔迁徙到此地后另外一个
炎帝首领留下的遗迹，而不是炎帝氏族第一代首领烈山氏（炎帝神农氏），从学术角
度说，是可以作为一说来进行探讨的，但不能因此而否定随州炎帝故里的客观存在
性，因为这不是一个非此即彼的可以简单下结论的问题。

从神农氏时代漫长的历史来看，炎帝氏族显然不止一个活动地区，炎帝文化也
不是一代人而是多代人经过数千年岁月共同创造的结果。客观而言，首代炎帝在不
在随州都没有也不可能否定随州炎帝故里的客观性，因为只要知道湖北随州一带曾
经是炎帝族的发祥地，也就会同意和承认这里曾是炎帝的故里之一。至于非要辨明
首代炎帝是生于随县或是生于宝鸡，笔者认为既没有必要，也可能永远不会说清楚。
万年前的历史，若存若亡，先秦又没有留下明确的史料记载，谁又能真的说得清楚
呢？我们何必非要执着于地望之争呢？

事实上，随州作为炎帝氏族重要发祥地之一，不仅有魏晋以来大量文献记载，
而且也为20世纪50年代以来的一系列考古发现所证明。前面已经提及，在新石器时
代江汉平原的京山屈家岭，天门石家河，宜都红花套、城背溪，江汉谷地的襄阳三
步两道桥、老河口秦集镇陈家楼、枣阳鹿头镇雕龙碑，以及随州三里岗冷皮垭，淅
河西花园，厉山陈家湾、幸福村等遗址，考古都发现了一种以蛋壳彩陶和彩陶纺轮
为特征的"屈家岭文化""石家河文化"，以及比它们年代更远的"大溪文化""城背

---

① 何光岳著：《炎黄源流史》，江西教育出版社1992年版，第110—111页。

溪文化""随州西花园文化"等。这些新石器时代遗址显示，早在新石器时代中晚期，江汉流域就是稻作农业比较发达的地区，与炎帝氏族的传说时代基本吻合，说明江汉流域曾是神农氏时代农耕文明的一个重要活动区域。

今天，湖北省随州市厉山镇九龙山南麓山腰有著名的人文历史古迹——神农洞，是炎帝文化一个重要胜迹。这个山洞里有石桌、石凳、石碗、石榻等物，传说都是当年炎帝神农氏所用之物。现神农洞正门牌匾上写有"神农洞"三个古篆字，两旁有"古洞载日月，神农传四洲"的对联。洞府正堂是神农殿，殿中有一尊刷金炎帝神农氏石雕像。另外，还有神农井、神农观、炎帝庙等古建筑。厉山镇北至今尚有一座"炎帝神农氏碑"。近现代又建有炎帝神农纪念广场、炎帝神农纪念馆、炎帝神农牌坊等纪念性建筑物，并修复兴建了炎帝神农殿、烈山大宗祠、圣贤殿、功德殿、神农庙、安登泉、百草园、观天坛、神农九井等景点。[①] 笔者以为，这些都是炎帝文化发展的产物，都是中华炎帝神农文化的重要组成部分。无论烈山氏（列山氏）肇兴之地在何处，宝鸡、随州等地都是炎帝文化的重要发祥地，如有争论，也应该将目标集中到探讨几个炎帝发祥地出现的时间早晚及文化深入发掘等问题上，而不是争论哪个地区的炎帝为真为大。

四、发祥地四：山西上党说

文献资料表明，晋东南上党羊头山一带亦与炎帝氏族有着一定的渊源。

羊头山在霍太山之东，即今山西霍山。羊头山有长子羊头山与谷远羊头山两种说法。

《汉书·地理志上》，上党郡：

> 谷远，羊头山世靡谷，沁水所出，东南至荥阳入河。

---

① 参见丁雪峰、丁志理著：《溯源：历史与传说中的三皇五帝》，河南大学出版社 2017 年版，第 69 页。

除谷远县羊头山以外，上党郡还有一个羊头山。

《汉书·王莽传中》：

> 命尉睦侯王嘉曰："羊头之厄，北当燕、赵。女作五威后关将军，壶口捶扼，尉睦于后。"

唐朝颜师古注曰："羊头，山名，在上党壶关县。"汉之壶关县在今长子县北，今山西屯留县。唐之壶关在今长子县东，即今之壶关县。此壶关之羊头山即今山西长子县之羊头山。此羊头山与谷远羊头山虽皆属上党郡，但其地不同。

明朝朱载堉《乐律全书·律学新说·审度篇》附录《羊头山新记》对此记述颇详，文中说：

> 羊头山，在今山西之南境泽潞二郡交界，高平、长子、长治三邑之间。自山正南稍西去高平三十五里，西北去长子五十六里，东北去长治八十里，所谓岭限二郡，麓跨三邑也。山高千余丈，磅礴数十里，其巅有石，状若羊头，觑向东南，高阔皆六尺，长八尺余，山以此石得名焉。
>
> 石之西南一百七十步，有庙一所，正殿五间，殿中塑神农及后妃、太子像，皆冠冕，若王者之服。按：神农时，尚未有衣冠之制，不若设木主为宜耳。此殿以南，属泽州高平县丰溢乡团池北里；殿之西北，属潞安府长子县义丰乡栅村里；殿之东北，属潞安府长治县八建乡施庄里，故俗说云：前檐滴高平，后檐滴长子，谓此也。殿西稍北二十步有小坪，周八十步，西北接连大坪，周四百六十步。上有古城遗址，谓之神农城。城内旧有庙，今废。城下六十步有二泉，相去十余步，左泉白，右泉清，泉侧有井，所谓神农井也。二泉南流二十步，相合而南。《寰宇志》云："神农尝五谷之所。"上有神农城，下有神农泉，后魏《风土记》云："神农城在羊头山，其下有神农泉。"皆指此也。地名井子坪，有田可种，相传神农得嘉谷于此，始教播种，谓之五谷畦焉。庙之西北一里许，有黑龙池；东北三里许，有白龙池；东南二里许，有金龙池。此三

池，惟金龙池大而且深。《高平志》云：金龙泉阔丈余。旧传有二鱼时跃于泉，遇雨即飞去，疑龙也。山之正东稍南一里余，有泉甚清。泉西半里许，有梵刹，曰"清化寺"，建自后魏孝文帝太和之岁。初名定国寺，北齐改名宏福，隋末寺废，唐武则天天授二年重建，改今额，有碑，乃唐乡贡明经牛元敬撰并书，其略曰：此山，炎帝之所居也。昔者摄提纪岁之后，燧人化火之前，穴处巢居，茹毛饮血，爰逮炎皇御宇，道济含灵，念搏杀之亏仁，嗟屠戮之残德，寻求旨味，以替膻腥，遍陟群山，备尝庶草，届斯一所，获五谷焉。记此灵奇，显其神异，石类羊首，遂立为名。于是创制耒耜，始兴稼穑。调药石之温毒，除瘵延龄。取黍稷之甘馨，充虚济众。人钦圣德，号曰神农。历代崇恩，峰亭享庙。其山也，左连修岭，横巨嶂而峙沧波；右接遐峰，列长关而过绛阙。烈山风穴，泛祥气而氤氲；石鼓玉泉，泄云雷而隐轸。芬敷花药，春夏抽丹；蓊郁松萝，秋冬耸翠。人天交集，仙圣游居。譬鹫岭之灵宫，犹鹿苑之佳地。播生嘉谷，柱生兹山矣。字乃行书，遒劲可观，颇类《圣教序》。其而□等文，非篆非隶，盖武氏所制字也。碑阴识云：所有当寺。方圆八里。东至秦关古道下面，东西石楞并虎谷南，高僧岭所管；南至团池古羔分水；西至秦关栅村道下面，东西石楞并古泥寺，下平取正；北至双浮图下古道。以上所管，永记于铭。后凡七十五字，询访遗迹，多不可晓。问僧但云四至以里，田泉林木皆属本寺。旧时僧无租税，有司尊炎帝，故禁民樵采，数十年前，木皆合抱，弥满山谷。近来禁弛，盗伐几尽……

又西二十里曰伞盖山，泫水出焉。《山西通志》云："伞盖山在长子县西南五十里，以形似名。下有水，名泫水。"《水经注》云："泫水导源泫氏县西北元谷东南，流经泫氏故城南而东，会绝水乱流，东南入丹水，是也。"《寰宇志》云："'神农尝五谷之所'。上有炎帝庙，南带太行，右有伞盖山，即此山也。"

又西北三十里，曰发鸠山。山下有泉，泉上有庙，宋政和年间，祷雨辄应，赐额曰"灵湫"，盖浊漳水之源也。庙中塑如神女者三人，傍有女侍，手擎白鸠，俗称三圣公主，乃羊头山神之女，为漳水之神。漳水欲涨，则白鸠先见，使民觉而防之，不致暴溺。羊头山神，指神农也。然白鸠事，诸志未载，以其近怪，故不语耳。愚按《山海经》云："发鸠之山，漳水出焉。有鸟名曰精卫，炎帝少女，游于东海，溺而不返，化为此鸟，常衔西山木石，以堙东海。"故陶诗云："精卫衔微木，将以填沧海。"盖用此事。然则俗语亦有所本矣。

……又按诸志，凡羊头山，以形命名，随处有之。在冀州之域者有三：其一即此山。其一在汾州西北十五里，见《一统志》。其一在古谷远县，沁水所出，见《汉书》及《水经注》，今沁源县绵山是也。神农尝谷之所，亦有三焉。其一即此处，其一在潞安府东北十三里百谷山，其一在隰州东四十五里合桑村，有古谷城、谷台是也者。夫神农庙宇，在处尤多，兹不足纪。盖皆乡民积年私建，谓之行祠云。律家考秬黍率曰羊头山。叩其详，多不知，附此以资谈论而已。

《后汉书·西羌传》：

以任尚为侍御史，击众羌于上党羊头山，破之，诱杀降者二百余人，乃罢孟津屯。

李贤注：

羊头山在上党郡谷远县。

《魏书·地形志二》，上党郡：

长子，二汉、晋属，慕容永所都。有廉山，浊漳出焉。有长子城、应城、倾城、幸城。长湾水东流至梁川，北入浊漳。羊头山下神农泉，北有谷关，即神农得嘉谷处。有泉北流至陶乡，名陶水，合羊头山水，北流入浊漳。

《元和郡县志》卷十九《河东道·长子县》：

羊头山在县东五十六里，后汉安帝时，羌寇河东，以任尚为御史，击破于羊头山，谓此也。神农城，后魏《风土记》曰："神农城在羊头山上，山下有神农泉，即神农得嘉谷之所。"

言炎帝在羊头山者，又见《太平寰宇记》卷四十四：

（泽州高平县）本汉泫氏县，属上党郡。西北在泫水之侧，故名之。《竹书纪年》谓："梁惠王九年，晋取泫氏县。"即此也……羊头山在县北三十五里。《山海经》云："神农尝五谷之所，山形像羊头"……炎帝庙在县北三十五里羊头山上。

汉泫氏县在今高平县，在长子县南，其北之羊头山即长子县东之羊头山。
《太平寰宇记》卷四十五又说潞州上党县：

羊头山，《郡国记》云："有神农城，山下有神龙泉"，南带太行。又有散盖，即神农尝谷之所也。

《路史·后纪·炎帝》注：

《礼含文嘉》云："神农修德作耒耜地，应之以醴泉。"《书断》云："上党羊头山，嘉禾八穟，炎帝乃作穟书，用敊时令。"亦见《墨薮》及《韦氏字源》，泽之高平北三十五里羊头山也。《寰宇》引《山海经》"神农尝五谷之所，上有炎帝庙"，盖《郡国志》也。山今在上党，有神农城，下有神农泉，南带太行，右有散盖。今长子西南五十有神农井，出羊头小谷中。《九域志》上党有神农庙、井。又云："隰州有谷城，神农尝五谷于此。"而《上党记》："庙西五十步，石泉二所，一清一白，甘美，呼为神农井。"《风土记》："神农城在羊头山上，下有神农泉，为神农得嘉禾处。"《地形志》亦云"得嘉谷之所"。

明《山西通志》卷五：

炎帝神庙，高平县有二，一在"县北三十五里故关村羊头山上，元初徙建山下坟侧"。

清觉罗石麟等纂（雍正）《山西通志》：

卷十九，潞安府长子县：

羊头山，在县东南五十里，递高五里，盘踞五里，东至长治界，南至高平界骨五里，一峰最高，上有石，形似羊头。《地形志》：羊头山下神农泉北有谷关，即神农得嘉谷处，山下有谷泉。

神农井，在县东南五十里羊头山下。《后魏风土记》曰：上党羊头山有神农井。

卷五十八，潞安府长治县：

神农井，《北魏志》：羊头山下神农泉北有谷关，即神农得嘉谷处。《玉海》：上党长子县有神农井，在炎帝庙西五十步，石泉二，清一白一，味甘，名神农井。

熨斗台，在县北，世传丹朱筑，形似熨斗，上有神农庙。

卷五十九，宁武府高平县：

神农井北四十里羊头山，神农尝五谷于此。

《黑暗传》诗曰：

圣人诞生自天工，首出称帝草昧中，制作文明开千古，补天溶日亘苍穹。神农尝百草，瘟疫得夷平。又往七十二名山，去把五谷来找寻。神农上了羊头山，仔细找仔细看，找到粟粒有一颗，寄在枣树上，忙去开荒田，八种才能成粟谷，后人才有小米饭。

然而，历史上除了山西上党地区有羊头山外，陕西宝鸡也有羊头山。历史上氏族部落将祖先肇兴地名带到后来迁徙地的事情并不鲜见。不过，这不是此处要探讨的话题，不再赘述。

五、发祥地五：河南新郑华阳说

20 世纪八九十年代，学界亦有提出河南新郑华阳为炎帝发祥地之说的，主要有以下两种观点：

1982 年，杨国荣在《山西大学学报》（哲学社会科学版）第 4 期发表《炎黄华夏考》一文说："少典妃有蟜氏女，游华阳，产炎帝。华阳城在河南省新郑县。"

1991 年，河南人民出版社出版的由赵国鼎主编的《炎黄二帝考略》一书中提出：

> 炎帝黄帝，都是有熊国君少典之子，传说是一致的。炎帝母有蟜氏女曰安登，黄帝母附宝，历代文献记载也是一致的。有蟜氏游华阳，产炎帝。华阳城在河南新郑。有熊国都在新郑，古有少典祠，也在新郑。炎帝出生于新郑，应做重点考证。[1]

> 炎帝者，有熊国君少典之子，有熊即河南新郑。少典妃有蟜氏女，游华阳，产炎帝。华阳城在河南省新郑县北 40 里。华阳故城现为河南省重点文物保护单位。新郑县古有熊氏之墟，黄帝、炎帝者有熊国君少典之子也。这一史实，既有文献记载，又有遗址可考。[2]

主张炎帝出生于河南新郑华阳说的，主要有以下依据：

1. 文献佐证

《纬书集成·春秋元命包》：

> 少典妃安登游于华阳，有神龙首，感之于常羊，生神子，人面龙颜，好耕，

---

① 赵国鼎主编：《炎黄二帝考略》，河南人民出版社 1991 年版，第 42 页。
② 赵国鼎主编：《炎黄二帝考略》，河南人民出版社 1991 年版，第 43 页。

是谓神农，始为天子。

《史记·五帝本纪》注：

> 神农氏，姜姓也。母曰任姒，有蟜氏女，登为少典妃，游华阳，有神龙首感，生炎帝。人身牛首，长于姜水。有圣德，以火德王，故号炎帝。

2. 认定华阳在河南新郑，理由如下：

《史记·郑世家》：

> 桓公曰："善。""于是卒言王，东徙其民雒东，而虢、郐果献十邑，竟国之。"

> 《史记集解》注：十邑谓虢、郐、鄢、蔽、补、丹、依、𪊨、历、华也。华即华国。注：武公竟取十邑地而居之，今河南新郑也。

《史记·韩世家》：

> （韩釐王）二十三年，赵、魏攻我华阳。韩告急于秦，秦不救，韩相国谓陈筮曰："事急，愿公虽病，为一宿之行。"陈筮见穰侯。穰侯曰："事急呼？故使公来。"陈筮曰："未急也。"穰侯怒曰："是可以为公之主使乎？夫冠盖相望，告敝邑甚急，公来言未急，何也？"陈筮曰："彼韩急则将变而佗从，以未急，故复来耳。"穰侯曰："公无见王，请今发兵救韩。"八日而至，败赵、魏于华阳之下。

《史记·白起王翦列传》：

> （秦）昭王三十四年，白起攻魏，拔华阳，走芒卯，而虏三晋将，斩首十三万。与赵将贾偃战，沉其卒二万于河中。

华阳之战是战国末期一次重大战役，除《韩世家》《白起王翦列传》外，《史记》中还有《周本纪》《秦本纪》《六国年表》《赵世家》《穰侯列传》《魏公子列传》《春申君列传》以及《商君书》等都提到了华阳之战这件事。

张守节《史记正义》卷七十二：

> 司马彪云："华阳，亭名，在密县。"

张守节认为华阳在河南省密县境内。

根据上述史籍的记载，《炎黄二帝考略》得出结论：经过考察，我们认为炎帝产华阳，就是河南省新郑县北的华阳故城。现在河南新郑的华阳故城，位于郑州南 40 里，原为密县所辖，1951 年又划归新郑县，位于新郑县城北 40 里。这个故城遗址大部犹存，周长 5000 米左右。此城从上古史的传说到春秋战国以来的文献记载，都是一致的。理由如下：（1）史书记载：炎帝是有熊国君少典之子，有熊国君少典之墟，即河南新郑。（2）少典妃有蟜氏，游华阳感生炎帝或游华阳产炎帝，华阳故城在河南新郑县北 40 里，至今巍巍遗存。（3）华阳故城现为河南省重点文物保护单位。（4）当地古传华阳城是炎帝诞生地。（5）华阳城历史悠久。[1]

不过，关于"炎帝产华阳"的地点，目前学界并未形成定论，如刘芳在《华阳辨析》一文中就认为：（1）华阳作为地名，《禹贡》中已有，其文云："华阳黑水惟梁州。"（2）《华阳国志》只包括巴、蜀、庸、（成）汉、蜀汉等地方政权。（3）五岳之中有"华山表其阳"。华山《尔雅》称之为西岳，在陕西省华阴县南。[2] 可见，华阳究竟在何处，这是说明炎帝诞生地的关键所在。这个问题还需要学界深入探讨。

不过，炎帝神农氏出于少典氏，炎帝氏族在东迁过程中在河南多地留下了其生产生活的足迹则是客观事实。言河南新郑一带为炎帝氏族的发祥地之一亦是有理由的。

上述情况说明，无论是湖南湘东南"茶安酃"、陕西宝鸡、湖北随州、山西高平，还是河南新郑华阳等地，都曾经是炎帝氏族发祥的核心之地，这应是比较合乎历史实际的解释。用"满天繁星、多元一体"来形容中华文明起源时期的特点是合理的。

---

① 参见赵国鼎主编：《炎黄二帝考略》，河南人民出版社 1991 年版，第 44—46 页。
② 参见刘芳：《华阳辨析》，宝鸡市社科联编：《炎帝论》，陕西人民出版社 1996 年版，第 78、82 页。

第四章　茫茫炎迹：炎帝氏族的特点及足迹

中华上古文化存在一个从西北向东南演进的过程。这种现象，与古籍文献记载的炎帝氏族的迁徙路线大致是一致的。神农氏发祥于今宝鸡（古时陈仓），早期活动地域主要在渭水流域中游。后来，由于生存和发展的需要，炎帝氏族开始向外迁徙，一支向西到甘肃地区与今四川西北；一支顺渭水东下，再沿黄河南岸迁往中原，或东北，或东南；一支则翻越秦岭而进入长江流域的两湖与巴蜀，甚至迁徙到更远的南方珠江流域地区；一支仍留居故地。上古大战后，炎帝氏族向四方边地扩散的步伐大大加快，在青海、甘肃、西藏、内蒙古、东三省都发现有炎帝氏族活动过的足迹。炎帝氏族昌盛时期，"南至交趾，北至幽都，东至旸谷，西至三危，莫不服从"。另外，从考古资料看，散居各地的炎帝氏族部落，彼此存在文化上的交流与传播。在新石器时代中晚期，存在水稻北移的现象。文化交流上的南下与北上，使得炎帝氏族的足迹遍及华夏大地，并进而在此基础上初步形成了南北文化的差异。

一、名号别称：炎帝神农氏种种别称之谜团

在炎帝文化起源问题上，学界普遍认同"满天星斗"的多地起源说。这不仅是因为在黄河流域有着悠久的农耕文明的历史，而且在南方的长江流域、珠江流域，塞外的辽河流域甚至草原大漠等广袤地区，都先后发现了上古时期炎帝氏族的活动足迹或种种遗迹遗存。在世纪之交，根据考古发现，有学者将中华文明的起源划分为八个区域，分别是：中原氏族文化区、黄河下游山东氏族文化区、江汉三峡氏族文化区、长江下游氏族文化区、华南氏族文化区、甘青氏族文化区、东北氏族文化区和北方草原氏族文化区。[①] 在这八大文化区中，每一个区域都各自具有代表性的文化遗存和文化特征，这充分印证了炎帝文化多地起源的基本情形。

不仅如此，先秦、两汉时期的文献典籍在记载炎帝事迹时，也有不少涉及炎帝世系及其氏族活动区域的史料记载。如《尸子》卷下云："神农氏七十世有天下，岂每世贤哉，牧民易也。"炎帝氏族的活动范围，《淮南子·主术训》言："其地南至交趾，北至幽都，东至旸谷，西至三危，莫不听从。"《纬书集成·春秋命历序》也说："有神人……号皇神农，始立地形，甄度四海，东西九十万里，南北八十一万里。"到西晋皇甫谧的《帝王世纪》，甚至明确说"炎帝传位八代也"，并具体一一列举其传承为"帝承、帝临、帝明、帝直、帝来、帝哀、帝榆罔"。这些文献记载虽然不一定准确，尤其是秦汉以后的文献，直将春秋战国时期本来朴素无华之历史传说，变得具体而难稽，貌似详细，实则更加虚实难辨，但也推断出炎帝氏族曾经经历过一个相当漫长的历史演进过程，并且其活动范围甚广。也正因为如此，多地才会保存有关于炎帝的古史传说以及相关遗址遗迹。

综合历代文献记载，有关炎帝神农氏的名号别称，主要有以下数种：

---

① 参见李学勤主编：《中国古代文明起源》，上海科学技术文献出版社 2007 年版，第 64—72 页。

1. 有炎氏

有炎氏是炎帝之别称。

有炎氏的出现，很可能与先民对太阳崇拜或火崇拜等因素有关。

在先秦、两汉时期的文献中，南方、炎帝与火、太阳的关系十分密切。

从炎字的本义看，炎与火密切相关。《说文解字》卷十九："炎，火光上也，从重火。"《玉篇》："炎，热也，焚也。"《汉书·魏相传》："南方之神炎帝，乘离执衡司夏。"《左传·昭公十七年》："郯子曰：吾祖也，我知之。昔者黄帝氏以云纪，故为云师而云名；炎帝氏以火纪，故为火师而火名；共工氏以水纪，故为水师而水名。"黄帝缘何以云纪不是本书要讨论的问题，然共工是以平水害有功而以水纪，为水师而水名的。"炎帝氏以火纪"应该是与用火之功有很大关系，故纪以火，为火师而火名。《列子·说符》："尝观之神农有炎之德，稽之虞、夏、商、周之书，度诸法士贤人之言，所以存亡废兴而非由此道者，未之有也。"《淮南子·泛论训》："故炎帝于火，死而为灶。禹劳天下，死而为社。"《论衡·祭意篇》："炎帝作火，死而为灶。禹劳力天下水，死而为社。"《文献通考·职官考一·官制总序》："神农氏以火纪，故为火师火名。火，德也，故为炎帝。春官为大火，夏官为鹑火，秋官为西火，冬官为北火，中官为中火也。神农有火星之瑞，因以名师与官也。"《纲鉴易知录》卷一："炎帝神农氏，以火德王。"均为炎帝以火功而纪于火的史料佐证。

除了用火之功，还有史料记载炎帝为火害之主。《淮南子·兵略训》："炎帝为火灾，故黄帝擒之；共工为水害，故颛顼诛之。"《文子》："赤帝为火灾。"古人由对灾害的恐惧而产生神灵观，这是宗教产生的重要途径。先民对炎帝的崇拜，也可能与对火灾的恐惧有一定的关系。

实际上，在原始社会，先民对炎帝的崇拜，其产生原因是相当复杂的。除了火功说和火灾说之外，也与先民对太阳的崇拜有重要的关系。《白虎通义》卷三："炎帝者，太阳也。"《论衡·说日篇》："夫日者，火之精也。"原始先民崇拜炎帝，应该与太阳崇拜和火崇拜是分不开的。公元前5000年前的湖南长沙南托和浙江余姚河姆渡稻作农业遗址出土的陶器上都有太阳和鸟的图案，这应是上古南方民族崇拜太阳的考古学证明。远古先民对农神的崇拜，往往与太阳崇拜或火崇拜相关。农业民族崇拜太阳，是因为万物生长靠太阳光的滋养。缘此，我们就很容易理解原始社会的先民为什么将炎帝神农氏又称为有炎氏了。

2. 魁隗氏

炎帝神农氏也称魁隗氏。

晋皇甫谧《帝王世纪》："神农氏姜姓也……一号魁隗氏，是为农皇，或曰帝炎。"东汉王符《潜夫论·五德志》："有神龙首出常羊，感任姒，生赤帝魁隗，身号炎帝，世号神农，代伏羲氏。"这里，明确指出赤帝魁隗身号是炎帝、世号是神农。另外，唐张守节《史记正义·五帝本纪》亦云："以火德王，故号炎帝，初都陈，又徙鲁。又曰魁隗氏，又曰连山氏，又曰列山氏。"宋刘恕《资治通鉴外纪》也记载："神农氏，长于姜水，以火承木，故为炎帝……作陶冶、斤斧，为耒耜耡耨以垦草莽。然后五谷兴……天下号曰神农……一曰连山氏、伊耆氏、大庭氏、魁隗氏。"宋王钦若等编修《册府元龟·帝王部》曰："炎帝神农氏，姜姓……一号魁隗氏。"

3. 烈山氏

炎帝神农氏也称烈山氏。关于"烈山"的含义，孟子曾解释为"烈山泽而焚之"[1]，大意是指炎帝放火烧山，寻找耕作的一种办法。王献唐在《炎黄氏族文化考》一书中认为，烈山为陕西的骊山，"神农实生西土之陕西"[2]。根据此种观点，"烈山氏"应该是指上古神农氏时代生活在陕西渭水流域骊山（烈山）一带的一个神农氏部落的首领。

事实上，历代典籍多有炎帝神农氏因为"本起烈山，或称之"的说法。

三国韦昭为《国语·鲁语》作注言："烈山氏，炎帝之号。"

晋皇甫谧《帝王世纪》："炎帝神农氏，姜姓也……又曰本起烈山，或时称之。"

《通志·三皇纪》："炎帝神农氏，起于烈山，亦曰烈山氏，亦曰连山氏，亦曰伊

---

[1]　《孟子·滕文公上》。

[2]　王献唐著：《炎黄氏族文化考》，齐鲁书社1985年版，第407页。

耆氏，亦曰大庭氏，亦曰魁隗氏，亦曰人皇。少典之元子，其母曰女登，有蟜氏之女也。"

《皇王大纪·五帝纪》："神农知天地之道，明于人之性，以有天下，更无怀氏。神农立极，先定乾坤，推五德之运，以火承木，因以纪官，号曰烈山氏。"

宋王钦若等编修《册府元龟·帝王部》："炎帝神农氏，姜姓……本起烈山，或称之。"

综合上述各种观点，烈山氏应该与神农氏的发祥地有关。

4. 连山氏

炎帝神农氏又称连山氏。

晋皇甫谧《帝王世纪》："神农氏，姜姓也。初都陈，又徙鲁。又曰魁隗氏，又曰连山氏，又曰列山氏。"

唐孔颖达《周易正义》引《世谱》："炎帝神农氏，一曰连山氏……然则《连山》为神农之《易》。即三《易》首神农。"

宋郑樵《通志·三皇纪》："炎帝神农氏……亦曰连山氏。"

传说炎帝在伏羲氏发明"八卦"的基础上，首创了《连山易》，因而有连山氏之别称。晋皇甫谧《帝王世纪》曰："夏人因炎帝曰连山，殷人因黄帝曰归藏。"神农氏缘何又称连山氏，宋人罗泌糅合《世谱》与《周易正义》中的说法，认为是因神农氏创《连山易》而得名，而《连山易》之所以名"连山"，又因为该《易》以《艮》卦为始。艮者山也，两山相重，故谓之"连山"。罗泌《路史·后纪三》："于是通其变以成天地之文，极其数以定天下之象，八八成卦，以酬酢而佑神，以通天下之志，以定天下之业。谓始万物、终万物者，莫盛乎《艮》。《艮》，东北之卦也，故种《艮》以为始，所谓《连山易》也。故亦曰连山氏。"今湖南省怀化市会同县有连山乡连山八庙，当地有学者认为是炎帝故里即连山氏所在地。其根据是《周礼·春官·大卜》："大卜……掌《三易》之法，一曰《连山》，二曰《归藏》，三曰《周易》。"郑玄注《连山》："名曰《连山》，似山出内气。"贾公彦疏："此《连山易》，其卦以纯艮为首，山上山下，是名《连山》。"可见《连山易》得名于连山地名和地貌，而根据会同县发现的水书《易经》，恰恰很多方面都与此相符合。《易赞》："夏曰《连山》，殷曰《归藏》，周曰《周易》。"马国翰辑《玉函山房辑佚书》："皇甫谧曰：'夏人因炎帝曰《连山》。'孔颖达曰：'《连山》起于神农。'"根据皇甫谧、孔颖达等人的说法，此神农很可能就是连山氏。另外，也有湖湘学者认为："连山氏是由地形成的氏族名。连山氏即神农氏，所在地即今日湘粤桂境内的九嶷山区。"①

5. 厉山氏

炎帝神农氏还称厉山氏。

《礼记·祭法》："厉山氏之有天下也，其子曰农，能殖百谷。"郑玄注："厉山氏，炎帝也。"

唐李吉甫《元和郡县志》卷二十四："厉山，亦名烈山，在县北百里。《礼记》曰：'厉山氏，炎帝也，起于厉山，故曰厉山氏。'"

宋王存等撰《元丰九域志》卷四："神农庙，在厉乡村。《郡国志》云：'厉山，神农所出，厉山，炎帝所起也。'"

宋王应麟撰《玉海》卷二十四："随县北有厉乡村，重山有一穴，相传云神农所生。"

清顾祖禹撰《读史方舆纪要》卷七十七："随州，厉山，在州北四十里，相传神农起于此。神农号厉山氏，故以名山，山下有厉乡，即春秋时厉国也。《荆州记》：'山有二穴，神农所生，谓之神农洞。'《寰宇记》：'厉乡西有堑两重，堑中有神农宅，宅中有九井。'"

清同治八年《随州志》卷四：

> 厉山在州北四十里。《礼记·祭法》，厉山氏之有天下也，其子曰农，能殖百谷。注，厉山氏炎帝也，起于厉山。《西汉志》：随，故厉国。皇甫谧云：今随之厉乡。《荆州记》：随郡北界有厉乡村，神农生此。

---

① 梁绍辉、任俊华：《连山氏与炎帝考——炎帝、炎族发源考辨之二》，载《长沙电力学院学报（社会科学版）》2001年第1期。

6. 伊耆氏

炎帝神农氏又称伊耆氏。

《竹书纪年·统笺·前编》：炎帝神农氏"其初国伊，又国耆。合而称之，又号伊耆氏"。

《礼记·明堂位》："土鼓，蒉桴，苇籥，伊耆氏之乐也。"

《礼记·郊特牲》曰："伊耆氏，始为蜡。"郑玄曰："伊耆氏，古天子，有天下之号。"

《诗谱·序》："大庭、轩辕，逮于高辛。"皇侃曰："神农、伊耆，一代总号，其子孙为天子者，始为蜡祭。"熊安生曰："伊耆氏即神农也。"或云："大庭、神农之别号。则伊耆、神农与大庭为一人也。"

《路史·后纪三》："炎帝神农氏，姓伊耆，名轨，一曰石年，是为后帝皇君，炎精之君也。"

综合上述诸种说法，伊耆氏很可能是炎帝氏族东迁过程中在河南、山西一带时出现的一位炎帝氏族的首领。

7. 大庭氏

炎帝神农氏还称大庭氏。

郑玄注《礼记·月令》："炎帝大庭氏也。"

《纬书集成·春秋命历序》："炎帝号曰大庭氏，传八世，合五百二十岁。"

《纬书集成·春秋纬》："炎帝号大庭氏，下为地皇，作耒耜，播百谷，曰神农也。"

三国谯周《古史考》："大庭氏姜姓，以火德王，故号曰炎帝。"

宋乐史《太平寰宇记》卷二十一：曲阜县，"古炎帝之墟。郑玄注云，大庭氏古国名也，炎帝神农氏居大庭。"

宋罗泌撰《路史·大庭氏》："大庭氏之膺箓也，适有嘉瑞……都于曲阜，故鲁有大庭氏之库……治九十载，以火为纪，号曰炎帝。后有大氏、大庭氏。"

由此可见，大庭氏可能是炎帝氏族迁移到山东曲阜一带后出现的一位氏族首领。

当然，炎帝神农氏的别称绝不止上述这些，如汉代高诱在注《吕氏春秋·古乐》"昔古朱襄氏之治天下也，多风而阳气畜积"一语时说："朱襄氏，古天子，炎帝之别号。"将炎帝与朱襄氏联系在了一起。如此等等，不一而足。

上述炎帝神农氏之种种别号表明，神农氏应该是一个时代的普遍概念。从战国时期的各种记载来看，都言神农是始教耕种之意。可见神农种种之别号，皆源于"言稼穑""始耕田"等历史传说。从历史次序论，神农氏是代表伏羲氏之后黄帝轩辕氏之前进入原始农耕历史时期的多个氏族部落的总称，到了后世，此传说便演变成种种称号和一个个具体的历史人物。中华民族的渊源本是多元的，上古神农氏时代，神州大地氏族林立，各氏族部落的发展进程虽然并不平衡，但有可能是在先后差不多的时期内，各自进入农耕时代的，并必然有所交流、影响与融合。在神农氏时代，凡以农为主的氏族部落都有可能被称为神农氏或按照其肇兴地的地名而命名，且都会有各自部落所传说的英雄人物。在历史的进程中，随着人群的分化与融合，文化的交流与融通，保留多个炎帝神农氏的传说，完全具有可能。[1] 在神农氏时代，炎帝氏族应该是呈"满天繁星"的分布特点而遍及上古中国的多个地区。炎帝神农氏之所以有多个称号存留于世，很可能就是因为炎帝氏族散布在不同地区的缘故。在远古那样艰苦的条件下，炎帝氏族历经了那么漫长的岁月，其氏族首领必定不仅多个而且多代，名号不一亦实属正常。只是随着历史的演进，炎帝氏族众多首领的名号，因为后来大一统文化的需要而逐渐合户为炎帝神农氏一人而已。

---

[1]　参见炎帝与宝鸡课题组编著：《炎帝·姜炎文化》，三秦出版社 1992 年版，第 18 页。

二、家世族裔：炎帝家世及其主要后裔

（一）父、母族

前面说过，《国语·晋语四》有"昔少典娶于有蟜氏，生黄帝、炎帝，黄帝以姬水成，炎帝以姜水成"的记载。这条史料说明，炎帝、黄帝在血缘上很可能与少典氏、有蟜氏两个氏族部落存在重要的渊源，父族是少典氏，母族是有蟜氏。

1. 父族为少典氏。少典是上古中原地区氏族部落的首领，世代沿袭此号。这个氏族以"熊"为图腾，故称"有熊氏"。从图腾崇拜来看，少典氏有可能是春秋战国时期南方楚人的先祖。考古发掘成果表明，少典氏部落应该兴起于前仰韶文化时期，按照历史逻辑推理，应该是在伏羲时代末期。《史记索隐》卷一说："少典者，诸侯国号，非人名也。"其实，"少典"岂止不是人名，也不是什么"诸侯国号"，在那个时代哪里有什么"诸侯国"的存在，顶多是一个比较强大的有一定实力的氏族部落罢了。说"少典氏"是上古氏族部落的名号，大概与事实不会相差太远。

少典氏即有熊氏，兴起于今河南新郑一带，在此地考古发现距今 8000 年左右的文化遗存，包括粗石器、红陶、窖穴、墓葬等，以其地命名"裴李岗文化"。裴李岗文化的一支氏族迁徙丹江下游，沿汉水向西经汉中盆地到关中盆地的宝鸡，可能就是与有蟜氏互通婚姻的少典氏。

当然，也不排除"少典氏"氏族起源于上古陕甘地区的可能性。究竟是宝鸡一带的"少典氏"出现时期早，还是新郑一带的"少典氏"早，真相到底如何，还有待学界进一步探讨。

2. 母族为有蟜氏。传说炎帝神农氏的母族是有蟜氏。《说文解字》卷二十五："蟜，虫也。从虫，喬声。"有蟜氏是以蜜蜂幼虫（一说为野蚕或蛇）为图腾的氏族部落，故称有蟜氏。

有蟜氏属于前仰韶文化时期，其后裔延续了两三千年，迁居地范围广泛，文化遗存较多，河南西部距今 8000 年的裴李岗遗址，应是有蟜氏和少典氏部落的文化遗

存。有蟜氏部落沿渭水流域西迁及北徙，使渭水中上游有了其支裔族的分布。通过对北首岭遗址下层（属老官台文化类型，距今 7000 年左右）的分析，其文化遗存应是早于炎帝氏族的有蟜氏部落的后裔支族。《竹书纪年·统笺·前编》说："炎帝神农氏，少典之君娶于有蟜氏之女，曰安登，生神农。三日而能言，七日而齿具，三岁而能稼穑。育于姜水，故以姜为姓。"《帝王世纪》云："炎帝神农氏，姜姓也。母曰任姒，有蟜氏之女，名女登，为少典正妃，游于华阳，有神龙首感女登于常羊，生炎帝，人身牛首，长于姜水，因以氏焉。"文献记载均将炎帝神农氏的母族指向有蟜氏。

关于炎帝神农氏的母亲女登的文献记载，少而不详，然民间传说却比较丰富。据宝鸡一带的民俗传说，女登出生后，人面猿身，满身红毛，确有猿猴返祖之形。据传说，炎帝的母亲女登（亦称任姒）诞生于凤翔槐原。凤翔县尹家务乡槐原村很早以前就建有女登祠，古石碑仍存。正月二十六传为女登寿辰，每年这一天举办女登庙会，从古到今在这里形成一个习俗，每年正月二十五晚，槐原村各家各户男女老少都要高举着排灯，成群结队地去女登祠祭祀炎母和纪念炎帝。①

（二）妻妃

1. 妻子。《山海经·海内经》："炎帝之妻，赤水之子听訞生炎居，炎居生节并，节并生戏器，戏器生祝融，祝融降处于江水，生共工。共工生术器，术器首方颠，是复土壤，以处江水。共工生后土，后土生噎鸣，噎鸣生岁十有二。"听訞即听詙。《帝王世纪》："炎帝……纳奔水氏女，曰听訞，生帝临魁（或作魁），次帝承，次帝明，次帝直，次帝釐，次帝哀，次帝榆罔……凡八代，五百三十年。"《通志·三皇纪》：神农"纳莽水氏之女，曰听詙，生临魁"。上述文献中的"奔水""莽水"，均系"赤水"之误，炎帝之妻可能来自于"赤水氏"部落。

2. 妃子。传说炎帝之妃尊卢氏女所在尊卢氏族是一个古老的氏族。《庄子·胠箧》

---

① 参见宝鸡市地方志编纂委员会编：《宝鸡市志 1990—2010》，陕西人民出版社 2021 年版，第 2200—2201 页。

篇中说尊卢氏为上古十二氏之一。《帝王世纪》说尊卢氏为伏羲氏族后裔十五世之一，"皆袭庖牺之号"。史籍记载骊山北麓（今蓝田县境内）有尊卢氏陵。《汉书·古今人表》将尊卢氏排在女娲去世后的"王"中，可知尊卢氏也为伏羲、女娲之母华胥氏的后裔。其后代在神农氏时代成为炎帝氏族的一个重要分支，同为姜姓。传说炎帝带领族民到骊山从事农耕时，纳尊卢氏之女为妃。

（三）儿子

《历代神仙通鉴》说炎帝与奔水氏生有五个儿子，而记载和认识比较一致的是听訞所生炎居。又有传说其子堇、权、不浩及尚，为炎帝与承桑氏（又称"桑水氏"）所生；其子邛、柱、起我为炎帝与尊卢氏之女所生。

（四）女儿

传说炎帝之女有赤帝女、精卫、瑶姬和炎帝少女等。

1. 赤帝女又称帝女桑。《山海经·中山经》："又东五十五里，曰宣山。沦水出焉，东南流注于视水，其中多蛟。其上有桑焉，大五十尺，其枝四衢，其叶大尺余，赤理黄华青柎，名曰帝女之桑。"传说帝女桑为炎帝与听訞所生，名字失传。学道成仙，筑巢居于桑树之上。向南迁徙，多种桑养蚕织锦，后人崇祀为"桑神""蚕神"。

2. 女娃（精卫）。《山海经·北山经》："又北二百里，曰发鸠之山，其上多柘木。有鸟焉，其状如乌，文首、白喙、赤足，名曰精卫，其名自詨。是炎帝之少女名曰女娃，女娃游于东海，溺而不返，故为精卫。常衔西山之木石，以堙于东海。漳水出焉，东流注于河。"传说女娃为炎帝与听訞所生，名曰女娃。女娃游于东海，溺而不返，化为精卫鸟。

3. 瑶姬。在东汉《襄阳耆旧传》中记载有"赤帝女姚（瑶）姬"的故事："赤帝女曰姚（瑶）姬，未行而卒，葬于巫山之阳，故曰巫山之女。楚怀王游于高唐，昼寝，梦见与神遇，自称是巫山之女。王因幸之，遂为置观于巫山之南，号为朝云。后至襄王时，复游高唐。"传说瑶姬为炎帝与尊卢氏女所生。又称"巫山之女"或"高唐神女"。传随父到长江三峡一带巡游，途中病死化为仙女。又传瑶姬死后化为瑶草，对妇人有美容作用。帝怜，封其为"云雨之神"。

4. 炎帝少女。在晋代干宝所撰《搜神记》中，还有一名跟赤松子学道成仙的"炎帝少女"。《搜神记》卷一："赤松子者，神农时雨师也。服水玉散，以教神农。能入火不烧。至昆仑山，常入西王母石室中，随风雨上下。炎帝少女追之，亦得仙，俱去。至高辛时，复为雨师，游人间。今之雨师本是焉。"传说此女为炎帝与尊卢氏女所生，比"赤帝女"年少。炎帝有个雨师叫赤松子，修道成仙。相传赤松子有一次在烈山上祈雨时不慎跌入裂隙中，炎帝少女上前相救，不幸被大火一起吞没。《列仙传》记赤松子常住的地方是祁连山的"西王母石室"，他能"随风雨上下"，即在空中飞翔。炎帝少女羡慕，"追之，亦得仙俱去"。

（五）裔孙

炎帝后裔中，男性远远多于女性，多为炎帝从孙、裔孙辈。试举如下数例：

1. 缙云氏。《山海经·大荒西经》："缙云氏，姜姓也，炎帝之苗裔。"传说在黄帝时期，缙云氏曾任缙云之官。主夏，位于南方。《史记·五帝本纪》谓缙云氏为饕餮，贪于饮食。实际上，这是指尧舜时代缙云氏的族裔与尧舜争夺生存权的事情。这个氏族迁布地域甚广，史料记载主要分布在今四川、浙江一带。

2. 祝融。在先秦文献典籍中，祝融与炎帝的关系十分密切。《山海经·海内经》云"戏器生祝融"。《山海经·海外·南经》说祝融"兽身人面，乘两龙"。祝融氏部落世代任火官，故号曰"祝融氏"。又传祝融是炎帝之从孙，被任命为火官，主管南方。去世后被天帝封为天神，又称火神。后人奉为"南方之神"。《山海经·大荒西经》又云："颛顼生老童，老童生祝融。"由于炎帝与火的关系，使得原本属于颛顼集团的祝融也与炎帝产生了关系。事实上，炎帝与祝融之所以有关系，原因在于祝融是"火正"，掌管着对火神的祭祀和观象授时等，"总之，炎帝与祝融，无论是衍生关系，还是配列关系，并非因血缘，而是由于二者都以火为宗神，都是火神的缘故。"①

3. 共工。《山海经·海内经》："祝融降处于江水，生共工。"《律书》说"颛顼有共工之臣，以平水害"，"共工氏以水纪，故为水师而水名"。但也有将共工诋毁成"水害"的。《国语·鲁语上》说共工曾占有九州，他的后代治理九州土地有功，因而被尊为社神加以祭祀。《国语·周语下》说共工氏治水失败反而致害天下。另据《列子·汤问》说共工与颛顼争帝位，战败而怒触不周山，天柱断，天倾西北，地陷东南，洪水肆虐。西汉司马迁在《史记》中说共工是"旁聚布工"的"水官"；又有《汉书·古今人表》列共工为女娲之后，共工后为柏黄各氏、神农氏炎帝等；《亢桑子·兵道》说"未有蚩尤之时，人实揭材木以斗矣。黄帝用水火矣，共工称乱矣，五帝相争矣"。总之，共工的传说颇为杂乱，时代也不统一，只能各执一说。

4. 四岳。亦称太岳，为炎帝族裔。《左传·庄公二十二年》："姜，大岳之后也。"刘毓庆《神话与历史论稿》认为："在先秦山称太岳唯有山西的霍太山。"②传说太岳是伯夷父的儿子，伯夷父为炎帝之后裔，帝颛顼的老师。太岳氏长期住在炎帝氏族发祥地宝鸡一带。尧任命太岳为诸侯首领，并赐姓姜，封在吕，建立了姜姓吕国；又说太岳为共工侄孙，曾辅佐大禹治水有功等。也有人说四岳并非人名，而是炎帝共工族的一支。③

5. 后土。亦称句龙，《山海经·海内经》《左传·昭公十九年》等皆言后土为共工子。传说后土善于治理水土，在帝颛顼之世，被推举为土正，即管理土地的主官。唐尧时升格为社神。据《国语·鲁语上》记载："共工氏之伯九有也，其子曰后土，能平九土，故祀以为社。""九有""九土"即为"九州"。后土信仰源自中国古代对土地的崇拜。传后土子噎鸣，生有十二子，以干支为名，形成辰、丙等十二个氏族。辰氏族初居于阏伯（今河南商丘），后向东北、南方迁徙；午氏族初居于子午岭（今

① 信阳师范学院《炎黄学概论》编委会编著，李俊、王震中主编，梁枢、姚圣良副主编：《炎黄学概论》，人民出版社 2021 年版，第 85 页。
② 刘毓庆著：《神话与历史论稿》，商务印书馆 2017 年版，第 86 页。
③ 参见景明著：《神农氏·炎帝》，西北大学出版社 1993 年版，第 146 页。

陕西富县），后南迁秦岭子午谷，再迁子午山，之后沿汉水东迁河南、山西、山东等地；未氏族初居于朝歌（今河南淇县），后南迁；丑氏族初居于丑阳山（今河南西部），后迁蜀；丙氏族初居于丙山、丙水（今陕西勉县），后迁蜀；甲氏族初居于甲水（今陕西商州），后迁甲河关（今湖北郧县）；丁氏族初居于丁溪水（今甘肃成县），后东迁中原；卯氏族初居于陈留（今河南开封东），后迁山东。其他五个氏族事迹不详。

6. 夸父。《山海经·大荒北经》："后土生信，信生夸父。"即夸父为后土之孙，共工的曾孙。夸父不仅是人名，可能还是炎帝部落支系的名称。传说黄帝战胜蚩尤、榆罔后欲图中原，与共工激战，共工部族败，被黄帝包围，夸父组织突围并自行断后，逃至函谷关时被黄帝部将应龙射杀。又据《山海经·海外北经》："夸父与日逐走，入日。渴欲得饮，饮于河渭，河渭不足，北饮大泽，未至，道渴而死。弃其杖，化为邓林。""邓林"即桃林。夸父的尸体变成一座大山，后人称为夸父山。传桃林、夸父山均在今河南灵宝境内，灵宝市古代就叫桃林县。"夸父逐日"的神话传说在民间流传广泛，人所熟知。

7. 伯陵。亦名逄（逢）伯陵，《山海经·海内经》记载："炎帝之孙伯陵，伯陵同吴权之妻阿女缘妇，缘妇孕三年，是生鼓、延、殳。殳始为侯，鼓、延始为钟，为乐风。"此在《左传》《国语》等皆有记载。《路史·国名纪一》说："逄（逢），伯爵，伯陵之国，黄帝所封。"《国语·周语下》说："则我皇妣太姜之侄，伯陵之后，逄（逢）公之所凭神也。"韦昭注："伯陵，太姜之祖有逄（逢）伯陵，逄公，伯陵之后，太姜之侄，殷之诸侯，封于齐地。"由此可以看出，逄（逢）伯陵为炎帝族裔，其后裔逄（逢）公先期至齐建国，故西周时方有太公望吕尚封齐。

8. 灵恝。《山海经·大荒西经》："炎帝之孙名曰灵恝。"灵恝又作姜灵契，其氏族初兴于今甘肃灵台县。

9. 互人。《山海经·大荒西经》："有互人之国，炎帝之孙名曰灵恝，灵恝生互人，是能上下于天。"《山海经·海内南经》又说有个氏人国，在建木的西边。"互""氏"相通，"互人"抑或"氏人"，很可能是炎帝氏族的一个部落。

10. 封钜。传说封钜是炎帝之后、黄帝的老师，他是"胙土命氏"，即黄帝以土地赐封的功臣。传说封钜曾被封于一个叫作"丰沮"的地方，因此取名封钜。至夏封父，为诸侯国国君，其地在封丘（今属河南）。其族在夏还有封氏、封文侯，至周失国，仍有封氏、钜氏、封父氏、富父氏延续。

11. 有邰氏。传说有邰氏为炎帝之后。《说文解字》卷十二："邰，炎帝之后，姜姓所封，周弃外家国。从邑，台声。右扶风斄县是也。《诗》曰：'有邰家室。'"《说文解字》又注释："邰，今陕西武功西南。"古邰国遗址在今陕西省武功县城西南，佐证了文献记载的真实性。相传帝喾的妻子即有邰氏族的女儿姜嫄，生下弃，即周人祖先后稷。有邰氏族曾协助大禹治水有功，被舜帝封于汾川，首领死后被尊奉为汾神。大约唐尧时期，一部分邰人从汾水流域向南方迁徙到了台桑（涂山附近，今河南嵩山一带）。夏末商初邰人的一支又东迁山东一带。以上各地都留有与邰人相关的地名和遗迹。

12. 彤鱼氏。炎帝后裔，姜姓。炎帝氏族中的一支以鱼为图腾的氏族部落。从其图腾来看，可能是处在炎帝时代半坡类型仰韶文化的早中期。[1]

（六）谱系

炎帝氏族是先于黄帝氏族而发祥于华夏大地的一个以开创农耕文化而著称的上古氏族群体，世号神农氏，生产、生活在距今约 12000—5000 年前以农耕为主的地区，地域遍及中国东西南北各地。

关于炎帝神农氏的谱系，据文献记载，主要有四种不同的观点：（1）七十世之说，如《尸子》卷下："神农氏七十世。"（2）十七世之说，如《吕氏春秋·慎势》："神农十七世有天下。"（3）八世炎帝之说，如《帝王世纪》："凡八世，合五百三十年。"（4）"一百三十三姓"之说，如《礼记正义·曲礼上》疏引谯周《古史考》："神农至炎帝，一百三十三姓。"但这几种谱系之说并不能反映整个神农氏时代近 7000 年炎帝

---

① 参见宝鸡市地方志编纂委员会编：《宝鸡市志 1990—2010》，陕西人民出版社 2021 年版，第 2200—2204 页。

首领的传承情况，至多可视作对炎帝氏族晚期谱系的一种推测和探讨。

在上古时代，人的平均寿命很短，大约在 30 岁上下，十七世说与八代炎帝说都在 500 余年，与晋、宋史书上关于炎帝氏族首领世系承袭，相传 500 余年共八世的观点基本相同。不过，这种记述也只能是大致反映约公元前 3200—前 2700 年炎帝氏族的历史，距今大约 5200—4800 年。此时，炎帝氏族已经进入父系氏族社会时期，以农业为主的社会经济发展到了一个比较繁荣的阶段，私有制产生，阶级开始萌芽。

当然，十七世或八世说，未必就是准确数字意义上的十七世或八代。在神农氏时代晚期的环境条件下，人们的健康寿命根本无法如今日这样得到保障，一世或许会有数个炎帝也说不定。本书只能根据文献史料的记载来分析。

关于炎帝的谱系，主要有以下几种资料可资参考：

1. 晋初皇甫谧在《帝王世纪》中有较明确的记载：

> 炎帝神农氏，姜姓也。……在位一百二十年而崩。纳奔水氏女曰听谈，生帝临魁，次帝承、次帝明、次帝直、次帝釐、次帝哀、次帝榆罔。凡八代，及轩辕氏也。
>
> 炎帝传位八代也。

在《帝王世纪》中，皇甫谧说得很清楚，炎帝神农氏，姜姓，母亲是有蟜氏的女登，如果这个说法准确的话，那么就可以推定，炎帝神农氏即是炎帝氏族的创始人。皇甫谧唯恐读者还不清楚，特别在文献中强调"炎帝传位八代也"。既然是"传位八代"，炎帝氏族每位首领都称炎帝神农氏当然也是成立的。

2. 唐司马贞在《史记索隐》卷三十中专为炎帝神农氏作纪，其意在补太史公司马迁著述之阙，内容也与《帝王世纪》大同小异，不过更加系统。文中也专门提道：

> 神农纳奔水氏之女曰听詙为妃，生帝魁，魁生帝承，承生帝明，明生帝直，直生帝釐，釐生帝哀，哀生帝克，克生帝榆罔。凡八代五百三十年而轩辕氏兴焉。

3. 宋刘恕在《资治通鉴外纪》中记载：

神农氏，姜姓，长于姜水，以火承木，故为炎帝。

……

（炎帝）在位一百二十年，或云一百四十年。神农纳（莽）〔奔〕水氏女，曰听（䛊）〔詙〕，生临魁。

帝临魁元年辛巳，在位六十年，或云八十年。

帝承，元年辛巳，在位六年，或云六十年，一本承在临魁先。

帝明，元年丁亥，在位四十九年。

帝直，元年丙子，在位四十五年。直，一作宜。

帝釐，一曰克，元年辛酉，在位四十八年。釐，一作来。

帝哀，元年己酉，在位四十三年。

帝榆罔，元年壬辰，在位五十五年。自神农至榆罔四百二十六年。临魁至榆罔七帝，袭神农氏之号，三百年。《春秋纬命历序》曰："炎帝传八世，五百二十岁，或云三百八十年。"《吕氏春秋》曰："神农十七世有天下，谯周曰：神农至炎帝一百三十三姓。"

这则材料说明：（1）神农氏称炎帝的原因："神农氏，姜姓，长于姜水，以火承木，故为炎帝。"（2）炎帝传谱及其时间："炎帝传八世，五百二十岁，或云三百八十年。"（3）也有"十七世"之说的：《吕氏春秋·慎势》曰："神农有天下十七世。"（4）神农氏族裔姓氏的演变："神农至炎帝一百三十三姓。"

4. 南宋郑樵《通志·三皇纪》记载：

神农人身牛首，纳莽水氏之女曰听詙，生临魁。嗣神农，曰帝临魁。在位八十年，或云六十年。帝承嗣位六十年，或云六年，一本承在临魁前。帝明嗣位四十九年，帝直嗣位四十五年，帝釐嗣位四十八年，帝哀嗣位四十三年，帝榆罔嗣位五十五年，诸侯相侵，帝不能正。黄帝征之，天下尊为天子，炎帝遂绝。自神农至榆罔五百年，自临魁至榆罔，凡七帝袭神农之号，三百八十年。
《吕氏春秋》曰：神农有天下（十）七世。宋均曰：女娲至神农七十二姓。谯周
曰：伏羲次有三姓至女娲，女娲五十姓至神农，神农相承八代，共五百二十年。

5. 南宋胡宏《皇王大纪》卷一记载：

神农居天位百有四年而殁，号曰炎帝。

……

帝临魁，在位八十年。

帝承，在位六十年。

帝明，在位四十九年。

帝直，在位四十五年。

帝来，在位四十八年。

帝衰，在位四十三年。

帝榆罔，在位五十五年。

6. 南宋罗泌《路史·后纪四》的谱系记载与上面史料有所差异，概略参引如下：

炎帝柱，神农子也。

炎帝庆甲。

炎帝临。

炎帝承，帝临息也。

炎帝魁。

炎帝明，帝魁之子也，明生直。

炎帝直，直生螯。

炎帝螯，螯生居，是为帝来。

炎帝居，母曰听訞，承桑氏之子也。炎居生节茎。

炎帝节茎，节茎生克及戏。

> 炎帝克，炎居生节茎，节茎生戏，戏生器。
>
> 炎帝戏，戏生器及小帝，自庆甲以来疑年。
>
> 炎帝器，器生钜及伯陵，祝庸。钜为黄帝师，胙土命氏而为封钜。
>
> 炎帝参卢，是曰榆罔，据空桑。黄帝时封参卢于路，而崇炎之祀于陈。

这段资料中所说炎帝柱、炎帝庆甲、炎帝居、炎帝节茎、炎帝戏、炎帝器数人为前面数则文献所未记述，可谓史料补充新颖的地方，为人们探究炎帝神农氏的谱系拓展了研究的空间。

关于八代炎帝谱系，历代史家认识不一，有人坚持《吕氏春秋·慎势》中"神农氏十七世有天下"的说法，有人坚持《帝王世纪》中的八世说。但这并不重要，因为史料缺乏，估计谁也无法得出准确结论。不过，笔者认为应该重视发掘文献典籍中留下的炎帝名号背后的文化内涵，以进一步加深我们对炎帝文化的认识。这一点，何光岳《炎黄源流史》的解释就较有特点。书中是这样说的：

> 这八代人都因是神农氏系统中的杰出首领，才被他们部落的后裔所传诵而流传下来。如帝临魁，因他能发扬神农氏开创农业的功德而成为农业部落的魁首，他可能是《礼记·祭法》中所说的"厉山氏之有天下也，其子曰农，能殖百谷"。帝承则继承农业传统之意。帝明则含有氏族昌明之意。帝直即帝植，可能是一位农业技术的改革者，他把原来播百谷的撒播方式改进为移植方式，大大提高了收获量，所以受到人民的纪念。帝釐能种麦子。釐与来音义皆可通用。帝榆罔，则可能是于农田周围种上榆树，以防风灾及野兽践踏农作物。[①]

何光岳的解释是否准确或者合理，这里姑且不论，但上述解释或理解可以启发人们的想象，激发人们对炎帝文化的深入认识和探讨。

事实上，神农氏时代漫漫数千年，言500余年也可能仅仅是指炎帝氏族进入父

---

① 何光岳著：《炎黄源流史》，江西教育出版社1992年版，第72页。

系氏族社会后或者更晚一段时间内的事情。炎帝到底有几世几代其实并非那么重要，目前学界实际上也无法准确溯源清楚，上面所述的八世炎帝说只不过是梳理炎帝谱系的一个代表性说法而已。通过这样的表述，至少我们知道，始祖炎帝是一个群体，神农之世是一个漫长的时代，这个时代所开创的原始农业文明、所塑造的"和药济人"的传统、所产生的和谐淳朴的共产平均的社会性质，等等，才是构成和充实炎帝谱系本质内容的最重要组成部分。

三、性格基因：炎帝氏族的执着、血性与刚毅

中华民族在数千年的文明发展长河中，凝结了智慧而厚重的民族传统和人文精神，炎帝文化就是这条悠久而宝藏丰富的大河中的一朵灿烂夺目的浪花。炎帝文化自有其个性、风格和特征。最为明显的是，炎帝文化有两个很重要的特质：一是外柔内刚，内方外圆，这主要表现在天人斗争方面。炎帝氏族性格坚毅执着，在艰苦环境中生存能力非常顽强，这是其方；然对于人与人之关系，氏族与氏族之关系，炎帝氏族则取和平共赢之原则，除非遇到外族侵略的危机，一般表现出"外柔"之风范，这是其圆。二是血性刚勇，不屈执着，遇刚则刚，凡事不做则已，做则必坚持到底，不达目的绝不罢休。这种特质，成为烙印在炎帝氏族血脉深处代代相传的文化精神标识。

（一）愈挫愈奋：神农寻药

作为氏族之首领，炎帝神农氏表现出一种"虽九死其犹未悔"的执着坚持精神，这可以从传说他为了和药济民而百折不挠的行事风格中得到印证。

湖北厉山至今流传着这样一个故事传说：

> 一天，炎帝神农操着耒耜在田间耕作，因为天气闷热，加之劳累过度，他突然感到不舒服，先是气喘胸闷，继而头晕眼花，最后昏倒于地。不知过了多

少时间，他被一阵暴雨淋醒，睁眼发现身旁有蒬草苗，随手一扯，送进嘴里咀嚼。这本是无意识的动作，不料却出现了奇迹：那嚼在嘴里的东西辛辣却适口，越嚼越有味，过了一会儿，不仅感到神志清醒，闷气消释，而且还觉精神倍增了。这小小的植物块茎，竟有如此神奇的效用！于是，他以自己的姓为这种植物命名，姜因此而成了中华药物史上的第一味药。

从此，他开始了尝草典药、为民治病的新生涯。在北方，他以山高林密的神农架地区为中心，足迹遍及秦巴山区；在南方，他的汗水撒遍了五岭以北、武夷山脉和横断山脉之间的广大土地。他遍采天下草木，一一亲口品尝，反复进行实验，并且详细保存在记忆中。他虽无数次因中毒而几乎丧生，无数次因履险而几乎殒命，却无所畏惧，依然迎难而上。经过几十年的艰苦探索，他掌握了大量的药草及其性能。在有了文字之后，有人根据口传录下了《神农本草经》，但未能保存下来。南朝时期的梁人阮孝绪在其《七录》中曾有所转录。①

记载炎帝神农氏"和药济人"的相关文献很多，株洲、宝鸡、高平等地也都有类似的传说，几乎与其发明耒耜、教民种植五谷具有同等重要之地位。炎帝神农氏以坚持不懈的亲身实践开创了建立原始中华医药学的先河。从他不惧怕牺牲、不惧怕困难、不怕失败、不断探索体验而"一日而遇七十毒"的毅力中，我们可知炎帝氏族执着坚定、百折不挠的文化性格是有来由的。

（二）不胜不休：精卫填海

炎帝女儿精卫填海的故事也闻名古今。

《述异记》卷上：

> 昔炎帝女溺死东海中，化为精卫，其名自呼，每衔西山木石以填东海。偶海燕而生子，生雌状如精卫，生雄如海燕。今东海精卫誓水处，曾溺于此川，

---

① 中国湖北省随州市厉山炎帝神农纪念馆编：《炎帝》，长江文艺出版社1991年版，第222—223页。

誓不饮其水。一名誓鸟，一名冤禽，又名志鸟，俗呼帝女雀。

很多人都熟悉"精卫填海"这个动人的故事。

这个故事说，炎帝的小女儿在东海游玩，不幸淹死在东海里，她的魂灵变化为一只彩纹头、白嘴红爪叫作"精卫"的小鸟，她恨东海淹死自己，不断从西山衔小石子或者小树枝飞到东海去，把石子或树枝抛进东海，想要把这一片曾经夺去她年轻的生命、也可能继续夺去千千万万年轻生命的奔腾咆哮的大海填平。陶渊明《读山海经》诗说："精卫衔微木，将以填沧海。"虽只是短短的两句，一种悲壮的赞美之情却跃然于纸上。因为小鸟对大海所进行的斗争在这里形成了鲜明的对比：在波涛汹涌的海面上，在高高的天空中，飞行的是一只"微不足道"的小鸟，小鸟所投下来的，是"微木"、是细石，然而"将以填沧海"。她去而复来，成年累月、不停地重复着这样艰巨而不屈的报冤雪恨的劳动，自强不息。从人们的理智上来看，她这样的行为当然是徒劳无益的；但从感情与志气来看，沧海固然浩大，然而小鸟坚韧不拔想要填平沧海的决心却比沧海还要浩大，如此悲壮，确实值得赞美，值得颂扬。清顾炎武在《精卫》一诗中也有"我愿平东海，身沉心不改。大海无平期，我心无绝时"之类赞美决绝的诗句，说的也是这个意思。至于《述异记》卷上所记叙的精卫"偶海燕而生子"等语，已是传说演变的末流，意义不大了。但精卫的后代也都与精卫一样，誓死不饮淹死炎帝少女的海水，立志填海事业不绝，这种精神与气节才是炎帝文化传承数千年而不衰的主要原因。精卫填海的故事虽然是一种神话传说，但其中隐含上古炎帝氏族与自然界斗争的真实身影。这种不畏强大、敢于斗争、百折不屈的刚毅精神，与炎帝神农氏的"和药济人"精神具有异曲同工之美。

（三）与天奋斗："夸父逐日"

关于"夸父逐日"的神话故事也广为人知，这个故事也与炎帝氏族的历史足迹密切相关。

《山海经·大荒北经》说：

大荒之中，有山名日成都，载天。有人珥两黄蛇，把两黄蛇，名日夸父。后土生信，信生夸父。夸父不量力，欲追日景，逮之于禺谷。将饮河而不足也，将走大泽，未至，死于此。

《列子·汤问》说：

夸父不量力，欲追日影，逐之于隅谷之际。渴欲得饮，赴饮河、渭。河、渭不足，将走北饮大泽。未至，道渴而死。弃其杖，尸膏肉所浸，生邓林。邓林弥广数千里焉。

夸父是炎帝的族裔，参加了黄帝与蚩尤的战争。作为炎帝族裔，夸父自然是站在蚩尤一边反对黄帝的统一战争，最后蚩尤战败，夸父为黄帝部将应龙所杀。这件事在《山海经·大荒北经》亦有明确的记载，文中说："应龙已杀蚩尤，又杀夸父。"

"夸父逐日"的神话故事是中国最早的几个著名神话故事之一。夸父在神话里表现出大无畏的英雄气概，敢于去追赶太阳，和太阳赛跑，一心要胜过太阳。虽然最后巨人夸父因为口渴而累死在征途之中，但是他那"与天奋斗其乐无穷"的精神却一直在振奋和鼓励着中华后人去敢于斗争，敢于胜利。

"夸父逐日"，或者不仅仅是表面上的"与日逐走"那样简单，其背后应该还有着更深层次的象征性意义存在。那么，它象征的是什么呢？夸父追日，应当看作是炎帝氏族对光明和真理的追求，或者说，是炎帝氏族与大自然竞胜、征服大自然的那种雄心壮志。陶渊明在《读山海经》诗中说"夸父诞宏志，乃与日竞走"，就很清楚地表明了这一点。陶渊明诗用"宏志"二字表现夸父的精神。这是炎帝氏族敢于与大自然拼搏的精神，说明了炎帝氏族在洪荒榛莽的年代里，并没有被残酷的现实环境所吓倒，而是以乐观主义的态度积极应对困难，至死不屈。

夸父临死，"弃其杖，化为邓林"，"林弥广数千里焉"。邓林就是桃林，是光明与希望的象征。巨人夸父虽然倒下了，却并没有失败，他的拄杖及血肉化为桃林，为后来的光明和真理寻求者及与大自然竞胜者继续解除饥饿口渴，以支持他们完成夸父所未曾达到的目标。这则神话故事本身是如此的振奋昂扬，结尾又是那么的鼓舞人心。以此之故，传说中夸父的遗迹所在多有。《太平御览》卷四七引《郡国志》说："台州覆釜山，云夏帝登此得龙符处。有巨迹，云是夸父逐日之所践。"又卷五六引《安定图经》说："振履堆者，故老云，夸父逐日，振履于此，故名之。"又卷三八八引《荆州记》说："零陵县石上有夸父迹"，等等。而唐张鷟《朝野佥载》卷五说："辰州东有三山，鼎足直上，各数千（十）丈。古老传云：'夸父与日竞走，至此煮饭，此三山者，夸父支鼎之石也。'"更对夸父的奇材异能、不达目的誓不罢休的乐观主义精神作了雄伟而生动的描写，足见作为炎帝氏族的夸父在世人心目中有着怎样崇高而伟大的地位。

（四）敢想敢干：愚公移山

《列子·汤问》中记载了这么一个与炎帝氏族活动地区颇具渊源的寓言故事，这就是"愚公移山"。

"愚公移山"的寓言故事可谓炎帝文化的一部分。

> 太行、王屋二山，方七百里，高万仞。本在冀州之南，河阳之北。
>
> 北山愚公者，年且九十，面山而居。惩山北之塞，出入之迂也。聚室而谋曰："吾与汝毕力平险，指通豫南，达于汉阴，可乎？"杂然相许。
>
> 其妻献疑曰："以君之力，曾不能损魁父之丘，如太行、王屋何？且焉置土石？"
>
> 杂曰："投诸渤海之尾，隐土之北。"遂率子孙荷担者三夫，叩石垦壤，箕畚运于渤海之尾。邻人京城氏之孀妻有遗男，始龀，跳往助之。寒暑易节，始一反焉。
>
> 河曲智叟笑而止之曰："甚矣，汝之不惠！以残年余力，曾不能毁山之一毛，其如土石何？"
>
> 北山愚公长息曰："汝心之固，固不可彻，曾不若孀妻弱子。虽我之死，有

子存焉；子又生孙，孙又生子；子又有子，子又有孙；子子孙孙无穷匮也，而山不加增，何苦而不平？"河曲智叟亡以应。

操蛇之神闻之，惧其不已也，告之于帝。帝感其诚，命夸娥氏二子负二山，一厝朔东，一厝雍南。自此，冀之南、汉之阴，无陇断焉。

"愚公移山"这个神话故事的大意是：

太行、王屋两座大山，方圆700里，高七八千丈，本来在冀州的南边，黄河的北边。

北山一位叫愚公的人，年纪将近九十岁，面对着山居住。他苦于山的北面交通堵塞，出来进去都要绕路，就召集全家商量说："我跟你们尽全力铲除这两座险峻的大山，打通道路一直通向豫州的南部，到达汉水南岸，如何？"大家都纷纷表示赞成。

愚公的妻子提出疑问说："凭借你的力量，连魁父这座小山都不能铲平，又能把太行、王屋这两座大山怎么样呢？况且把土石放到哪里去呢？"

众人纷纷说："把土石搬到渤海的边上、隐土的北面去。"

于是愚公率领子孙中能挑担子的三个人上山凿石掘土，用箕畚装了土石运到渤海的边上，邻居姓京城的寡妇有个孤儿，才七八岁，也跳跳蹦蹦前去帮助他们。冬夏换季，他们才能往返一次。

河曲智叟知道这件事后嘲笑并阻止愚公说："你太不明智了！就凭你的残年和余力，甚至不能毁掉山上的一棵草木，又能把山上的泥土、石头怎么样呢？"

北山愚公长叹说："你思想保守顽固，顽固到了不可改变的地步，还不如寡妇、孤儿。即使我死了，还有儿子在；儿子又生孙子，孙子又生儿子；儿子又有儿子，儿子又有孙子；子子孙孙没有穷尽。然而山却不会增加高度，何必担忧挖不平呢？"河曲智叟一时语塞。

山神听说了这件事，怕愚公不停地挖下去，就向天帝报告了这件事。天帝被愚公的诚心所感动，于是命令大力神夸娥氏的两个儿子背负着两座大山，一座放在朔东，一座放在雍南。从此，从冀州的南部，到汉水南岸，再也没有高山阻隔了。

"愚公移山"的神话故事仅见于《列子·汤问》篇，这是一段寓言故事，观于"愚公""智叟"等寓意性的名称便可明晓。但是从愚公所表现出来的那种人定胜天、坚韧不拔的精神看，与"精卫填海""夸父逐日"等神话故事所追求的精神境界皆是同一类型。

太行、王屋两座大山所在的太行山地区有着炎帝氏族很丰富的活动轨迹。愚公很像炎帝神农氏，从他那民主式的风格、宏伟的气魄、战胜困难的勇气以及执着的性格来看，只有巨人式的领袖才能兼具。以祖孙三人之力，竟企图搬去挡在家门前的太行、王屋两座大山，这需要多么大的勇气才能去想去做。针对河曲智叟的讥笑，愚公发出他的豪言壮语，说要子孙世代这么干下去，人力无穷匮，"而山不加增，何苦而不平"，对此河曲智叟"亡（无）以应"。愚公就是凭借这种精神，居然使天神闻之"惧其不已"。而天帝听了报告，也不能不"感其诚"，为他派了夸娥氏的两个儿子，各负一山，分别搬走安放到朔东、雍南。愚公立下的移山宏愿，就这么以神话般的方式完满达到了。这个神话寓言故事，充分表现了炎帝氏族敢于和大自然作斗争的气概，大自然在他们的顽强战斗精神下，也不能不被迫作出让步与妥协。这种血性，这种志气，这种毅力，不正是先祖们传给我们的最好的胜利法宝吗？

（五）永不言败：刑天舞干戚

《山海经·海外西经》记载有这么一个传说：

> 刑天与帝争神，帝断其首，葬之常羊之山，乃以乳为目，以脐为口，操干戚以舞。

和蚩尤、夸父一样，刑天也是炎帝氏族的重要代表人物之一，而其斗志似乎比蚩尤、夸父还要更加勇猛、顽强与不屈。他不屈服于黄帝的兼并战争，起而与黄帝争斗，失败后被黄帝砍掉了脑袋，黄帝将他的脑袋埋葬在常羊山上，于是这无头的刑天，便用两乳来做眼睛，用肚脐来做嘴巴，左手拿盾，右手拿着大板斧，愤怒地在那里挥舞不息。东晋陶渊明《读山海经》诗说:"刑天舞干戚,猛志固常在。"刑天虽然被杀,但却并不甘心失败。这位断头英雄的奋斗不懈精神,可谓感天地、泣鬼神。

据《路史·后纪三》记载:炎帝神农氏"乃命邢夭作《扶犁》之乐,制《丰年》之咏,以荐釐来,是曰《下谋》。"刑夭似乎曾经是炎帝神农氏的臣属,负责制礼作乐的工作。《路史》记此,当有所本。即或认为是向壁虚造,而刑天所葬首的常羊之山,据《宋书·符瑞志上》记载:"有神龙首感女登于常羊山,生炎帝。"偏又是炎帝神农氏的降生处。二者合看,可知刑天神话必与炎帝文化有着相当密切的联系。面对黄帝的统一战争,炎帝氏族中的一些部落如蚩尤、夸父、刑天等部族,均前仆后继抗争,不甘屈服,而刑天所表现出来的誓死不屈的斗志,尤其令后人感叹。炎帝氏族血性顽强的文化基因,于此可以窥斑见豹。

(六)勇猛血性:共工怒触不周山

华夏文明是在一次又一次的搏击冲撞和交汇融通中诞生的。这其中有无数悲欢离合、感天动地的传奇故事,给后人留下了永不磨灭的印象。后人据此编制出一个又一个惊天动地、可歌可泣的神话故事。在这些神话中,除黄、炎、蚩尤之间的上古大战外,最引人注目的则要数继之而来的帝颛顼和共工氏之间的战争了。可以说,颛顼和共工的战争是五帝时代黄帝氏族与炎帝氏族之间融合与冲突的延续。

共工怒触不周山的故事见于西汉刘向所撰的《淮南子》一书中。

《淮南子·天文训》说:

> 昔者共工与颛顼争为帝,怒而触不周之山,天柱折,地维绝。天倾西北,故日月星辰移焉;地不满东南,故水潦尘埃归焉。

从前,共工与颛顼争夺帝位,共工在大战中惨败。他愤怒地用头撞击不周山,支撑天的柱子倾倒,拴系大地的绳索因此而折断。于是,天向西北方向倾斜,所以日月、星辰都向西北方向移动;大地的东南角塌陷,所以江河积水泥沙都朝东南流去。看，共工一生气就将不周山倾倒，致使天崩地裂，自然面貌也因此而被迫改变，这该需要多么大的气力、该具有多么顽强的勇气才能达到呀！

毫无疑问，这是一则破天荒的神话故事，共工氏怎么可能把天地撞得东歪西斜呢？实际的情况很可能是由水患而引起的纠纷。其时，共工氏居伊洛流域，而"颛顼生自若水，实处空桑，乃登为帝"①，所以，共工从上游"振滔洪水，以薄空桑"②，直接威胁到颛顼部族生命财产的安全，这就难免要和帝颛顼发生利害冲突关系了。颛顼与共工之争反映的实际上是五帝时代黄河中上游和中下游的氏族部落群体之间的矛盾与冲突，后人不过借神话故事来表达这场冲突的激烈程度罢了。这种表达，就是共工怒触不周山。

共工怒触不周山虽然是上古神话故事传说，然也有文献记载共工是上古时代炎帝氏族的一个具体历史人物，是炎帝氏族的一个部落首领。神话故事中往往含有历史真实的身影。炎帝文化正是在这种混沌初开的创世时代逐渐筑基、在天地断裂中横空出世的。

总之，从神农研药、精卫填海、夸父追日、愚公移山，直到刑天、共工反抗黄帝兼并统一的斗争，炎帝文化从来就不缺乏阳刚之气与血性之勇。这种气吞山河、敢于改造大自然、敢于与敌手拼搏到底的不屈英雄形象，构成了炎帝文化中最重要、最稳定的核心元素，这种文化精神血脉也是中华民族能够代代传承、战胜各种苦难和阻力、不断走向强大繁荣的内在动力和坚强保障。

四、满天繁星：文献记载中的炎帝族活动地域

从历代文献典籍的记载来看，炎帝氏族的主要活动地域，除了前述陕西宝鸡的姜水、山西高平的羊头山、湖北随州的厉山、河南新郑的华阳以及以"茶安郦"为

---

① 《吕氏春秋·古乐篇》。
② 《淮南子·本经训》。

核心的湖南环洞庭湖等重要地区外，其足迹还遍及中国其他诸多广袤地域。

（一）炎帝氏族在伊洛

《路史·后纪三》：

> 炎帝神农氏，姓伊耆……其初国伊，继国耆，故氏伊耆。

《皇王大纪》卷一：

> 炎帝神农氏"能治百谷百蔬，与民并耕而食，发教于天下，使之积粟，国富民安，故号曰神农氏，又曰伊祁氏，伊祁氏始为蜡"。

可能因为自然灾害如原始森林大火等不可抗拒的客观原因，传说炎帝氏族在陕西宝鸡地区发祥后，又东徙临潼一带，然后继续向东迁徙，在伊水（今河南洛阳市伊川县一带）和已经衰败的"母族"有蟜氏族民一起生活和发展农业生产，以水名而号"伊氏"。"有蟜氏为生活在平逢山的一支古老氏族，平逢山即洛阳市北之邙山之后。"[①] 这说明，炎帝氏族曾经在伊洛一带地区生产和生活过。

另外，古文献也有炎帝族在洛阳谷水一带活动的记载。据《九域志》记载："谷城，神农尝五谷于此，名谷城。"《汉书·地理志》说："谷水出谷阳谷，东北至谷城入雒。"《水经注》说："河南有离山水……于谷城东南注于谷（水）。"凡此都说明，谷城在今洛阳市北郊一代，而炎帝氏族在谷城的活动也与原始农耕文明事业有关。

（二）炎帝氏族在潞耆

炎帝氏族在伊洛地区站稳脚跟后，继续渡过黄河向北发展，到达耆地（今山西省黎城县）。《史记正义·周本纪》释"耆国"即"黎国也……孔安国云黎在上党（今山西长治市）东北。《括地志》云：'故黎城，黎侯国也，在潞州黎城县东北十八里。'"

---

① 杨作龙：《炎帝文化发端伊洛论》，《洛阳师范学院学报》2007 年第 6 期。

又《寰宇记》："上党县，本黎侯国，今有黎亭，即西伯勘黎之所。又云在上党东北，盖长治、壶关、黎、潞诸县皆是也。"学者刘毓庆认为："此以长治、壶关、黎、潞诸县为古黎之地，较为合理。今长治市有黎城县，长治郊区有黎岭，壶关有黎岭，在太行山东侧，河南境内有黎阳、黎山，河北境内有伊祁山（伊黎），这可能都与早期的黎的活动有关。此一带至今还盛传着炎帝神农的故事。所谓黎亭，即今长治县北黎岭，俗称黎侯岭或羊头岭，相传炎帝建国在这里。故罗苹以神农伊耆氏因此得名，恐非虚言。同时在河南焦作沁阳市太行山南麓，也有神农山之称，相传炎帝神农在此播五谷、尝百草。"① 清康熙二十一年（1682年）《黎城县志》说在黎城县西北2000里处的山上有座三皇庙，故名为"三皇山"。传说炎帝神农氏曾带领族民和当地土著族一起在此刀耕火种，发展农业生产，取得成功后，被族民和土著奉为首领。罗泌《路史·后纪三》载炎帝"初国伊，继国耆"。另外，《路史·国名纪》云："伊，盖亦上世所国，今洛之伊阳县有伊水"，"耆，侯爵，自伊徙耆，爰曰伊耆"。实际上，神农氏时代还没有产生"国"与"侯爵"的环境，我们可以将此理解为氏族"聚落"。这也是《路史》《通鉴外纪》《通志》《皇王大纪》等书所说炎帝"又号伊耆氏"的由来，即"合而称之，故又曰伊耆氏"②。从此，在伊、耆两地又形成两个新的姜姓氏族部落，皆尊炎帝为祖先，这也是炎帝氏族的势力发展到今河南洛阳以西、山西东南的历史见证。

炎帝氏族在古上党地区的生产和生活活动，主要集中在百谷山和羊头山上。百谷山，一名柏谷山（俗称老顶山），位于长治市东北部十多里处；羊头山在今高平（古称长平）市神农镇北部，位于高平、长子、长治三市县交界处，适宜农耕，因山顶巨石状如羊头而得名。两山山势蜿蜒，危峰挺拔，沟壑纵横，树草繁茂，气势宏伟，是上古先民理想的生活之地。正是在这片古老的土地上，炎帝氏族的发展进入了繁荣昌盛的阶段。

---

① 刘毓庆著：《上党神农氏传说与华夏文明起源》，人民出版社2008年版，第66页。
② ［清］徐文清：《〈竹书〉统笺》卷首下《炎帝神农氏》。

（三）炎帝氏族在淇山

《管子·轻重戊》：

> 神农作，树五谷淇山之阳，九州之民，乃知谷食，而天下化之。

淇山，在今河南林州市（旧称林县）东南与辉县市西北的边界处，又名大号山、沮洳山，淇水发源于此，与山西东北境相邻。《山海经·北山经》："东三百里曰沮洳之山，无草木，有金玉，瀁水出焉，南流注于河。"《淮南子·地形训》："淇出大号。"在"淇山之阳"，炎帝氏族与当地居民一起生产与融合，又开辟出了新的生产与生活的地域，主要还是与发明原始农业的生产活动有关。

另外，明陈仁锡在《潜确类书》卷三十一中又指出了炎帝氏族在河南的另一个活动地点及活动内容：采药。书中说："神农涧在卫辉府温县，神农采药至此，以杖画地，遂成涧。"而采药最初与农业发明可以说是同一件事的两个方面。"尝百草"既为发明农业的基础，又是发现药物的途径。《山海经》《管子》《淮南子》《潜确类书》等记载所涉及的地域，例如洛阳、辉县、温县，正是考古发掘出土中石器、新石器最为集中的地区，是中华原始农业最早的发明地区之一。[①]

（四）炎帝氏族在华阳、陈、鲁

据古籍文献与民俗传说记载，炎帝氏族发展到今河南西部、北部（今安阳地区）及山西东南（含偏北地区）后，又向黄河以南发展，逐渐在古华胥国故地（今河南新郑市）形成一个大的部落，中心聚落在今新郑市郭店镇华阳寨村一带。这里地势平坦，规模较大，遗留有东南走向的巨型土城垣。经当代考古调查和发掘，采集、出土有仰韶文化遗物，被认为是一大型仰韶文化时期的城址。

之后，炎帝氏族又向陈地（今河南淮阳）拓展。《帝王世纪》说：炎帝"初都陈，

---

① 参见景明著：《神农氏·炎帝》，西北大学出版社 1993 年版，第 90 页。

又徙鲁"。据《竹书纪年》记载：炎帝氏族到达陈地后，受到当地朱襄氏部落的欢迎，尊奉炎帝为"盟主"。

之后，炎帝氏族又东徙于鲁（今山东曲阜）。《管子·封禅》："炎帝封泰山。"炎帝与伏羲氏一样，到泰山进行了祭天活动。炎帝氏族东徙后，遂有姜姓氏族陆续出现。根据文献记载，炎帝氏族最早迁入山东的是逄（逢）伯陵。《左传·昭公二十年》云："昔爽鸠氏始居此地，季荝因之，有逄（逢）伯陵因之，浦姑氏因之，而后大公因之。"《山海经·海内经》亦云"炎帝之孙伯陵"，与《国语》记载相合。可见炎帝氏族之足迹曾达到山东海岱地区。"根据文献、金文和考古发现得知，在海岱区北部，现今鲁北一带，曾集中分布有炎帝后裔的纪、齐、州、夷、向等姜姓国家。这些姜姓国家并非直到西周才由西方殖民而来，而是早已落户海岱区的炎帝后裔的旧国。"[1]20世纪出土的考古资料表明，在豫、鲁等地，存在大量的仰韶文化遗址，如河南陕县庙底沟、渑池仰韶村、洛阳王湾、郑州大河村、安阳后冈一期、大汶口文化的刘林期等，都可以印证炎帝氏族曾经在此地生产和生活过。[2]

（五）炎帝氏族在阪泉、涿鹿地区

据《逸周书》《史记》等文献记载，炎帝与蚩尤、黄帝在阪泉、涿鹿发生过战争，这说明炎帝氏族曾在今河北省一带活动过，或者说，在阪泉、涿鹿地区亦留下有关炎帝氏族活动的痕迹。据北魏时期的地理书《魏土地记》记载："下洛城东南六十里有涿鹿，城东一里有阪泉，泉上有黄帝祠。""下洛城"址即今之涿鹿县城，其东南60里的涿鹿城，恰相当于现在县城东南60里处的矾山镇涿鹿古城。在《水经注·漯水》《太平寰宇记·卷七十一》等文献中也均提到"涿水""涿鹿山""涿鹿城""阪泉""阪山"等地名，并说"黄帝与蚩尤战于涿鹿之野而邑于涿鹿之阿即是处也"。尽管

---

① 高广仁：《从海岱姜姓国史看炎帝族系对中国文明的巨大贡献》，载霍彦儒主编：《炎帝与民族复兴》，陕西人民出版社2005年版，第130—131页。

② 参见陕西省地方志编纂委员会编：《陕西省志·炎帝志》，三秦出版社2009年版，第60页。

由于地名的变迁，在记载上有不详之处，但传说所涉及的遗迹均在今河北北部一带。至今，涿鹿矾山镇有个七旗村（亦叫炎帝营），坐落于阪泉旁，世代相传炎帝与黄帝曾在此打仗、"树起七杆大旗摆阵势"的故事。至今传说的炎帝营、黄帝城、黄帝泉、蚩尤泉、蚩尤城等遗迹犹存。阪泉、涿鹿一带应该是炎帝氏族走向衰落并为黄帝氏族所逐渐兼并以及炎黄两族开始进入大规模融合的时期。

（六）炎帝氏族在江汉地区

诸多考古资料表明，江汉平原东北部和汉水中游以东地区，包括京山、钟祥、天门、应城、孝感、随州等地，都曾是上古炎帝氏族生产、生活的重要地区。

《帝王世纪》说：神农氏"本起于烈山，或时称之"。《史记·补三皇本纪》又云："厉山，今随之厉乡也。"《括地志》又说：厉山在随州北一百多里处，山东有一石洞。传说神农生在这里，即所谓列山氏。厉乡"春秋为厉国"。《史记·补三皇本纪》《方舆胜览》《读史方舆纪要》等文献，皆云列山氏之子柱，亦称烈山氏。虽然记述不一，但说明炎帝氏族确实到过厉山并在这一带有过生产活动的轨迹。相传神农架就因炎帝到此采药而得名，当地流传的创世歌谣《黑暗传》，其中就有关于炎帝在神农架活动的描写。神农架的会仙桥，传说是炎帝与太上老君探讨炼丹、体会药理的地方。

炎帝氏族在厉山一带的活动，反映在考古学上，则是河南西南淅川、南阳地区的仰韶晚期文化与龙山文化，湖北西北部的屈家岭后期文化和青龙泉三期文化，从中可以看到江汉地区亦有仰韶文化的因素和影响。表现在古史传说上，则是分布于河南姜姓的申、吕、许诸部族，以及分布于湖北省北部随县境内的烈山氏部族等文化印记。[①]

---

① 参见陕西省地方志编纂委员会编：《陕西省志·炎帝志》，三秦出版社 2009 年版，第 61 页。

（七）炎帝氏族在湘东南地区

据文献记载，以湘东南炎帝陵为核心的"茶安郦"地区，也是上古炎帝氏族的重要聚居之地。

[清同治]《茶陵州志·沿革》：

> 史称炎帝葬于长沙之茶乡，茶始见于传记。

[清同治]《郦县志·卷四·陵庙》：

> 自庆甲至小帝，皆兆茶陵。今陵山尚有二百余坟，盖后妃亲宗子属存焉。

庆甲至小帝均不是炎帝氏族部落首领，未袭"炎帝"之号，只称"帝"，故今炎陵县的"炎帝陵"，有可能是包括炎帝和庆甲后裔在内的多人公共墓地。

前面提到，在战国时期魏国史官编纂的《竹书纪年》中，已经发现有关炎帝陵寝在"茶乡"的记载。晋皇甫谧所撰《帝王世纪》，也有炎帝神农氏"在位百二十年而崩，葬长沙"之说。此后，南宋罗泌撰《路史·后纪三》，言炎帝神农氏"崩，葬长沙茶乡之尾，是曰茶陵，所谓天子墓者"的具体而详细的地址记载。

此外，在株洲一带史前考古成果中，独岭坳一期文化、磨山早期文化等，都表明距今 7000—6000 年前，这里有着比较成熟的炎帝文化的存在。

（八）炎帝氏族与湘西会同

在湘西的今怀化市会同县，有学者认为其与炎帝氏族具有一定的关系。传说炎帝创造了《连山易》而称连山氏，此地有"连山""神农山""常羊山"等地名。在此地至今还留有连山卦图，与《连山易》的卦头相同。据说在古代会同还有神农庙，庙内供有神农尝百草、种五谷的塑像，历代香火不断。会同炎帝故里新说，作为一种观点，有待学界进一步探讨与确认。①

（九）炎帝氏族在湖南其他地区

在环洞庭湖一带的湖南其他地区，也留有炎帝氏族生产和生活过的痕迹。

据考古发现，洞庭湖西北岸包括湖南澧水下游的慈利、石门、澧县、临澧、津市、南县、华容，沅水下游的鼎城区（原常德市区）、武陵区（原常德县）、桃源县等地，都曾经留有上古炎帝氏族生产活动的遗迹。

在上古时期，长江中下游是中国河流和湖沼最密集的地方，加上自第四纪冰川以来的新构造运动的影响，一些新石器文化比较发达的地区的环境发生了很大的变化。例如洞庭湖在更新世晚期即逐渐抬升，到全新世早期已经变成河湖交错的大平原，成为新石器时代居民开发稻作农业的首选地带，留下了许多新石器时代中晚期的聚落遗址。②

传说炎帝三世孙帝明生帝直，帝直又生禄续。禄续被封为泾阳王以治南方。禄续"娶洞庭君女曰龙女，生崇揽，是为貉龙君"。龙君教民耕种，解决了族民的穿衣、吃饭问题，并开始有了君臣尊卑之序、父子夫妇之伦。相传洞庭湖周围一带的炎帝裔族，曾经遭到黄帝氏族的征伐，有些炎帝支系继续向南迁徙，从洞庭湖一带直达九嶷苍梧（今湖南宁远县）。于是，在湖南一些地区留下了许多关于炎帝的传说和遗迹。从湖南地区新石器时代文化遗址考古发掘来看，发掘的重要遗址有澧县丁家岗、彭头山、八十垱、孙家岗、城头山，安乡县汤家岗、划城岗、度家岗，华容县车轱山、刘卜台，临澧县胡家屋场，石门县皂市，南县涂家台，津市罗家台、钱粮湖农场坟山堡，汨罗市黄家园和附山园，长沙市南托，平江县献冲舵上坪，湘乡市岱子坪，湘潭县堆子岭，泸溪县浦市，黔阳县高庙，辰溪县征溪和松溪口，怀化县高坝垅，靖州市斗篷坡等数十处。尤其是长沙市南托新石器时代

---

① 参见陕西省地方志编纂委员会编：《陕西省志·炎帝志》，三秦出版社2009年版，第62页。

② 参见严文明著：《长江文明的曙光》，湖北教育出版社2004年版，第69页。

遗址中，发现陶器上刻画了"太阳""向着太阳、口内含禾苗的鸟""南方干栏或房屋""流水纹""花瓣纹""草绳纹""农田纹"等形象符号，明显地表现出太阳与农作物的关系。这一组颇具系统性的刻画符号，可视为炎帝农耕文化在艺术上的具体表现。

（十）炎帝氏族与浙江缙云氏

文献记载与考古发掘均表明，炎帝氏族在上古的活动地域也与环太湖流域有着一定的关系。尤其是缙云氏的南迁，直接将炎黄文化带到了今天江浙一带。

据《世本·氏姓篇》、《左传·昭公十七年》服虔注、《史记正义》、《史记集解》、《姓氏考略》等文献记载，缙云氏为姜姓，属于炎帝临魁的族裔。上古大战后，炎黄二族融合步伐大大加快。

黄帝时期，炎帝氏族不断向四方分散迁移。缙云部族的首领因为得到黄帝的信任，任缙云之官，主夏，主要职责是监视管理南方炎族的九黎。此时，缙云氏的初居地在晋水（今山西一带），因其部落图腾为赤云，故称缙云氏。

少昊末期，缙云氏部族势力强大，"少昊之衰，九黎乱德"[1]，缙云氏与黄帝族之争再起。颛顼时代，实行"绝地天通"[2]，禁止黎民从事司天的神事活动，统一意识形态，缙云氏势力的发展受到遏制。尧舜禹时期，缙云氏与黄帝族矛盾进一步尖锐。司马迁在《史记·五帝本纪》中说，尧舜时期，由于共工、驩兜、三苗、鲧有罪，"于是舜归而言于帝，请流共工于幽陵，以变北狄；放驩兜于崇山，以变南蛮；迁三苗于三危，以变西戎；殛鲧于羽山，以变东夷"。这里流放的四个部族就是《左传》《尧典》等书所提到的"四凶"，即穷奇、浑敦、饕餮和梼杌四族，其中的饕餮，即为舜帝认定的"缙云氏不才子"。为此，舜帝用兵把饕餮驱逐到今天四川的巴县一带。

大约在西周成王时，今山西晋地被周成王夺去分封给他的亲弟弟唐叔虞，于是

---

① 《汉书·郊祀志》。
② 《尚书·吕刑》。

留居晋地的缙云氏一支东迁到鲁西，今山东济宁县西南 30 里有缙云山，一名晋阳山，并建立了郜国。这也与周初大封姜姓齐、纪、向诸侯于山东，以镇抚东夷的嬴、偃诸国的政策有关。到了东周初年，鲁国吞并了郜国，故《左传·庄公十一年》说："公败宋师于鄑。"杜预注："鲁地。"当鲁并郜时，郜人一部分投靠了同姓的纪国，在纪国建立了郜邑，做了纪国的附庸。另一部分则南迁到了今浙江缙云县。故《史记正义》卷一有"今括州缙云县，盖其所封也"一说。但此与舜流缙云氏之裔饕餮一事无关。①

20 世纪 80 年代以来，考古发掘相继发现，良渚文化分布的中心地区在太湖流域，而以环太湖流域的南部、东部和东北部遗址分布最为密集。尤其是浙江反山、瑶山考古发现的良渚饕餮纹玉器，充分说明炎帝氏族的活动与环太湖流域具有密切的关系。良渚文化（约公元前 3300—前 2000 年）发生的时期恰与五帝时代相合，这说明随着炎黄二族的冲突与融合，很可能炎黄文化很早就到达了今中国东南一带。

（十一）炎帝氏族在甘肃、青海地区

陇山以西的上邦（今甘肃天水）及南部（今甘肃陇南）地区，文献记载也是炎帝氏族的迁布之地。传说"炎帝部族中还有一支溯渭水而上迁移到西北地区。这些先民通过陇山，循着后来千陇古道向河湟地区而去，与生活在那里的羌人融合，形成羌族"。②炎帝氏族较早地迁居于陇西，与亲近的赤水氏族部落及土著戎族交错而居。传说炎帝之妻是赤水（今甘肃临洮）部落之女，其女儿又在昆仑之丘（今祁连山）服水玉成仙，随赤松子云游天下。因此，炎帝氏族迁居西北地区是有可能的。商周之际，羌人还多与中原商、周族发生联系，或军事冲突，或民间经济文化往来，从今天殷商甲骨文中可见到一些羌的名字。

根据文献记载，迁往甘肃地区的有庆甲氏族，部分族人西迁于今甘肃祁连山东

---

① 参见周德才主编：《茶陵文化溯源——炎帝神农氏茶陵故乡考》，方志出版社 2011 年版，第 73 页。

② 石兴邦主编：《陕西通史·原始社会卷》，陕西师范大学出版社 1997 年版，第 328 页。

端至黄河处；烈山氏，部分族人迁于今陕甘川的交界地；厘氏族，部分迁于今甘肃西凉县一带；牟人支族，迁于甘肃狄道的夏牟山，此族以善种大麦而得名；麦氏族，一支迁于今甘肃天水、庆阳及靖远县的麦田城一带，今天水市东南的麦积山、庆阳县的麦川堡，因麦人迁居而得名；赤氏族，炎帝裔支族，西迁于今甘肃礼县的赤土山等地，以后又迁入今成县西南的赤亭、武都（今西和县）东北魏置的赤万县、今天水市西南的赤峪山、庆阳西南的赤城镇及玉门东南的赤金峡等地；三乌（鸟）氏，迁于今甘肃平凉；同氏族，炎帝裔族，迁于甘肃成县；夸父氏族，炎帝裔族，部分族人西迁于今甘肃秦安；灵人，炎帝裔族，部分族人迁于今甘肃灵台县；纪氏族，炎帝裔族，部分族人迁于甘肃的秦安；甘氏族，炎帝裔族，其中一支迁于今甘肃甘谷县一带；丁氏族，炎帝裔支，西迁于今甘肃东南成县西北的丁溪水市；封氏族，炎帝之后，西迁于今甘肃临潭县；逢氏族，炎帝裔支，西迁于今甘肃东部的逢留一带；四岳氏，炎帝裔族，其中一支西迁于今甘肃祁连山及湟水一带；圭氏族，炎帝女儿女娃的裔支，西迁于今甘肃庄浪一带；旦氏族，炎帝裔族，西迁于今甘肃崇信，又迁于张掖；林氏族，炎帝后裔族，一部分西迁于今甘肃庆阳的林方；延人，炎帝裔族，一部分迁于今甘肃宁县东北的大延水、小延水一带；申人，炎帝裔族，有一支迁于今甘肃华亭县北的六盘山一带；允人，炎帝裔族，有一支迁于今甘肃永登县南，与戎族结合称允戎。清代甘肃所建《三皇庙记》内记炎帝云："又有大圣人，曰神农氏，匿犀桃脑，耽目丰颐，商度土宜九邱，既艺百昌，既藩钱博，耒耜是兴，是洽稻粱黍稷，为农为坻，穴山渊海，搜精索奇，老石腐土，可以使物，草本木石，可以起尸，寒温甘苦，如命其儿，实人医王，民物无疵。"

　　炎帝氏族迁徙至青海地区的有灵氏族的一支迁于今青海贵德县东的仙迹山一带，巫真人的一部分亦迁于此；先人、令人的一支迁于今青海湖一带；牟族的一支迁于今青海高原，与其他族杂居；麦人的一支迁于今青海都兰县一带。在夏商周三代时期，有一支炎帝族裔迁入今青海湖附近，与戎族结合称允戎。[①]

---

① 参见陕西省地方志编纂委员会编：《陕西省志·炎帝志》，三秦出版社 2009 年版，第 65 页。

（十二）炎帝氏族在内蒙古

新石器时代，炎帝氏族中有土人、延人、吕人、申人等迁入内蒙古西部的河套地区；炎帝柱的部分族裔迁入今内蒙古东北边境的兴安山一带，后与当地土著氏族融合而形成新的氏族，成为鄂伦春族和鄂温克族的祖族之源。

（十三）炎帝氏族在川藏地区

相传炎帝的妻族，是曾经活动在四川雅砻江、岷江流域一带的烛龙族。炎帝孙灵恝的儿子互（氐）人，曾在这里建立了互人国，即氐羌。云贵地区一些少数民族，也有认炎帝是他们始祖的。传说炎帝氏族的辰部族曾迁入今贵州思德县等地；赤族南迁于今贵州赤水及赤水县；灵部族的一支迁于今贵州黔西县的灵博山一带，故有"神农出于黔中"①的说法。炎帝氏族的一支曾有迁入西藏的史籍记载。一支可能向西南从陇南沿横断河谷至于四川、云南接壤地区，发展为卡若文化系统；一支可能经由今青海地区，即西藏的东北方向进入。"氐、羌、乞、藏也都族源于神农姜炎氏族的后裔。"②藏族系以古羌人的一支发羌为主体形成和发展起来的。发羌是当时青藏高原上众多部落之一，而且和甘青诸羌人部落有来往。所有这些都表明，在上古曾有一支炎帝氏族越过秦岭向西南方向迁徙，并为云贵川藏的文化发展作出过重要的贡献。③

（十四）炎帝氏族在海外

炎帝氏族南迁后也有流徙东南亚国家和地区的，如越南、老挝和缅甸等。越南儿童启蒙书《四字经》中有"系出神农，昔肇封疆"的话。老挝的寮人（有部分居

---

① ［南朝宋］刘义庆撰：《世说新语》引晋《伏滔集》，载《习凿齿论青楚人物》。
② 梁福义编著：《炎帝氏族考略》，宝鸡市炎帝陵文管所1995年版，第174页。
③ 参见陕西省地方志编纂委员会编：《陕西省志·炎帝志》，三秦出版社2009年版，第57—68页。

住越南），亦称"老人"或"老龙人"，是老挝的基本居民，他们自称是炎帝的后裔，供奉炎帝为主祖。从语系上讲，寮文属于藏语系壮侗语族，可知他们是从中国迁徙定居那里的炎帝裔族。缅甸东部掸邦的基本居民掸人，说掸话，属于汉藏语系壮侗语族，他们也自称是炎帝的后裔。[①] 除了东南亚外，炎帝氏族也有向北美洲迁徙的，就目前笔者所见到的资料，主要有今美国纽约州奥次顿哥村的易洛魁人。易洛魁族在六七千年前移居美洲，自称是炎帝裔胄的一部分。

神农氏族分支流徙海外氏族考略表：[②]

氏族考略	区域	资料来源
京氏：神农氏族分支流徙越南有京氏族，越南儿童启蒙读物《四字经》有"系出神农，昔肇封疆"之语	越南	越南《四字经》
寮氏：越南和老挝寮人自称为炎帝后裔	越南、老挝	《炎帝》
掸氏：掸人氏族自称是迁徙到缅甸的炎帝后裔	缅甸	《炎帝·姜姓文化》
易洛魁氏：今美国纽约州奥次顿哥村有易洛魁人，于六七千年前移居美洲，自称是炎黄裔胄	美国纽约	《华声报》

综上所述，我们至少可以得出这样的认识：神农氏是一个上承伏羲氏、下启轩辕氏的漫长的时代总称；炎帝是神农氏部落首领的尊称；炎帝氏族的分布与流动十分广泛。上古中原大战后，炎帝氏族继续向四方扩散，流徙遍及四方边地甚至海外。事实说明，"考古学资料勾绘出的神农氏时代我国原始人活动的区域，与中国古代典籍中所记载的关于'神农氏'活动的地区，可以说是不谋而合。从有关古代文籍中我们可以看出，原始人类的所谓'神农氏'活动地区也集中在鄂西北的古云梦泽周围以及黄河中上游的陕西、河南、山西等地，这种不谋而合很能说明问题。"[③]

---

① 参见梁福义编著：《炎帝氏族考略》，宝鸡市炎帝陵文管所 1995 年版，第 189—190 页。
② 参见宝鸡市社科联编：《炎帝史料辑录》，1993 年 7 月印，第 131 页。
③ 景明著：《神农氏·炎帝》，西北大学出版社 1993 年版，第 86 页。

第五章　炎黄联盟：神农氏衰与轩辕氏崛起

公元前 2700 年左右，神农氏时代为黄帝轩辕氏时代所替代。神农氏时代末期，炎帝氏族由盛转衰，部落之间侵伐不已，社会秩序混乱动荡，尤其是随着炎帝氏族中蚩尤部族力量的壮大，蚩尤不仅不再听命，反而起兵驱逐炎帝，自居涿鹿，自号炎帝而炎帝不能制之。伴随内战不断与部族分裂而来的是"神农氏衰"。为了挽救统治，炎帝向轩辕氏借兵，黄帝与炎帝联合在涿鹿打败蚩尤。此后，因为炎帝氏族式微，各氏族部落咸尊黄帝为"天下共主"。虽然炎黄部族之间，因为各种主客观原因，不可避免地会发生冲突甚至是流血的斗争，但总体而言是联盟合作，呈现出融合、交流与统一的趋势。在炎黄联盟推动下，中国历史进入了一个更高的发展阶段——黄帝时代，炎黄二帝因此而成为世所公认的中华民族共同始祖。

一、氏族内争：蚩尤与炎帝之争

蚩尤是上古炎帝氏族的一个部落首领。《山海经·海外西经》注引《玉函山房辑佚书》说："蚩尤者，炎帝之后。"《路史·后记四》记载："阪泉氏蚩尤，姜姓，炎帝之裔也。"这些说法虽有差异，但都说明蚩尤本属于炎帝氏族集团。蚩尤部族图腾为牛。炎帝氏族虽然最早是羊图腾，但随着氏族人口的繁衍而发生了分化，逐渐形成了不同的图腾族系，蚩尤族支的牛图腾崇拜的出现即是典型。

《帝王世纪》说：

> 炎帝神农氏，姜姓也，人身牛首，长于姜水。

所谓炎帝人身牛首，不是说炎帝是人身牛首，而是后人根据其氏族的图腾崇拜传说而塑造出来的一个牛图腾的形象。炎帝神农氏"人首牛身"的传说，不仅说明炎帝氏族中曾经存在过牛图腾部族，而且说明牛图腾部族中有人也曾担任过炎帝氏族的最高首领。牛图腾部族中的蚩尤部族，在上古炎黄时代更迭之际，力量强大，曾经一度称雄，故后世尊他为"战神"。

唐徐坚等奉敕纂修《初学记》，其卷九引《归藏·启筮》曰：

> 蚩尤出自羊水，八肱八趾，疏首，登九淖，以伐空桑。黄帝杀之于青丘。

南朝梁任昉撰《述异记》卷上，其中云：

> 轩辕之初立也，有蚩尤氏，兄弟七十二人，铜头铁额，食铁石。轩辕诛之于涿鹿之野。蚩尤能作云雾。涿鹿今在冀州，有蚩尤神，俗云"人身牛蹄，四目六手"。今冀州人掘地得髑髅如铜铁者，即蚩尤之骨也。今有蚩尤齿，长二寸，坚不可碎。秦汉间，说蚩尤氏耳鬓如剑戟，头有角，与轩辕斗，以角抵人，人不能向。今冀州有乐名"蚩尤戏"，其民两两三三，头戴牛角而相抵。汉造

"角抵戏"，盖其遗制也。太原村落间，祭蚩尤神不用牛头。

"蚩尤戏"在宋时犹传。陈旸《乐书》有《角抵戏蚩尤戏》曰：

> 角抵戏，本六国时所造，秦因而广之。汉兴虽罢，至武帝复采用之……角者，角其伎也。两两相当，角及伎艺，射御也，盖杂伎之揔称云。或曰：蚩尤氏头有角，与黄帝斗，以角抵人。今冀州有乐名"蚩尤戏"，其民两两载牛角而相抵，汉造此戏，岂其遗象邪？

所谓"八肱八趾疏首""人身牛蹄""蚩尤氏耳鬓如剑戟，头有角，以角抵人"及"蚩尤戏""头戴牛角而相抵"者，盖皆牛之形象。可见，蚩尤部族的图腾崇拜是牛图腾。

牛图腾之蚩尤与姜姓的"炎帝"之间又是什么关系呢？《归藏·启筮》说"蚩尤出自羊水"，羊水即姜水，则蚩尤与炎帝应该是同出一地或者是同一个氏族。《路史·后纪四》云："阪泉氏蚩尤，姜姓，炎帝之裔也。"自注："《阴经遁甲》云：'蚩尤者，炎帝之后。'"若然，则蚩尤亦为姜姓，就是说蚩尤和炎帝同出姜水，同为姜姓，同源一个氏族。

关于蚩尤部族的崛起及其与炎帝的最高权力冲突，最早可见的资料应是出于《逸周书·尝麦解》的记载：

> 昔天之初，□作二后，乃设建典，命赤帝分正二卿，命蚩尤于宇少昊，以临四方，司□□上天未成之庆。蚩尤乃逐帝，争于涿鹿之阿，九隅无遗。

上文中的"二后"，是说二帝，大意是说神农氏时代末期，有两个强大的部落集团首领，当是指下文中的赤帝、黄帝。赤帝即炎帝，是为"二后"之一，是炎帝氏族部落联盟的最高首领。

文中所谓"赤帝分正二卿"，是炎帝统治之下的两个部族集团，蚩尤应为其一。既然古籍文献说"蚩尤姜姓"，为"炎帝之裔"，那么可证明蚩尤当是炎帝氏族的一个分支无疑。

"蚩尤乃逐帝"之帝，以下文"赤帝大慑"来看，当是指赤帝，从各种资料推断，应该是炎帝氏族的末代最高首领。所谓"蚩尤乃逐帝，争于涿鹿之阿，九隅无遗。赤帝大慑，乃说于黄帝"，应该是说在炎帝氏族集团的内部发生了内讧，以蚩尤为首的部族崛起后，开始与炎帝发生权力之争。"逐帝"的"帝"当是指炎帝氏族的最高首领末代炎帝，"蚩尤乃逐帝"是说蚩尤驱逐"赤帝"，企图取而代之。"争于涿鹿之阿，九隅无遗"是说蚩尤通过对炎帝的战争，几乎占领了炎帝原来统治的地盘，并且以炎帝氏族新的最高统治者自居。

解释至此，《逸周书·尝麦解》的这段文意已经十分清晰，当时的历史真相很可能是：神农氏时代末期（昔天之初），在众多氏族部落中，有两个最为强大的氏族集团——炎帝的神农氏部落联盟集团和新兴起的黄帝轩辕氏部落，他们的最高首领分别是炎帝和黄帝（□作"二后"）。他们都企图为民立则，保持或建立自己的统治秩序（乃设建典）。在其中一个氏族集团"赤帝"之下，又拥有两大支裔（命赤帝分正二卿）。赤帝命令其中一个支裔的首领蚩尤率部进驻少昊部落居住的边陲之地。蚩尤部族的力量乘机崛起成为炎帝氏族集团之首（以临四方），形成了一种强大的态势（司□上天未成之庆）。蚩尤部族强大后，便不再满足于现状，开始向赤帝发动战争，争夺炎帝氏族的最高首领之位（蚩尤乃逐帝）。在这种情况下，蚩尤和赤帝在"涿鹿之阿"不可避免地展开大战（争于涿鹿之阿），蚩尤占领了炎帝氏族的主要地盘（九隅无遗）并企图取代炎帝在炎帝氏族中的最高统治地位。

根据《逸周书》的记载，蚩尤与炎帝本是同一个氏族集团的核心成员，"神农氏衰"的主要原因是以蚩尤为首的部族在强大起来后不再服从炎帝的统治，并且企图取而代之，从而导致了内战的发生。蚩尤部族崛起造成的枝强干弱的态势最终削弱了炎帝在氏族集团中的统治力量，这是导致"神农氏衰"最主要的因素。

《逸周书》外，当代学者景明在《神农氏·炎帝》一书中认为：

"神农氏衰"的原因，并不是炎帝暴虐；其真实的原因，我们从零星的古代资料中可以大致复原出来：炎帝为部落联盟首领时，在渭河流域曾发生了一次威胁各部落的大灾害，在这一灾害中，整个部落联盟受到了较大的损失，而当时的有熊氏由于地处较北，未受到较大的损害，逐渐兴盛、强大了起来。

那么对炎帝部落联盟带来危害的灾害是什么呢？

对于原始人来说，人们最难抗御的两大危害是水患与火灾。茂密的原始森林所引起的火灾是当时人们无法抵御的。而在关中西部的渭河流域，在公元前4000年左右，原始森林是十分茂密的。南面的秦岭，北部的黄土台原上到处是郁郁葱葱的森林，河谷两边的灌木、草丛也十分茂盛，在这种情况下，森林起火后，那将是无法抗御的毁灭性的灾害，而这种惨景，在炎帝时代，却降临在这里的姜姓部落的头上。①

前面引述《文子·上义》有"赤帝为火灾，故黄帝擒之"的说法。在神农氏时代的数千年中，自然灾害肯定不少，发生无法抵御的火灾是有可能的。如果这种推理成立的话，那么"神农氏衰"的原因就比较清楚了，因为天然火灾而导致的生存危机，炎帝氏族衰微；蚩尤一部趁机崛起，又破坏了神农氏时代原有的社会正常秩序，在天灾人祸面前，炎帝氏族终于走出了"至德之世"，"神农氏衰"客观上已不可避免。

"蚩尤争帝"是否成功，即蚩尤是否成了炎帝氏族的最高首领呢？古籍文献的说法不一。《世本·作篇》宋衷注谓："蚩尤，神农臣也。"臣，大也。宋衷注在此可能是揭示蚩尤在炎帝族中的实际地位，亦有可能是指蚩尤部族的强大。炎帝姜姓，本为羊图腾，但皇甫谧在《帝王世纪》中却说炎帝为"人身牛首"，即牛图腾，而蚩尤则为牛图腾，这之间有没有反映出一些信息联系呢？或许，"人身牛首"的炎帝就是蚩尤。如果这样解释的话，就说明蚩尤很可能曾经一度夺权成功，在短暂时期内用军事力量来统治与震慑当时炎帝氏族的各部族。

---

① 景明著：《神农氏·炎帝》，西北大学出版社1993年版，第119页。

又，《史记·集解》卷一："应劭曰：'蚩尤，古天子。'瓒曰：《孔子三朝记》曰：'蚩尤，庶人之贪者'"，《史记索隐》卷一："按此纪云'诸侯相侵伐，蚩尤最为暴'，则蚩尤非为天子也。又《管子》曰：'蚩尤受占山之金，而作五兵。'明非庶人，盖诸侯号也。"这些都是用后人的话解释上古的事情。应劭说是"古天子"，可能是注意到蚩尤一度也被称为"炎帝"。儒家说蚩尤是"庶人之贪者"，大约是《尚书正义·吕刑》"王曰：'若古有训，蚩尤惟始作乱，延及于平民……罔不寇贼鸱义，奸宄夺攘矫虔。'"而言。因此《路史·后纪四》所谓"蚩尤，炎帝之后，恃亲强恣，逐帝而自立，篡号炎帝"的观点大致接近历史的真相。

二、涿鹿大战：炎黄与蚩尤的战争

蚩尤与炎帝之争，属于炎帝氏族的内争，但在蚩尤战败炎帝一度取代炎帝统治地位后，炎帝还拥有一定的声威和力量。鉴于蚩尤势大，炎帝不得不求助在当时炎帝氏族集团之外新崛起的一个氏族集团——轩辕氏首领黄帝，遂有了后来历史上"黄帝战蚩尤"的著名传说。黄帝战败蚩尤后，乘胜利之机，继续征伐不服从的部落，最终结束了神农氏时代末期战乱不已、割据混乱的局面，而开辟出了一个新的时代——黄帝时代。

关于黄帝与蚩尤的战争，我们仍然援引《逸周书·尝麦解》中的资料深入进行分析：

> 赤帝大慑，乃说于黄帝，执蚩尤，杀之于中冀，以甲兵释怒。用大正，顺天思序，纪于大帝，用名之曰绝辔之野。乃命少昊清司马鸟师，以正五帝之官，故名曰质。天用大成，至于今不乱。

前面已经说过，因为"蚩尤乃逐帝，争于涿鹿之阿，九隅无遗"，于是便有了炎帝恐惧（赤帝大慑），不得不向黄帝轩辕氏部族求援（乃说于黄帝）的事情。在这种情势下，黄帝与炎帝联合，出兵擒拿蚩尤（执蚩尤），将他杀死在中冀（杀之于中冀），顺天应民，以战争的方式来结束战争（以甲兵释怒）。黄帝于是大正天下，顺应天命，建立了新的统治秩序（用大正，顺天思序），祭告上天，并将其地命名为"绝辔之野"（纪于大帝，用名之曰绝辔之野）。同时又任命少昊清统领鸟图腾氏族集团（乃命少昊清司马鸟师），以拨正五方之官，使处于东方（以正五帝之官），所以仍叫作"少昊鸷"（故名曰质——质为"鸷"之借字）。这样，黄帝顺应天命结束炎帝统治而建立起新的政治社会秩序，传承至今而不乱（天用大成，至于今不乱）。

上述材料说明，黄帝出兵征伐蚩尤部族，是在炎帝氏族的最高首领炎帝权威受到挑战，部族内乱，蚩尤势大，炎帝不得已求助于黄帝的大背景下发生的。最后炎黄合作，才最终战败蚩尤。

在《逸周书·史记解》中又称蚩尤为阪泉氏：

> 昔阪泉氏用兵无已，诛战不休，并兼无亲，文无所立，智士寒心，徙居至于独鹿，诸侯畔之，阪泉以亡。

"独鹿"即涿鹿。司马迁在《史记·五帝本纪》中说黄帝与蚩尤大战之地在涿鹿，即今河北涿鹿县。蚩尤前有"登九淖以伐空桑"侵少昊事，后又有"逐帝"于涿鹿事，故谓其"诛战不休"是说得通的。然则《逸周书·史记解》以阪泉为族名，认为阪泉氏即是蚩尤部族的异称，其言阪泉氏"徙居至于独鹿"，表明蚩尤是先占领阪泉进而向涿鹿进军的。同时，也反映出另一个信息，即"阪泉"很可能就是蚩尤部族的核心之地。这说明当时的历史真相很可能是，蚩尤因为占据少昊部族的地盘而力量强大起来，进而驱逐炎帝的其他力量进驻阪泉成为阪泉的新主人，然后又挥师涿鹿，准备一战而胜彻底取代炎帝在炎帝氏族中的最高统治地位。但是，当时天下形势，炎帝神农氏的旧有政治秩序已经不可能再继续维持下去，"智士寒心""诸侯畔之"的乱象已成，客观形势的发展变化预示着蚩尤代替炎帝重新收拾旧河山的目标不可能实现。这主要是因为：除蚩尤与炎帝的角逐外，当时还有一个更为强大的新生力量——有熊国轩辕氏崛起并在时局的动荡中越来越起到了决定性的作用。

三、炎黄结盟：炎黄合作开辟新时代

前面说过，在蚩尤与炎帝之争呈胶着状态下，新崛起的黄帝轩辕氏集团成为打破各方平衡最终逐鹿天下的最强大的军事和政治力量。炎帝向黄帝求援，黄帝出兵，炎黄合作打败蚩尤。进而，黄帝挟战胜之威，继续扫荡不服从其统治的各氏族部落。在"诸侯咸尊轩辕为天子"、天下归心的局面下，黄帝成为新时代新秩序的最高统治者——天下共主，以此为标志，炎帝神农氏时代结束，黄帝时代出现。

《史记·五帝本纪》：

> 轩辕之时，神农氏世衰。诸侯相侵伐，暴虐百姓，而神农氏弗能征。于是轩辕乃习用干戈，以征不享，诸侯咸来宾从……咸尊轩辕为天子，代神农氏，是为黄帝。

《帝王世纪·自皇古至五帝》：

> 神农氏衰，蚩尤氏叛，不用帝命。黄帝于是修德抚民……讨蚩尤氏，禽之于涿鹿之野。诸侯有不服者，从而征之。凡五十二战，而天下大服。

《云笈七签》卷七十九：

> 黄帝征师诸侯，与蚩尤战于涿鹿之野，遂擒之，诸侯咸宗轩辕为天子，代神农氏，是为黄帝。

《盐铁论·结和篇》：

> 轩辕战涿鹿，杀两皥、蚩尤而为帝。

两皥，即两昊，指太昊和少昊。黄帝与蚩尤的上古大战，是黄帝、炎帝联合为一方，蚩尤和太昊、少昊为另一方的战争，故黄帝既杀太昊和少昊，又杀蚩尤。

不过,《逸周书·尝麦解》则言黄帝在胜利后并没有杀死少昊,而是任命少昊清继续统领鸟图腾部落的东夷集团,为他镇守东方。《逸周书》是目前发现的记载上古炎黄与蚩尤大战的最早的史籍,权威性与可靠性应在汉人著述《盐铁论》之上,故本书同时列出了两种互相矛盾的观点,只是为开阔读者思路,仍然以《逸周书》记述为结论。黄帝是中国历史上最早的一位大政治家、大军事家,他之所以能够战败蚩尤、取代炎帝的统治地位而开创出新朝新秩序,与他恩威并施政治策略的成功实施有很大的关系。

总结上述文献的种种记述,至少可以发现这样几条信息:(1)蚩尤称帝是失败了的。(2)蚩尤的失败,是因为炎帝、黄帝联合后力量强大的缘故。(3)以上古涿鹿大战的结局为标志,炎帝统治时代结束。

诸多上古神话与历史传说记载均表明,蚩尤被杀后,在炎帝氏族中,不服从黄帝统治秩序的仍然大有人在,如夸父部族、刑天部族的对抗即是典型的案例。

在《山海经》的《大荒东经》和《大荒北经》中,一则称"应龙杀蚩尤与夸父",一则称"应龙已杀蚩尤,又杀夸父"。《山海经》将夸父与蚩尤并举,知夸父必然也是黄帝建立新秩序的反对者。夸父之加入这场战争,与《海内经》及《大荒北经》所记夸父为炎帝族裔而不服从黄帝统治或有一定的关系。

另外,据《山海经·海外西经》记载,刑天也是反对黄帝统一与建立新秩序的炎帝氏族的首领之一。他和黄帝斗争失败,被黄帝砍掉了脑袋,将他的脑袋埋葬在常羊山,于是无头的刑天,便用两乳做眼睛,用肚脐做嘴巴,左手拿盾,右手拿大斧,愤怒地在那里挥舞不息,死后也不向黄帝屈服。这说明黄帝的统一战争是十分艰苦卓绝的。"刑天"又作"邢夭",《路史·后纪三》云:"(炎帝神农氏)乃命邢夭作《扶犁》之乐,制《丰年》之咏,以荐釐来,是曰《下谋》。"可见,刑天似乎是炎帝神农氏的属臣或者炎帝氏族联盟下的一个部落的首领。他或许是不满于黄帝代替炎帝而统治天下,或许是不满于黄帝的统一战争,因而成为与黄帝死扛到底的对抗派的代表。

黄帝在擒杀蚩尤后,又继续征伐其他不服从的氏族部落,很多次艰苦的征战与兼并，才最终开启了中华民族历史上初具大一统雏形及意义的政治新格局。

　　总之，经过上古大战，炎族、黄族融合的步伐大大加速，从而奠定了中华民族的前身——华夏族形成的基础。黄帝、炎帝与蚩尤的战争，经司马迁"非好学深思，心知其意，固难为浅见寡闻道也"的严谨审视，载入《史记·五帝本纪》中。司马迁很重视黄帝、炎帝与蚩尤等部族之间战争的意义，他认为，正是由于黄帝战胜了蚩尤等破坏秩序者并开始统一分散、混战、动荡不安的黄河中下游诸族邦部落，开启了中华民族大一统文明之先河，才最终迎来了华夏政治文明的曙光。炎黄合作与蚩尤等部族的大战，奠定了黄帝氏族在中原部族中的统治地位。更重要的是，在统一、兼并战争过程中，黄帝将众多分散、独立的部族兼并融合成一个相对合作与互利共存的部落联盟体，这应是中国最早的一种政权形态，为中华民族政治与文化的形成和发展奠定了基础，由此开创了中华民族多元一体的大融合、大统一、大发展的历史新时代。

　　司马迁说，经过多年致力于统一大业，黄帝力量，"东至于海，登丸山，及岱宗。西至于空桐，登鸡头。南至于江，登熊、湘。北逐荤粥，合符釜山，而邑于涿鹿之阿"[①]。政治上，经过黄帝对炎帝氏族蚩尤、夸父、刑天等部族的统一战争，东至东海，西抵陇山的崆峒山，南到熊耳山，北至河北涿鹿，这广大地域都已经成了华夏族政治、经济与文化活动的场所，统一的部落联盟制度也已初步建立起来。经济上，各部族在黄帝治理下日益走上以农牧业为主的传统农业发展之路。科技文化上，特别是天文学方面达到了由统一政权领导组织、有固定地点、有专职人员观测并定期报告的较高水准。文字也因仓颉等人的努力而达到相对统一。部族间的融合必然会促使早期华夏政治文明飞跃发展，使中华民族的政治文化从一开始就形成一种以兼容并包、团结统一、协和天下、积极进取等为核心理念的优良传统。这种大一统的政治传统和文化传统，正是在黄帝取代炎帝统治后逐渐形成和完善起来的。

―――――――――

① 《史记·五帝本纪》。

四、和而不同：炎黄文化的区别和联系

严格而言，炎帝文化与黄帝文化应该属于两个不同的文化系统，黄帝文化中包含有炎帝文化的积极成分，炎帝文化则是黄帝文化奠基与发展的基础，二者既有区别亦有联系。

从内涵上看，炎帝文化是以经济文化为核心，以农业、医药等民生文化为要义；黄帝文化在关心民生的同时，则是以强大军事力量为后盾的政治文化建设为核心。

从文献史料上分析，炎帝文化与黄帝文化的区别主要表现在：

1. 炎帝文化的内涵与外延

（1）炎帝文化是在伏羲氏、燧人氏文化的基础上形成的，含有伏羲氏、燧人氏文化的积极因子。

（2）炎帝氏族是一种比较松散的经济文化的社会组织，起码在神农氏时代的前中期是这样。

（3）炎帝文化是以发展农耕文化为中心的。

（4）炎帝开启了日中为市的交易市场，使炎帝文化具有初级商贸文化的性质。

（5）炎帝文化的核心集中在开发民生经济与保障民众健康等方面。

（6）炎帝氏族的活动地域非常广泛，活动的核心地区在黄河流域与长江流域，南过珠江流域，北达辽河、大漠南北，足迹遍及中华大地，分布特点呈满天繁星状。

（7）炎帝文化中包含有农耕文化，以火、龙、牛、羊、凤凰鸟等为主的图腾，连山易，以"琴德"为内容的教化文化等因素。

（8）炎帝氏族的活动区域主要集中在长江流域与黄河流域，在文化特征上更多地体现为兼容南北的特色。

（9）神农氏时代（末期除外）没有阶级、没有剥削、没有战争，氏族首领无偿

为大众服务，氏族成员和谐共处，简单而质朴。由炎帝氏族的生产与生活浓缩而成的炎帝文化和炎帝精神，对中华民族的文化肇兴作出了极大的贡献。

（10）炎帝神农氏是炎帝文化的集中代表。炎帝文化的很多内容可以从历史文献对炎帝神农氏的记载与刻画中觅见身影。

2. 黄帝文化的内涵与外延

（1）黄帝文化是在炎帝文化的基础上发展而成的。

（2）黄帝部族前期的生活方式是以游牧流动为特征，可谓"马上民族"，富有娴熟弓马、擅长征战的气息。

（3）黄帝部族是一种初具军政合一性质的政权组织，崇尚力量和秩序，具有比较严密的军政控制系统与强大的征战能力。

（4）黄帝文化是以实现华夏早期政治、军事统一、防止分裂、建立新政权新秩序为中心的。

（5）黄帝文化同样重视民生，"在有熊部落方国之内，一面教民广播百谷草木，垦荒生产，努力增加物质财富，以安抚百姓"。[1]

（6）黄帝文化的核心集中体现在创建大一统的政治、文化、社会秩序及重视建设治理文化等方面。

（7）黄帝部族的活动区域也包括黄河流域与长江流域等地区，但更集中表现为中原地区。

（8）中华上古政治文明的源头可溯到炎黄时代，由炎黄等氏族部落联手开创，肇始于炎帝时代，到黄帝时代出现了质的飞跃，其对中国传统国家的形成以及政治制度和文化建设均有至关重要之影响。

（9）黄帝氏族以"云"为官，初步具有了"政府"的雏形，明显已经进入了阶级与城邦形成的时代。

（10）黄帝文化具有"农战"文化的特色，对后世法家政治影响颇深。

---

[1]　王德蓉、曹敬庄、邓玲玲主编：《炎帝与中华文化》，人民出版社1994年版，第42页。

3. 炎黄所处的时代环境有很大的差异

炎帝时代是"刑政不用而治，甲兵不起而王"的上古氏族全盛的"至德之隆"阶段，而黄帝时代则是面临剧烈"时变"的时期，不得不"外用甲兵，内行刀锯"，出现了征服他族的兼并战争以及早期政权的雏形。

炎帝文化与黄帝文化的联系主要表现在：

其一，无论是炎帝文化还是黄帝文化都与少典氏部族及有蟜氏部族有着重要的渊源关系，也就是说二者同根同宗，共同成为中华民族之始祖。

其二，无论是炎帝文化还是黄帝文化都继承并发展了伏羲氏、燧人氏时代的文化精髓，如完善八卦、用火技术以及以琴瑟和谐为代表的天人合一、礼乐教化等文化因素，成为中华文化的源头。

其三，无论是炎帝还是黄帝，都重视民生建设，皆以民为本。

其四，炎帝氏族与黄帝部族皆以奋斗、进取、开拓、创新、团结、合作、交流、融合、共同发展、实干为核心精神追求，以此奠定了早期中华民族的前身——华夏族形成和发展的基础。

总的来说，神农氏时代尚不具备国家、阶级与私有制产生的条件，如果从国家学说角度看，炎帝文化颇具有民间文化特质，属于平民政治类型的朴素大同社会性质；而黄帝文化则可以称之为建国文化，或者说是以探索政治文明为核心的关于国家政权建设的一种新型文化，中华文明初期的贵族政治实由其开端。炎帝文化呈现出朴实、恬淡、和谐、勤劳、坤德等风格，多表现在人与大自然的抗争及人与人之间关系的和谐相处等以民生为核心方面；而黄帝文化则更具阳刚、张扬、进取、开拓、乾德等个性，更多表现在对人间政治大道、政治秩序、民生问题及社会管理的探索、建设等上面。无论是炎帝文化还是黄帝文化，都是中华文明起源时期的重要成果。

第六章　魂归何乡：炎帝寝地之谜

炎帝神农氏因其发明耒耜、种植五谷、尝草医人等盛德厚功而为世人所缅怀。凡炎帝氏族足迹所履之地，莫不尊崇炎帝神农氏，建陵立庙祭祀乃是自然而然。迄今为止，炎帝神农氏的陵地遗存，主要有湖南省株洲市炎陵县的炎帝陵、山西省高平市庄里村的炎帝陵以及陕西省宝鸡市渭滨区神农乡的炎帝陵等。查寻历史文献记载，时间最悠久、陵寝规模最大且为宋代以来历代帝王与官方最重视者则当属湖南省株洲市炎陵县的炎帝陵。自宋乾德五年（967 年）朝廷重修炎帝陵后至清朝末年，湖南炎帝陵一直成为历代帝王及地方官府祭祀炎帝神农氏的主要场所，宋元明清各代帝王遣官祭祀炎帝陵达 200 多次，千余年来香火不断。炎帝陵是中华文明的发祥地标、中华民族的精神丰碑、炎黄子孙的情感纽带、实现中华民族伟大复兴的动力源泉。

一、纷纭不断：文献典籍说葬地

炎帝神农氏魂归何乡？

也就是说，这位人文始祖的最后归宿地在哪里呢？

数千年来，炎帝陵墓何在？人云亦云，纷纭不断，然最有权威的根据还是要靠史籍文献的记载及考古发掘成果来证明。

就目前所知，现存炎帝神农氏的陵寝之地，著名的有湖南省株洲市炎陵县的炎帝陵、山西省高平市庄里村的炎帝陵以及陕西省宝鸡市渭滨区神农乡的炎帝陵。另外，还有少为人知、文献记载亦甚少提及的河南省商丘市柘城县的炎帝陵等。

其一，湖南炎帝陵。

迄今为止，从史籍记载的时间先后顺序来看，湖南炎帝陵是有先秦文献明确记载的炎帝神农氏的寝地。

战国时期魏国史官编录的《竹书纪年·统笺·前编》说：

> 少典之君，娶于有蟜氏之女，曰安登，生神农……在位一百四十年，陟于长沙之茶乡。

这则材料十分重要，不仅是因为这则材料为战国史官所记述，更主要是因为它告诉了我们以下几条重要信息：（1）烈山氏即是炎帝神农氏。烈山氏、厉山氏与连山氏同音同意，今有湘西地区湖南会同炎帝连山故里说；（2）炎帝与"少典氏"及"有蟜氏"两个氏族具有极深的血脉渊源关系；（3）烈山氏"陟于长沙之茶乡"。这条信息最关键，说明炎帝氏族确实曾在湖南东部、东南部一带生产和活动过，炎帝去世后安葬于此地。可见，说湖南炎帝陵是炎帝神农氏之寝地不是没有文献根据的。

《竹书纪年》为战国时期魏国史官所编录，从时间上看，应该具有权威性，它是目前所发现的最早记载炎帝神农氏与湖南"茶乡"有关系的史籍。指出这一点很有必要，因为在湖南地方志编纂委员会所编的《炎帝陵》中说："晋之前的史籍中，尚未发现有关于炎帝陵寝之所在的记载。炎帝陵最早见之于史籍记载的是晋代皇甫谧所著的《帝王世纪》。"[1] 而根据《竹书纪年》的记载，又可将有关炎帝陵的历史往前推好几百年。西晋皇甫谧《帝王世纪》关于炎帝神农氏"葬长沙"的记载明显要比《竹书纪年》晚得多，应该是沿用《竹书纪年》的说法。

此后，历代诸多史籍文献的记载也认同《竹书纪年》的说法，即炎帝神农氏"陟于长沙之茶乡"，湖南"长沙茶乡之尾"即现在湖南省株洲市炎陵县的炎帝陵应是炎帝神农氏的重要寝地。

继西晋皇甫谧《帝王世纪》言"神农葬茶陵"之后，唐司马贞撰《史记·补三皇本纪》又说炎帝"崩，葬长沙。"

据《酃县志》记载，五代十国后晋时期，朝廷曾派春官（礼部）尚书欧阳林启赴酃县（当时属茶陵）领祭炎帝陵，这是目前已知最早的朝廷对炎帝陵的认定。[2]

至于比较详细记述炎帝葬酃县（今炎陵县）的史料则已经是宋代的事情了。

根据古籍记载，宋乾德五年（967 年），宋太祖赵匡胤在"长沙之尾"茶陵县南100 里处的康乐乡访得炎帝陵，旋即修建陵庙，于是炎帝安葬之地遂有了具体的地点。宋《新定九域志》在"衡州府古迹"条中列举了"炎帝庙及陵"；王象之《舆地纪胜》亦记载："炎帝墓，在茶陵县南一百里，康乐乡白鹿原。"这是至宋代时史籍中关于炎帝陵地址的最具体的记载。在王象之写这部地理总志时，炎帝陵尚在茶陵县内。可以认为：茶陵之称，是因炎帝神农氏曾在这里种茶、饮茶及安葬在这里而得名的。

宋淳熙十四年（1187 年）正月乙卯日，《路史》作者罗泌偕子罗苹亲诣炎帝陵考察，并将其所见所闻记入《路史·后纪三》：

> ［炎帝］崩，葬长沙茶乡之尾，是日茶陵，所谓天子墓者（《郡国志》云炎帝神农氏，葬长沙，长沙之尾东至江夏，谓之沙羡，今郡有万里沙祠，故日

---

① 湖南省地方志编纂委员会编：《炎帝陵志》，湖南人民出版社 2019 年版，第 10 页。
② 参见酃县志编纂委员会编：《酃县志》，中国社会出版社 1994 年版，第 443 页。

长沙。《世纪》云神农葬茶陵。《衡图经》云茶陵者，所谓山谷生茶名也；地有陵名者，皆以古帝王之墓，竟陵、零陵、江陵之类是矣。炎陵，今在麻陂，林木茂密，数里不可入，石麟石土，两杉苍然，逾四十围，两杉而上陵也，前正两紫金岭。丁未春，予至焉。寓人云年常有气出之，今数载无矣。所葬，代云衣冠。赤眉时，人虑发掘，夷之。陵下龙潭，传石上古有铜碑陷入焉。《五行书》云神农丁亥日死，丁未日葬）。有唐尝奉祠焉（有唐代旧记）。太祖抚运，梦感见帝，于是驰节夐求，得诸南方，爰即貌祀，时序隆三献（庙在康乐乡鹿原陂上，乾德五年建，太平兴国中，将事官覆舟，惮险，奏徙。县南隔庙，有胡真官殿，云帝之从臣，帝病，告以当葬南方，视旗所蠹，遇峤即止，因葬于兹，今中途峤梁岭也。梁坑，有辙迹。淳熙十三年，予请守臣刘清之奏：于陵近复置庙，乞以陵前唐兴敝寺为之。谓佛殿其中而炎帝殿乎其旁，不惟不正，而三五之时，初未尝有西方之教。君从之，即命军使成其事，未竟而去）。[1]

两年后，即宋淳熙十六年（1189年）冬，宋左丞相周必大（周益公）退避乡里，以炎帝陵之事专访罗泌。罗泌告诉他："盛德在火，不刊之祀。其帝炎帝，其神祝融，此实司南方者。是故炎墓茶乡，而祝融墓于衡山。"[2]

宋嘉定四年（1211年），荆湖安抚使曹彦约平定黑风洞（峒）瑶汉农民起义之后，以"诸洞（峒）辽远，难于控制"，奏准析茶陵县之南三乡（康乐、霞阳、常平）设酃县，初隶衡州府茶陵军，后隶衡州路、府。

《宋会要辑稿·礼三八》记载：乾德四年（966年），皇帝诏曰："历代帝王，或功济生民，或道光史载，垂于祀典，厥惟旧章。兵兴以来，日不暇给。有司废职，因循旷堕……其太昊，葬宛丘，在陈州；女娲，葬赵城县东南，在晋州；炎帝，葬长沙，在潭州；黄帝，葬桥山，在坊州……十六帝，各给守陵五户，蠲其他役，长

---

[1]　万里、刘凡弟、周小喜辑校：《炎帝历史文献选编》，湖南大学出版社2012年版，第108—109页。
[2]　《路史·国名纪三》。

吏春秋奉祀。"①

元朝马端临在《文献通考·王礼考十八·山陵》中说:"炎帝葬长沙。在潭州。"

明朝王圻撰《续文献通考》卷八五:"炎帝陵在衡州茶陵县。"明朝李贤《明一统志》卷六十四《衡州府·酃县》记载:"炎帝陵,在酃县康乐乡。"清朝顾祖禹《读史方舆纪要》卷八十《湖广·长沙府》曰:"茶陵州,云阳山……炎帝葬于茶山之野。茶山即云阳山,以陵谷间多生茶茗,故名也。州南百里有白鹿原,相传即炎帝葬处。"

据《明会要》卷十一记载,洪武四年(1371年),朝廷对历代帝王陵重新进行认定:"礼部定议,合祀帝王三十五。""在湖广者二,酃祀神农,宁远祀虞舜"②。

据《钦定大清会典事例》卷四百三十五记载:顺治元年(1644年),朝廷对历代帝王陵重新进行认定:"帝王陵寝,顺治初年定:河南淮宁县祭太昊伏羲氏陵,山西赵城县祭女娲氏陵,湖南酃县祭炎帝神农氏陵,陕西中部县祭黄帝轩辕氏陵……每岁以春秋仲月致祭。"③

[清同治]《酃县志·卷二·沿革》:

> 史称炎帝葬于长沙之茶乡,即今酃县地。上古由汉有乡名也,至三国吴,而酃始名为县,至宋嘉定而茶始析为酃。旧志沿革,溯从卜世记载究无考,今仿省志及茶志例,断自两汉,盖谓茶之沿革,亦酃之沿革也。

[清同治]《酃县志·卷四·陵庙》:

> 炎帝神农氏陵,在县西三十里。史记:帝崩长沙之茶乡(即邑西康乐乡)。宋罗泌《路史》云:帝葬长沙茶乡之尾,是曰茶陵,所谓天子墓者。有宋太祖梦感见帝,于是驰节夐求,得诸南方。《图经》云:炎陵今在麻(疑鹿)陂,林

---

① 刘琳等校点:《宋会要辑稿》,上海古籍出版社2014年版,第1603页。
② [清]龙文彬编纂:《明会要》,中华书局1956年版,第170页。
③ [清]昆冈等编纂:《钦定大清会典事例》光绪重修版,卷四三五。

子（疑木）茂密数里不可入，石麟、石马，两杉苍然，逾四十围。《舆地纪胜》云：炎帝墓，在茶陵县南一百里康乐乡白鹿原，乾德五年（967年），始访得。《衡湘稽古》云：宋割茶陵地为酃县，隶衡州府，故今酃县康乐乡有炎陵。

[清光绪]《湖南通志·卷末之一·杂志》：

炎帝神农氏崩，葬长沙茶乡之尾，是曰茶陵，所谓天子墓者。炎陵今在麻陂，林木茂密，数里不可入，两杉苍然，逾四十围，两杉而上陵也。前正面紫金岭，丁未春予至焉，寓人云，年常有气出之，今数载无矣。所葬代云衣冠。赤眉时，人虑发掘，夷之。陵下龙潭，传石上古有铜碑陷入焉。《五行书》云：神农丁亥日死，丁未日葬。

[清]王万澍《衡湘稽古》卷一：

（神农氏）葬茶陵。茶陵，属长沙也，至宋，割茶陵地为酃县，属衡州。炎陵在酃县。

其二，高平市炎帝陵。

高平炎帝陵位于今山西省高平市东北的羊头山庄里村。

诸多文献典籍均说明，炎帝氏族的兴盛，与中原地区的三晋之地有密切的关系。历代文献多有炎帝氏族东迁后，炎帝曾在伊、耆建国的记载。除了本书第三章所收录明朝朱载堉《乐律全书·律学新说·审度篇》附录《羊头山新记》全文对此记述颇详外，主要史籍尚有《竹书纪年·统笺》：炎帝神农氏，"其初国伊，继国耆，合而称之又号伊耆氏"。明陈士元撰《名疑》卷一曰："炎帝神农氏，姓伊祈，一作伊耆。"清同治六年（1867年）山西《高平县志·卷三·祠祀·陵墓》记载："邑陵墓则炎帝陵，在换马村。帝陵，故在湖南酃县康乐乡。此盖其虚冢也。"

其三，宝鸡市炎帝陵。

宝鸡古名陈仓，传说为炎帝故里，后人在此建陵祭祀缅怀先祖炎帝本是件十分自然的事情。按理说，宝鸡既然为炎帝文化重要的发祥地，炎帝神农氏的陵寝应该在渭水流域一带留有其踪迹，然遍览古代文献典籍，除《史记·封禅书》有秦灵公三年（公元前 422 年）"秦灵公作吴阳上畤，祭黄帝；作下畤，祭炎帝"以及《路史·后记四》所言黄帝"而崇炎帝之祀于陈"等记载外，却找不到其他有关炎帝神农氏葬于此地的更早更明确的记载，就连明朝嘉靖年间编撰的《陕西通志》，也说炎帝神农氏"崩，葬于长沙"。不过，虽然古籍文献没有明确记载炎帝神农氏葬地在宝鸡，然宝鸡既为炎帝故里，且民间长期有"炎帝于天台山采药中毒逝世"[1]的传说，这里当与炎帝文化有一定的渊源。据陕西省地方志编纂委员会所编的《炎帝志》记载，今日宝鸡之所祭祀炎帝的陵寝，是 20 世纪末（1992 年 12 月至 1993 年 4 月）当地政府在唐代遗址（今宝鸡姜水东岸的常羊山）基础上重建而成的。"常羊山东南山脚下，是濛峪沟，民间传说炎帝就诞生在这条沟里。距市区 20 公里的地方，是传说炎帝误尝断肠草，不幸遇难的所在地——天台山。至今这里还留有许多传说炎帝当年采药的遗迹。"[2]

总之，迄今为止，历史上最早有文献记载炎帝神农氏的葬地是"长沙之茶乡"，即今湖南省株洲市炎陵县一带。其地战国时属楚，秦属长沙郡，汉属长沙国所辖茶陵县康乐乡。古籍所言"葬长沙茶乡""长沙茶乡之尾"，应该是没有问题的。至于高平、宝鸡等地的炎帝陵寝，多出现在唐宋以后的文献及当地的地方志中，没有明确文献记载表明它们的时间早于湖南炎帝陵。"华夏同始祖，天下共炎帝。"始祖大家祭，宝鸡是姜姓炎帝故里，高平曾为炎帝族裔发迹之地，两地建陵纪念炎帝神农氏也是合情合理的。

---

[1] 陕西省地方志编纂委员会编：《陕西省志·炎帝志》，三秦出版社 2009 年版，第 116 页。

[2] 陕西省地方志编纂委员会编：《陕西省志·炎帝志》，三秦出版社 2009 年版，第 116 页。

二、资料新证：考古发掘说葬地

近现代考古发掘的成果，也可以作为考察炎帝寝地的参考依据。

1. 湘东南地区炎帝寝地的考古学依据

自 20 世纪 80 年代以来，随着湖南独岭坳、磨山等上古遗址被相继发现，证明了上古湘江流域的农耕文化与炎帝文化具有密切的关系。

《炎黄汇典·考古卷》说：

> 以中国目前发现的考古资料分析，在湖南道县玉蟾岩洞穴遗址，1993 年发掘出土的稻谷，经鉴定为普遍野生稻，并有人类初期干预的痕迹。1995 年出土的稻谷，经鉴定为栽培稻，但兼备野、籼、粳的特征，是一种由野生稻向栽培稻演化的古栽培稻类型。这一重大发现，把人类种植水稻的历史提前到距今一万年以前。当时的生产工具主要是石制品和骨、角、牙、蚌等制品。石制品全属打制，加工技术简单，制作粗糙。器型有石核、石片、砍砸器、刮削器、切割器、锄形器、石刀等。这些石器以中小型为主，缺乏细小石器。它的石器风格，与岭南地区全新世早期的广东阳春县独石仔等洞穴遗址发现的石器相类同，除石器外，还有骨铲等，并且还发现十分原始的陶片。因此，研究者认为玉蟾岩洞穴遗址的发掘，为探讨旧石器文化向新石器文化的转化，提供了重要的新资料。[1]

据株洲文物考古资料，独岭坳遗址与磨山遗址都是湘江中上游地区迄今为止发掘的保存较完好的史前聚落遗址。独岭坳遗址位于株洲市茶陵县界首镇，现存面积约 2000 平方米，有文化包含物的土层厚度在 30 至 250 厘米。独岭坳一期文化发现有人工栽培的大量碳化稻谷，经鉴定为距今约 7000 年的人工栽培水稻，与茶陵湖

---

[1] 李学勤、张岂之总主编，吴汝祚主编：《炎黄汇典·考古卷》，吉林文史出版社 2002 年版，第 10 页。

里湿地现存野生稻具有基因上的传承关系。① "说明株洲地区农耕文明的历史至少已有 7000 年。陶器烧制技术已较成熟。"② 磨山遗址位于株洲市渌口区仙井乡黄霞垅村，1986 年第二次全国文物普查时发现，1987 年 8 月发掘。据碳 14 测定，距今 6500—6000 年，属于新石器时代文化中期，在这里发现房址 3 座，发掘墓葬 24 座，出土陶器、石器丰富，且具有地方特色，为一处典型的新石器时代中、晚期农耕聚落遗址，占地面积 30000 平方米。遗址的出土文物表明，在神农氏时代，这里已经存在比较发达的制陶业与房屋居室的遗迹，这都是原始农业已经发展到一定阶段、具有较高水平的产物，表明炎帝氏族与湘东南地区的株洲一带具有密切的关系。既然炎帝氏族在这一带生产、生活过，炎帝神农氏去世后就很有可能葬在这个地区。

2. 高平炎帝寝地的考古学依据

高平位于晋东南地区，是古上党地区的一部分，更是中华文明的早期孕育、发源地之一。散落于这里的上古先民遗产，远可追溯到新石器时代的农耕时期，与炎帝文化有一定的关系。考古资料说明，早在 7300 年前，磁山文化已出现了窖藏粟及石制农业生产工具。磁山文化的考古发现，同上党地区历代相传有关炎帝神农氏于此尝百谷、得嘉禾、制耒耜、始兴稼穑、教民农耕、开创原始农业的种种传说之间正好互相印证，反映了炎帝氏族与上党历史具有密切的关系。尤其是四五千年前，上党地区是黄河中下游龙山文化的重要集中地之一。旧石器时代文化遗址有沁源县花坡、义和，黎城县猫崖洞，潞城县黄龙洞，武乡县楼则峪等；新石器文化遗址则主要分布在晋东南清、浊漳河流域的广大地区，已发现 100 余处，它们构成了远古时期太行山一带文化渊源的主流。山西长治、高平一带的考古遗址，在一定程度上反映了炎帝氏族在晋东南清、浊漳河流域的生产生活情况。③

3. 宝鸡炎帝寝地的考古学依据

---

① 参见周德才主编：《茶陵文化溯源——炎帝神农氏茶陵故乡考》，方志出版社 2011 年版，第 354 页。

② 席道合：《漫谈株洲史前考古学文化》，株洲市博物馆、株洲市考古与博物馆学会编：《株洲市文物考古文集》第一集（内部资料），2013 年印，第 184 页。

③ 参见马志生主编：《炎帝汇典》，华夏出版社 2009 年版，第 465 页。

20世纪80年代北首岭遗址的发现也为宝鸡炎帝文化提供了考古学上的依据。

据考古资料显示，在新石器时代早期的宝鸡，先民居住古遗址有近20处，属老官台文化遗存。已经过科学发掘的以北首岭下层、高家村遗址等为代表，据碳14测定，时间在距今8000年左右。

另外，继老官台文化之后的北首岭文化遗址堪作代表。北首岭文化遗址位于宝鸡市区北部，金陵河、渭河交汇处二级台地上，面积达6000平方米以上。遗址文化堆积层厚达4米，遗址北部地势平坦，是居住区，共有房屋基址50座。南部地势呈缓坡状，是主要墓葬区，共有墓葬451座。另有灰坑75个、陶窑四座、排水沟两道、灶坑两个，出土陶器500余件，生产工具、生活用具、装饰品等5000余件，说明这里居住过比较密集的人群。据碳14测定，遗址分上、中、下三层。早期距今7100±140—6970±145年；中期距今6790±145—6120±140年；晚期距今6035±140—5445±110年。三期之间具有连续性。特别值得一提的是关桃园遗址，其早期不但距今已8000余年，更重要的是在这里发现了神农氏时代的代表性生产工具——骨耜。老官台、北首岭、关桃园文化遗址的时间与神农氏时代的时间基本吻合，可以说明这里曾经是上古一个炎帝氏族——姜姓炎帝氏族生活与生产过的地方。

总体而言，从考古发掘所得的资料成果来看，湖南多地，山西高平、长治，陕西宝鸡，湖北随州等地都发现有比较确切年代的新石器时代上古先民遗址。这些考古成果虽然可以印证神农时代的氏族部落曾在这些地区生产与生活过，这些地区可能是今天所见有遗迹存在的炎帝氏族众多发祥地的数个核心地区，但却无法验证炎帝寝地的准确地点与墓寝主人的真实身份。因此，对于炎帝寝地而言，目前主要还是依靠文献资料的记载来进行确认与说明。

实际上，由于炎帝时代氏族部落"满天繁星"状的分布特点，再加上"由于远古时代祖先下葬时是'不封不树'，人们今天看到的炎黄遗存，无论作为历代国家祭祀场所，或是民间拜祖圣地，没有一个是当时的实际陵墓，都是后来的人造物像。但从民俗学的角度看，凡由地方志书收录记载，或经文人墨客以诗歌传诵，以及由民间故事物化而成的炎黄遗存，都是炎黄二帝（族）曾在那里生存和活动过，是中华民族繁衍生息的土地。有人将如此现象称为中华文明起源的'两河流域'，即黄河流域和长江流域"①，从文化学、历史学的角度看，这样的观点有其客观、合理的成分。炎帝陵的存在既有历史文献的依据，更有文化传承的需要，是客观的存在，对于这一点，我们大可不必存疑。

三、资料新证：史志沿革说陵寝

（一）湖南炎帝陵

湖南炎帝陵位于株洲市炎陵县境之西，背依山原，面滨水陂。古因陵山多鹿，称鹿原陂；又因曾产白鹿，亦称白鹿原。陵墓地理位置距县城 19 公里，距长沙 270 公里。被列为国家重点文物保护单位的面积为 95.69 公顷，保护范围约为 327.43 公顷，以陵园为主体的炎帝陵风景名胜区保护范围为 111.86 平方公里。②这里洣水环流，古树参天，景色秀丽。

关于炎帝陵的建置沿革，一言以蔽之：古已有陵，唐有奉祀，宋建陵庙，清定形制，民国维修，当代整修。③

1. 古已有陵

炎帝陵墓古已有之。精确地址见诸史料的是宋代罗泌所著《路史》。罗泌自注说，鹿原陂在西汉时就已经有炎帝的陵墓。"赤眉时，人虑发掘，夷之。"即西汉末年，绿林、赤眉起义爆发，当地人担心乱兵盗掘炎帝陵墓，乃将陵墓夷为平地，保护起来。

2. 唐有奉祀

《路史·后纪三》记载："有唐尝奉祠焉。"唐代，人们在炎帝陵墓前兴建"唐兴寺"，又名"奉圣寺"，守护炎帝陵，并时有奉祀。

---

① 信阳师范学院《炎黄学概论》编委会编著，李俊、王震中主编，梁枢、姚圣良副主编：《炎黄学概论》，人民出版社 2021 年版，第 408 页。
② 参见湖南省地方志编纂委员会编：《炎帝陵志》，湖南人民出版社 2019 年版，第 68 页。
③ 参见湖南省地方志编纂委员会编：《炎帝陵志》，湖南人民出版社 2019 年版，第 12 页。

3. 宋建陵庙

宋王朝建立后，宋太祖赵匡胤奉炎帝为感生帝，遂遣使遍访天下古陵，于乾德五年（967年）在茶陵县南一百里之康乐乡（今炎陵县塘田乡）鹿原陂觅得炎帝陵墓，"爰即立庙陵前，肖像而祀"。同时，诏禁樵采，置守陵五户，专司管理陵庙职事。宋宁宗嘉定四年（1211年），析茶陵郡之康乐、霞阳、常平三乡置酃县。此后，炎帝陵所在地鹿原陂即属酃县境地，隶属衡州府管辖。

4. 清定形制

雍正十一年（1733年），知县张浚奉文动用国帑，按清王朝公开颁行的古帝王陵殿统一格式重建，陵庙也统称陵殿而正其名。这次修建奠定了炎帝陵殿的基本形制，形成"前三门—行礼亭—正殿—陵寝"四进格局。整座陵殿为仿皇宫建筑，气势恢宏，体现了古代建筑的传统特色。

5. 民国维修

1912年中华民国建立后，因为常年政局动荡，国力衰弱，战乱频繁，炎帝陵的萧条残破可想而知。1939年秋，日本侵略军入侵湖南。为坚持抗战，国民党湖南省政府拟迁炎陵山。在实施搬迁建设过程中，第九战区司令长官兼湖南省政府主席薛岳对炎帝陵进行了一次较大规模的维修，并曾于1940年10月10日举行了祭祀炎帝陵典礼，以鼓舞全省军民团结抗日的士气。

6. 当代整修

中华人民共和国成立后，炎帝陵被列为湖南省重点文物保护单位。1954年除夕之夜，因香客祭祀焚香烛，引燃殿内彩旗，不慎失火，致使炎帝陵正殿和行礼亭被焚。之后，陵殿及其附属建筑又遭破坏，除陵墓外，几乎悉数被夷为平地。

1983年6月，全国人大六届一次会议期间，湖南全国人大代表23人联合提议修复炎帝陵，得到与会代表热烈响应。由省、市两级政府拨出专款和部分群众捐赠资金，1986年6月28日，陵殿修复工程正式破土动工，到1988年10月竣工。重修后的炎帝陵殿，规模较前稍有扩大，整个建筑占地面积3836平方米，分为五进：第一进为前三门，第二进为行礼亭，第三进为主殿，第四进为墓碑亭，第五进为墓冢。

整个建筑金碧辉煌，重檐翘角，气势恢宏，富有民族传统风格。

1994年4月，经国务院批准，将酃县更名为炎陵县。1996年11月，国务院公布炎帝陵为全国重点文物保护单位。从此，"北黄南炎"二陵均成为祭祀与纪念炎黄二帝国家级重点文物保护单位。自2000年起，湖南省又进行了炎帝陵公祭区、圣德林、福林、神农园等建设。至此，炎帝陵陵园建设日臻完善，修复、建设了陵庙区、公祭区、神农园，完善了谒陵、祭祀、缅怀三大功能区的建设。这样，以炎陵和黄陵名县，南有炎陵，北有黄陵，充分表达了"炎黄子孙，不忘始祖"，寻根谒祖，继承和弘扬优秀传统文化的深情。

（二）高平市炎帝陵

高平炎帝陵的具体修建年代，因"造基太古，无文考验"。最早文献记载可见于北宋《太平寰宇记》：羊头山"东南相传为炎帝陵，石甃尚存"。另据明成化年间（1465—1487年）《山西通志》卷五记载：高平炎帝庙在"县北三十五里故关羊头山，元初徙建山下坟侧"。这说明元初对原庙宇进行了扩修，其址就在炎帝的"坟侧"。又据清雍正十三年（1735年）《泽州府志》记载："上古炎帝陵，相传在县北四十里换马镇。帝尝五谷于此，后人思之，乃作陵，陵后有庙，春秋供祀。"

明朱载堉《羊头山新记》记载：羊头山"之东南八里曰故关村，村之东二里曰换马镇，镇东南一里许有古冢垣址，东西广六十步，南北袤百步，松柏茂密，相传为炎帝陵，有石栏、石柱存焉，盖金元物也"。这说明高平的炎帝陵庙经过多年的风雨侵蚀，到明代已仅剩下"垣址"。《羊头山新记》还说："神农冢，天下有二焉，其一在湖广衡州府酃县，载于祀典，每三岁遣官祭；其一即此冢，元成宗大德九年，亦尝遣祭，禁樵采。然南北二冢，相去三千里，世代久远，是否真伪，莫知其详。今此坟侧，有神农庙，有司岁时致祭焉。"这说明，元大德九年（1305年），朝廷曾遣官到羊头山炎帝陵进行祭祀，并下诏禁采樵。元、明时期虽庙宇颓败，但因陵冢尚存，官府仍每年派员祭祀。

另外，明嘉靖年间（1522—1566年）《续修炎帝后妃像增制暖宫记》亦记载："炎帝神农氏陵庙，历代相传，载在祀典，其形势嵯峨，林木深阴久矣，吾邑封内之胜迹。"由此可知，当时炎帝陵庙规模之宏大。

清乾隆四年（1739年），官府对炎帝陵庙进行了一次修缮。清道光年间又补修一次。其规模：陵庙东西100米，南北约170米，占地17000平方米。其格局分成上、下两院，后为炎帝陵墓，四周有围墙。在中轴线上分列有舞台、献台、甬道、正殿、拜亭、钟楼等建筑。

2004年8月至2005年8月，由高平市神农镇人民政府组织，在原炎帝陵址，对陵庙的大殿、厢房、院落进行了整修。现在高平的炎帝陵庙占地5亩，正殿面阔5间，进深3间，前出廊，悬山式屋顶，琉璃脊饰，殿脊中正面刻有"炎帝神农殿"，背面刻有"大明嘉靖六年"。殿脊两端为龙头雕塑。殿檐施彩，墙壁为红色。大殿左右各有两间垛殿。殿内塑有炎帝坐像、供桌、祭品，还遗留有元代以前的断残碑块和雕有元代以前风格图案的石质建筑构件等。殿前有三通碑，上刻祭炎帝文。殿对面为戏楼。大殿两侧各有厢房3间，东厢房现为守陵人居室。厢房明堂摆有供桌，供桌前壁镶有明万历三十九年（1611年）立的"炎帝陵"碑。庙院后面是炎帝陵墓。陵墓有3米多高，周长有30多米。陵地青松挺拔，草木盈冢，巍然有势。[①]

（三）宝鸡市炎帝陵

宝鸡炎帝陵位于宝鸡市南郊清姜河畔的常羊山上，但这是新址。1992年12月15日，宝鸡市选址渭滨区神农镇（原为益门乡）漾峪沟常羊山重修炎帝陵。经过8个多月的紧张施工，1993年8月23日竣工。炎帝陵由陵前区、祭祀区、墓冢区三大部分组成。陵前区由神农门、炎帝行宫等建筑组成，主要建筑有陵冢、炎帝大殿、东西配殿、牌坊、上山车道、步行台阶、石碑等。陵区和祭祀区共占地70亩，建筑面积20000平方米。在陵区、祭祀区栽植雪松、女贞、刺柏及各种灌木等20000多

---

① 参见陕西省地方志编纂委员会编：《陕西省志·炎帝志》，三秦出版社2009年版，第126页。

株，面积达 80000 多平方米。[①]旧炎帝陵远在天台山。传说炎帝于天台山采药中毒去世后，人们为了缅怀炎帝，便在天台山莲花峰修建陵墓和庙宇。具体的修建时间已无从考证，但从其现在留下的遗迹来看，炎帝陵庙可能修建于唐代。天台山庙院留下的遗迹，有半亩多。从至今留有的柱础石看，曾有大殿、山门等建筑物。现在靠原庙址的山崖挖了石洞，里面塑有炎帝像。洞前有块 2 米长的青石板，传说这块青石板曾停放过炎帝的尸骨。在庙院周围，传说还有炎帝的多处遗迹，如炎帝沐浴的神农溪、发明燕麦的燕麦岭、歇脚的神农石、避雨的白马关、"日中为市"的杨家滩，等等，不一而具。

除上述炎帝陵外，还有河南省柘城县城东大仵乡朱堌寺村西北角的炎帝墓冢，墓前有一块石碑，上刻"朱襄氏之墓"。据记载为民国二十九年（1940 年）伪县知事傅静波与日本人金井荣所立。2001 年又立一碑，上刻"炎帝朱襄陵"五个大字。这一古墓，有著作说是上古炎帝陵。[②]历史上，河南曾是炎帝氏族活动频繁的地区，在这里留有炎帝氏族遗迹并不奇怪，但朱襄氏是否炎帝氏族的部落首领尚待考证。因为柘城县"炎帝朱襄陵"规模与影响都较小，本书不作进一步探讨。

总之，上古炎帝氏族的足迹曾经遍及很多地方。今天在湖南炎陵有历史悠久、海内外享名的炎帝陵寝胜地，在山西高平、长治一带有炎帝陵、庙等众多遗迹与民俗传说，在湖北随州有炎帝故居和庙祠，在关中地区宝鸡也有炎帝庙祠与陵寝等名胜，这些都是炎帝氏族在上古时期生产和生活过的核心地区。就各地炎帝陵寝而言，都是无可替代的宝贵历史文化遗产，都有其存在的历史价值和文化意义，因为它们都在不同程度见证了华夏族主体之一的炎帝氏族曾在那里生存、活动过，表明这些地区曾经是中华民族始祖繁衍生息的重要胜地。不过，无论是从历史文献记载的时

---

① 参见陕西省地方志编纂委员会编：《陕西省志·炎帝志》，三秦出版社 2009 年版，第 116、117 页。

② 参见丁雪峰、丁志理著：《溯源：历史与传说中的三皇五帝》，河南大学出版社 2017 年版，第 95 页。

间早晚，抑或是历代帝王的重视程度，抑或是从国务院国发〔1996〕47号文件①认定的古墓葬全国重点文物保护单位来看，湖南省株洲市炎陵县的炎帝陵皆当执中华炎帝陵遗胜之牛耳，传承有序，约定俗成，为海内外炎黄子孙所观瞻，在历年炎黄始祖祭祀中发挥着越来越重要的作用。

---

① 国务院文件〔1996〕47号《第四批全国重点文物保护单位名单》，"古墓葬"部分明确将湖南省炎陵县的炎帝陵列为全国重点文物保护单位。此外，在新中国历史上，党和国家领导人都很关心炎帝陵的传承问题，1986年胡耀邦为炎帝陵题写"炎帝神农氏之墓"，1987年陈云为炎帝陵题写"炎黄子孙，不忘始祖"，1993年江泽民为炎帝陵题写"炎帝陵"以及1994年国务院批准将炎帝陵所在地酃县更名为炎陵县等，都说明了党中央、国务院对炎帝陵历史文化地位的肯定和重视。

第七章　辉煌硕果：炎帝氏族的创造发明

上古新石器时代的农业文明是炎帝氏族最重要的文化标识。炎帝氏族的功绩首在开创中华农耕文明事业。原始农业大约起源于新石器时代早期，以衣食住行为核心特征的物质文化以及精神文化建设，永远是人类生存和发展的基本需要，人类如不能解决好这些事情，就谈不上社会文明和文化进步。概括而言，炎帝氏族的创造发明主要表现在：（1）开创农耕，教人植谷；发明农具，始作耒耜。（2）遍尝百草，和药济人。（3）日中为市，教民贸易。（4）作陶冶斤，发明器具。（5）治麻为布，始兴纺织。（6）构木为屋，改善民居。（7）弦木为弧，剡木为矢。（8）削桐绳丝，制琴和人。炎帝氏族的这些文化成就，为黄帝轩辕氏时代各部族的初步统一，以及华夏早期社会开始出现飞跃式的发展，奠定了比较扎实的基础。

一、种谷制耜：始创农耕以辟民食

农耕文化是炎帝文化的核心。

神农时代的原始农业，主要表现为以下两个明显的特征：

（一）种植五谷

古称粟、黍、稷、稻、粱为"五谷"。在炎帝氏族所开辟的农耕文化中，种植五谷的事迹一直为历代文献所传颂。

据文献记载，五谷最早为炎帝神农氏所种植，代表性的谷物是粟、稻，各地说法不一。今河南省周口市有五谷台，位于淮阳县城东北5公里处，土台高丈余，广十亩，据说是炎帝神农氏教民稼穑、播种五谷的地方。附近还有神农井，为炎帝神农氏教民浇灌五谷而作。[①]另据清王万澍所编《衡湘稽古·帝子柱教耕于淇田之阳》有"嘉禾，故禾仓也。炎帝之世，天降嘉种，神农拾之，以教耕作，于其地为禾仓。后以置县，狗其实曰嘉禾县"的记载，这是目前发现的记述湖南嘉禾县名来源的为数不多的资料之一。而今山西省长治市黎城县保存的隋开皇五年（585年）《宝泰寺碑记》，上面记有羊头山为"炎帝获嘉禾之地"；唐韦续《墨薮》有"炎帝神农氏因上党羊头山始生嘉禾八穗，作八穗书，用颁行时令"的记载，而清张英等人所撰《渊鉴费函》卷五十二亦载有"炎帝神农氏因上党嘉禾八穗，乃作穗书，用颁行时令"等说法。

在古籍文献中，有很多关于炎帝神农氏教民植谷、开创农耕文明的记载。

《逸周书·佚文》："神农之时，天雨粟，神农耕而种之。作陶冶、斤斧，破木为［耒］耜鉏耨，以垦草莽，然后五谷兴，以助果蓏之实。"

《管子·形势解》："神农教耕生谷，以致民利。"

---

① 参见宫长为、郑剑英主编：《炎帝神农氏——中华远古文明追索》，中国文史出版社2005年版，第278页。

《古微书·孝经援神契》："神农耕桑得利，究年受福。"

《尸子》卷下："神农并耕而王，所以劝耕也。"

《商君书·算地》："神农教耕而王，天下师其智也。"

《新语·道基》："至于神农，以为行虫走兽难以养民，乃求可食之物，尝百草之实，察酸苦之味，教民食五谷。"

《新书·补佚》："《贾谊书》曰：神农以为走兽难以久养民，乃求可食之物。尝百草，察实咸苦之味，教民食谷。"

《淮南子·原道训》："神农之播谷也，因苗以为教。"神农始教民播种五谷，相土地宜燥湿肥硗高下。

《汉书·食货志上》："《洪范》八政，一曰食，二曰货……二者，生民之本，兴自神农之世。"

《礼记外传·叙礼下》："起自神农氏，始教民种谷。"

《古史考》："神农时民方食谷，释米加烧石上而食之。"

《事物纪原》卷九："耕盖始于炎帝。"

《帝王世纪》："神农始教天下种谷，故人号曰神农。"

《拾遗记·炎帝神农》："炎帝……躬勤田亩之事，百谷滋阜。"

《乐书》："神农播种百谷，济育群生。"

《通志·三皇纪》：炎帝神农氏时，"民不粒食，未知耕稼，于是因天时，相地宜，始作耒耜，教民艺五谷，故谓之神农"。

《路史·后纪三》："神农灼其可以养民也。于是因天之时，分地之利，垦土疁秽，烧櫅斩野，以教天下播种，嗣瓜蓏之实，而省杀生之敝，始诸饮食，烝民乃粒。"

上述诸种古籍文献记载均表明，神农氏时代之前，上古先民尚处在茹毛饮血阶段。后来，随着人口的不断增加，食物逐渐不足，迫切需要开辟新的食物来源以保障民生的正常维持，遂有新石器时代炎帝氏族对原始农业的开创。《韩非子·五蠹》说："古者丈夫不耕，草木之实足食也。妇人不织，禽兽之皮足衣也。不事力而养足，人民少而财有余，故民不争。"但随着人类社会的发展，人口的不断增加，到神农氏之世，人类已经面临严峻的挑战，采摘果实和狩猎禽兽已经无法维持人类自身的生存，整个社会生产和生活方式即将迎来突变。当然，这也是漫长历史积累的结果。正是由于炎帝氏族制作耒耜，教民播种五谷，这才适应了时代的发展，产生了农耕文化和农业文明。古籍文献虽未明言所种谷蔬的具体名称，但神农氏时代已出现人工栽培的稻作农业与粟作农业当无疑问。

至于《逸周书·佚文》有关"神农之时，天雨粟，神农耕而种之"的记载，很多人将此资料当作神话故事来理解，其实，这是不完整的。炎帝氏族发现"嘉禾"、种植嘉禾受到鸟兽的启示。东晋王嘉所撰《拾遗记·炎帝神农》中，就有"时有丹雀口衔九穗禾，其坠地者，帝乃拾之，以植于田，食者老而不死"之类的记载。实际上，在"与麋鹿共处"的人烟稀少的神农氏时代，有人类生息的地方就有鸟兽的活动很是自然。丹雀觅食，衔来禾穗，掉在地上被上古先民捡拾起来，品尝味道不错，从中受到启示，尝试种植，从而出现最早的以粟或稻为代表的原始农业，这是完全有可能的。"其实，由采集经济进入农耕经济，把草木植物转化为农作物粟，这是人们在漫长的生产实践中人为选择和自然选择的结果。"①南方长江流域的稻作农业亦可作如是认识。

除文献记载外，近现代大量考古成果也已经证实，远在距今约10000—7000年前，长江流域、黄河流域已经出现了一定水平的稻作农业和粟作农业，这与神农氏时代农业的发展轨迹是相一致的。诸多考古资料表明，几乎在大致相同的时间段内，长江流域和华南先民发明了稻作农业；黄河流域和北方先民则培育和种植了粟、黍等耐旱的农作物。

从现有考古资料来看，稻作农业在上古中国的发展，大体上经历了这样几个阶段：从距今约12000年产生至7000年，稻作农业主要是以长江中游地区为中心，这是考古学意义上的新石器时代早中期。之后，在距今大约7000—5000年，即考古学

---

① 信阳师范学院《炎黄学概论》编委会编著，李俊、王震中主编，梁枢、姚圣良副主编：《炎黄学概论》，人民出版社2021年版，第188页。

上的新石器时代晚期，稻作农业表现为朝北、朝东，即向长江下游和北面的黄河流域扩展。在淮河以北的旱地农业区，稻作农业的出现应该比粟作农业晚，而且数量有限，但这一时期稻作农业到达了淮河流域，河南舞阳贾湖遗址中水稻遗存的发现就是有力的证明。到了新石器时代晚期，稻作农业进一步渗透到黄河流域，山东、河南、陕西这些黄河流域的主要省份，在水源比较充足的地方出现了少量的稻作农业。①

自 20 世纪 80 年代以来的考古成果显示，在长江流域新石器时代的遗址，出土了大量的神农氏时代的农业生产用具和不少稻谷的遗存。这些遗址主要有：湖南澧县彭头山新石器时代遗址；澧县梦溪三元宫新石器时代遗址；湖北京山屈家岭、江陵毛家山、郧县青龙泉等新石器时代遗址；江苏无锡仙蠡墩、南京庙山、吴县草鞋山等新石器时代遗址；上海青浦嵩泽新石器时代遗址；浙江吴兴钱山漾、杭州水田畈、桐乡罗家角新石器时代遗址；安徽潜山薛家岗等地的新石器时代遗址。此外，在云南、广西、海南等地的新石器时代遗址中也发现了许多神农氏时代的农业生产用具和水稻遗存。② 至少可以说，中国是世界稻作农业的一个主要起源地。稻作农业是炎帝文化的一个重要成就。

考古发现，在湖南长沙南托大溪文化遗址出土的大型陶罐上，绘有太阳与鸟含嘉禾的图案，与《礼含文嘉》中"神农就田作耒，天应以嘉禾"的文献记载相契合。湘东南独岭坳遗址，考古发现人工栽培稻遗迹，属中国栽培水稻起源地范围。由独岭坳往东数十里，即是炎帝陵。这一区域恰是炎帝文化的密集地之一。③

在黄河流域，上古中国则是以粟作农业为主，与长江流域的稻作农业共同组成为中华民族的两大农业生产系统。这两大农业系统，几乎是在同一时期内发生的，或许稻作农业会早一点，这是由于地理环境的不同或其他因素导致的。因为可栽培

---

① 参见严文明著：《长江文明的曙光》，湖北教育出版社 2004 年版，第 122、123 页。
② 参见侯林青、杨连登主编：《神农文化》，湖南人民出版社 2000 年版，第 127 页。
③ 参见湖南省地方志编纂委员会编：《炎帝陵志》，湖南人民出版社 2019 年版，第 38 页。

的野生物种及气候的差异，造成了南稻北粟。

粟，通常称为谷子，在中国史前农业中，与稻谷一样占有重要的地位。粟是世界公认由中华民族最早把野生粟驯化为栽培粟的。粟的野生型是狗尾草。考古资料表明，新石器时代始于距今约 12000 年前后，而粟的驯化栽培则始于新石器时代早期，此时不仅有较为进步的农业遗存，而且粟类的储藏量还比较大。这在中国北方旱作农业区的老官台文化、磁山文化与裴李岗文化等遗址的发掘中均已经相继得到了证明。另外，通过对近万年的河北徐水县南庄头和阳原县于家沟等遗址的考古发掘，虽然没有发现粟的实物资料，但从种种迹象来看，粟的种植年代还可向上追溯。直到现在，粟在中国北方地区人们的日常生活中仍占有比较重要的地位。这是炎帝文化遗惠的结果。

此外，黍和粟一样也是上古时代就被原始先民培植而成的最早农作物。黍是从野黍进化培植而来的，它和粟一样耐旱。在距今七八千年前的甘肃秦安县大地湾的老官台文化遗址，发现黍和油菜籽；陕西临潼县姜寨等仰韶文化遗址，发现有黍；半坡遗址，发现有芥菜籽或白菜籽；陕西武功县赵家来客省庄第二期文化一号房址草拌泥中的植物茎秆，经鉴定为麦秆，说明已有了小麦的种植。由此可见，距今 8000 —4700 年，在黄河流域的农作物中，已经不仅有了粟、黍、小麦等粮食作物，并且还有了蔬菜作物，所有这些都大大地丰富了上古先民的物质生活，表明了神农氏时代上古农业的长足进步。

考古还发现，黄河流域的粟作农业与长江流域的稻作农业，虽然栽培的农作物种类各不相同，但并不影响彼此在农业生产技术和经验上的交流。如贾湖裴李岗文化遗址，以种植粟为主，也发现有稻谷的实物。到仰韶文化时期，在郑州大河村、洛阳西高崖等遗址以及陕西扶风县案板龙山文化早期遗址和河南汝州李楼龙山文化遗址中，也发现有稻谷遗存。这当是受长江流域尤其是长江中游地区史前文明的影响，在原始聚落周围低洼的沼泽地区，先民们种植小面积的水稻。①

（二）制作耒耜

原始农业的发展，必然会引发耒耜等农耕生产工具的发明。

文化和社会的发展主要表现在生产技术的进步上。上古时期，生存环境十分恶劣，先民或茹毛饮血，以石头为武器和工具来猎取野兽；或靠采集植物果实为生，生存是当时先民们必须面对与亟待解决的根本问题。在当时的条件下，解决民生问题主要有赖于生产工具的进步。有了先进的生产工具，才可能进行较大规模的农作物耕作，才可能使农业生产成为人类主要的、赖以生存的生产方式。农具的发明和使用是原始农业走向成熟的标志，也是农业成为人类主要的经济生产基础。这种农耕经济的生产方式，奠定了中国几千年来以农立国、以农为本的中华文明中的农耕文化的基础。

历代诸多文献典籍均记载有炎帝氏族创制耒耜等农耕生产工具。

有资料说明，在耒耜之类农业生产工具尚未出现之前，先民在农业生产中可能靠的是尖木棒刨挖点播。木棒这种人类最初容易得到的采集、渔猎工具，大约首先在农业生产中使用。先民们用有尖头的木棒刺地松土或掘洞、点播、栽苗，这是最简单易行的耕种方式。《国语·鲁语上》说："昔烈山氏之有天下也，其子曰柱，能殖百谷百蔬。""柱"就是尖头木棒，"柱"是"柱耕"农业的象征。"柱"很可能在炎帝神农氏时代的早期就已出现，在发明耒、耜之后依然使用，所以说炎帝裔孙"柱"，能种植"百谷百蔬"。然而，用柱掘土、松土，面积是有限的，不能成为名副其实的翻土工具，于是便产生了耒耜。②"农业发明之后，又经过一个时期，由于农业生产工具和农耕技术的进步，农作物在食物中的比例也在逐步增大。在距今 8000—7000

---

① 参见李学勤、张岂之总主编，吴汝祚主编：《炎黄汇典·考古卷》，吉林文史出版社 2002 年版，第 365—366 页。

② 信阳师范学院《炎黄学概论》编委会编著，李俊、王震中主编，梁枢、姚圣良副主编：《炎黄学概论》，人民出版社 2021 年版，第 194 页。

年前，我国新石器时代的农业获得了第一次大的发展，其标志首先是出现耒耜、石铲之类的生产工具，进入了耜耕和锄耕农业。"①

耒耜的发明，推动了上古农具和农耕生产的发展，也促进了上古原始稻作农业与粟作农业经济的飞跃。"中国农业生产工具和农耕作业名称中，以耒为偏旁部首的合体字，大约有二十多个。"②

耒耜，《辞海》注释为："耒耜，是古代耕地翻土的工具。"以《周易》为例。《周易·系辞下》说："神农氏作，斫木为耜，揉木为耒，耒耨之利，以教天下。"这就是说：（1）"耒"和"耜"都是古代耕田的必备生产工具。炎帝神农氏教人削木做耒，曲木成耜，用于农业生产。（2）炎帝神农氏不但发明了农耕工具，而且还教天下百姓提升耕作技术。

中国古代耒、耜、犁通用。《说文解字》卷八："耒，手耕曲木也。从木推丯。古者垂作耒耜，以振民也。""耕，犁也。从耒，井声。"郑玄注《考工记》："耒，耜之上曲也。耜，耒之上金也。"这就是说，用耒加辕用牛耕便是犁了，我们再从古籍文献中炎帝神农氏的"人身牛首"文化形象来推测，神农氏时代很可能已经出现了最早的使用牛耕的农业生产技术。有大量文献说明了这一点。

《竹书纪年·前编》：（神农）"作耒耜"。

《礼记正义·月令》："炎帝号大庭氏，下为地皇，作耒耜，播百谷，曰神农也。"

《论衡·感虚》："神农之揉木为耒，教民耕耨，民始食谷，谷始播种。"

《白虎通义》卷第一："谓之神农何？古之人民皆食兽禽肉，至于神农，人民众多，禽兽不足，于是神农因天之时，分地之利，制耒耜，教民农作，神而化之，使民宜之，故谓之神农也。"

《独断》卷上："神农作耒耜，教民耕农。"

---

① 参见信阳师范学院《炎黄学概论》编委会编著，李俊、王震中主编，梁枢、姚圣良副主编：《炎黄学概论》，人民出版社2021年版，第93页。

② 葛祥邻：《中华始祖炎帝的伟大功绩》，宝鸡市社科联编：《炎帝论》，陕西人民出版社1996年版，第121页。

《古史考》:"神农作耒耜。"

《拾遗记·炎帝神农》:"炎帝始教民耒耜。"

《事物纪原》卷九:"炎帝种五谷,为耒耜以利百姓。"

《纲鉴易知录》卷一:"古者,民茹草木之实,食禽兽之肉,未知耕稼,炎帝因天时,相地宜,斫木为耜,揉木为耒,始教民种五谷,而农事兴焉……天下宜之,故曰神农氏。"

在考古发掘的河姆渡遗址中,炎帝氏族使用耒耜从事农耕的文献记载得到了印证。浙江萧山跨湖桥新石器时代文化遗址,出土了形态各异的生产工具,其中有一种工具骨耜,是目前一致公认的有关耒耜的最早实物。

骨耜是用大型哺乳动物的肩胛骨制作而成的,其上端厚而窄,是柄部;下端薄而宽,是刃部。柄部凿一横孔,刃部凿两竖孔。端部有圆形插孔用以装柄,横孔插入一根横木,用藤条捆绑固定。两竖孔中间安上木柄,再用藤条捆绑固定。这与其他遗址的耜用捆扎安柄法不同。使用手持骨耜上的木柄,用脚踏插入横孔的木棍,推耜入土,然后手腕一翻,就能掀起土来。骨耜比石器轻便灵巧,表面光滑,不容易沾泥,适宜在江南水田里使用。而且从这件半成品来看,其成孔的方法是用火烫灼。另外,与骨耜同时发现的还有少量的稻谷颗粒,这也说明了神农氏时代耜耕农业已经存在。[①]

另外,出土的考古资料还表明,长江中游地区的澧县八十垱彭头山文化遗址,在清理古河道的淤泥中发现大量竹木器,器形有木耒、木铲、木锥、木杵、木钻、木牌、竹牌等。其中木耒长约90米、刃宽约10厘米,耒端利用树叉加工成斜柄扶手。木铲长约30厘米、刃宽约10厘米,上部有数道凹槽,便于捆绑铲柄。木钻发现的数量最多,一般长20—40厘米,尖端呈圆锥形,略用火烘烤,以增加其强度,尾部制作呈弯弧形,便于手握。木杵是选用长约30厘米、直径约4厘米的直木棍,

---

① 参见李学勤、张岂之总主编,吴汝祚主编:《炎黄汇典》(考古卷),吉林文史出版社2002年版,第314页;刘玉堂主编:《炎帝神农文化读本》,人民出版社2015年版,第101—102页。

圆头，可用于加工食物。木牌和竹牌，厚薄宽窄不一，多数宽 2—4 厘米、长 10—20 厘米、厚 0.2—0.5 厘米，面上钻有许多小孔，有的排列似有规律，有的则显得散乱，可能是用于记事或占卜。此外，还出土大量留有砍、凿等加工痕迹的木料和树干。①

还有一些文献明确记载了炎帝氏族发明耒耜等农耕工具的具体地点，如《衡湘稽古·赤制作耒耜于耒山》记载：

> 《衡湘传闻》曰："帝之匠赤制氏，作耒耜于郴州之耒山。"《明一统志》曰："耒水出郴州之耒山是也。"水西北流经耒县。《水经注》曰："县盖因水以制名。然水乃因事为作耒而得耒名矣。"

耒山，即今湖南桂东县与炎陵县交界的烟竹堡。因"耒山""耒水"而得名的耒县即今之耒阳市，秦时置县，可见这一说法产生的时间应当不会晚于战国时期。

此外，《衡湘稽古·赤冀作杵臼于舂溪》亦有炎帝之臣赤冀作杵臼于舂溪的记载。书中说："赤冀作杵臼于舂陵……盖因舂溪为名。"舂陵县故址在今宁远县柏家坪一带，同样为秦时所置。

对于以炎帝神农氏为代表的炎帝氏族发明耒耜的功绩，后人称颂不断。唐陆龟蒙撰《耒耜经》，对炎帝神农氏的这一成就赞颂备至，其文如下：

> 耒耜者，古圣人之作也。自乃粒［食］以来至于今，生民赖之，有天下国家者，去此无有也。饱食安坐，曾不求命称之义，非扬子所谓如禽者邪？予在田野间，一日，呼耕甿，就而数其目，恍若登农皇之庭，受播种之法，淳风泠泠，耸竖毛发，然后知圣人之旨趣，朴乎其深哉！孔子谓吾不如老农，信也。因书为《耒耜经》，以备遗忘，且无愧于食。②

在探索促进农业生产发展方面，除了发明耒耜外，古籍文献还有炎帝神农氏正

---

① 参见李学勤、张岂之总主编，吴汝祚主编：《炎黄汇典·考古卷》，吉林文史出版社 2002 年版，第 106 页。

② 陕西省地方志编纂委员会编：《炎帝志》，三秦出版社 2009 年版，第 614 页。

节气、正寒温、立历日等记载。在种植五谷的基础上，发明农具和探索气候与农作物种植的关系，如车之两翼，构成了炎帝氏族对中华原始农业最重要的贡献。

古农历的出现与上古原始农业的发展需要密切相关。

关于古农历的产生，数千年来说法不一。有主创立者是伏羲的，也有主是黄帝创立的，但比较众多古籍文献的记载，还是以炎帝神农氏创立说可能更加接近事实，因为古农历产生的原因，主要是总结农业与季节时令的规律，更好地为农业生产服务的。

《礼稽命征》："三皇三正，伏羲建寅，神农建丑，黄帝建子……商建丑，宗神农……按，《礼记疏》云：'建丑之月为地统者，以其物已吐芽，不为天气始动，物又未出，不得为人所施功。唯在地中含养萌芽，故为地统……神农以十月为正，尚赤。'"

《晋书·律历中》："逮乎炎帝，分八节，以始农功。"

《物原·天原》："神农始分八节，辨弦望晦朔。""弦望晦朔"是月相名，半月为弦，满月为望，无月为晦，新月为朔。农历月初一必定是朔。

《路史·后纪三》："神农……豫若天命，正气节，审寒暑，以平早晚之期……爰布国禁，春夏所生，不伤不害，谨修地利，以成万物，亡夺人所务，而农得以顺其时……谓乱时不殖，乱气作沴，乃纪上元、调气朔以端启闭，拂焄蒿、辟尸隰以逃民害。三朝具于摄提，七曜起于天关，所谓太初历也。"

《书断》："上党羊头山，嘉禾八穗，炎帝乃作穗书，用颁时令。"

中国自古以来以农业立国，农耕民族靠天吃饭，而炎帝氏族总结、创造出来的一套节气历法，无疑对促进农业生产具有重要的作用。时至今日，农历二十四节气依然是农民计时、农耕生产的重要依据，在农业生产中仍然发挥着重要的作用。

现代考古也为炎帝氏族创立农历说提供了依据。在半坡、西水坡、庙底沟等炎帝氏族活动地域的仰韶文化遗址和范围内的墓葬中，发现了春秋分日道、冬至日道和阳光照射界限等宇宙图形，"二象与北斗"天象图，彩陶羊角形图案和人面鱼纹图案。有专家从天文历法角度分析认为，羊角柱是观测天象的图腾柱，人面鱼纹是月相周而复始的变化；"星火"彩陶纹"反映了大火星祭祀的情景，应属炎帝族遗存"①。既然农历的产生与原始社会的农业生产密切相关，炎帝氏族就很可能是中国上古天文历法的最早创建者，这从神农氏时代的先民对农业生产极为重视的特点中也可以得到印证。

二、和药济人：遍尝百草以疗民疾

在新石器时代，先民尚多穴居野外，茹毛饮血，生活环境恶劣，加上很多疾病和天灾，人的寿命往往非常短暂，除了开拓农耕种植外，炎帝神农氏还将主要精力放在为解除氏族民众的疾病之苦而和药济人等上面。

据文献记载，炎帝神农氏遍尝百草，了解植物的治疗作用，和药济人，成为中华医药学的开山者。

历代文献典籍对炎帝神农氏和药济人之事多有记载。

1.《世本·作篇》：

神农和药济人。

2.《竹书纪年·统笺·前编》：

（炎帝神农氏）味尝草木，作《方书》。

3.《淮南子·修务训》：

古者，民茹草饮水，采树木之实，食蠃蠬之肉，时多疾病毒伤之害。于是神农……尝百草之滋味，水泉之甘苦，令民知所辟就。当此之时，一日而遇七十毒。

---

① 宝鸡市地方志编纂委员会编：《宝鸡市志》（下），陕西人民出版社 2020 年版，第 2211 页。

4.《述异记》卷上：

太原神釜冈中，有神农尝药之鼎存焉。成阳山中，有神农鞭药处，一名神农原，亦名药草山。山上紫阳观，世传神农于此辨百药，中有千年龙脑。

5.《帝王世纪》：

炎帝神农氏……尝味草木，宜药疗疾，救天伤之命，百姓日用而不知，著《本草》四卷。

6.《史记索隐》卷三十：

（炎帝神农氏）作蜡祭，以赭鞭鞭草木，始尝百草，始有医药。

7.《广博物志》卷二十二：

神农始究息脉，辨药性，制针灸，作医方。

8.《通志·三皇纪》：

（神农之时）民有疾病，未知药石，乃味草木之滋，察寒温之性，而知君臣佐使之义。皆口尝而身试之，一日之间而遇七十毒。或云神农尝百药之时，一日百死百生。其所得三百六十物，以应周天之数。后世承传为书，谓之《神农本草》。又作方书，以救时疾。

9.《皇王大纪》卷一：

时人生益庶，殚蠃蠬之肉，窃草木之滋，或伤生而殒命。于是神农遍阅百物，著其可食者，与其可疗治者，使民知所用避。

10. 《路史·后纪三》：

磨唇鞭茇，察色𦅮，尝草木而正名之。审其平毒，𣃟其燥寒，察其畏恶，辨其臣使，厘而三之，以养其性命而治病。一日之间而七十毒，极含气也。病正四百，药正三百六十有五，著其《本草》，过数乃乱。乃立方书，命俅贷季理色脉，对察和齐，摩踵訰告，以利天下，而人得以缮其生。

11. 《十七史纂古今通要·三皇总论》：

（神农）尝百草，以有医药而济其疾疢。

12. 《纲鉴易知录》卷一：

古者……民有疾病，未知药石，炎帝始味草木之滋，察其寒、温、平、热之性，辨其君、臣、佐、使之义，尝一日而遇七十毒，神而化之，遂作方书以疗民疾，而医道自此始矣。

13. 《备急千金要方·序》：

孙思邈序曰：大圣神农氏，愍黎元多疾，遂尝百药，以救疗之，犹未尽善。

林亿新校序曰：昔神农遍尝百药，以辨五苦六辛之味，逮伊尹而汤液之剂备。

14. 《饮膳正要》卷一：

炎帝神农氏……时人民茹草饮水，采树木之实，而食蠃蝌之肉，多生疾病。乃求可食之物，尝百草，种五谷，以养人民。

15. 《增补资治纲鉴》：

民有疾病，未知药石，炎帝始味草木之滋，察其温平寒热之性，辨其君臣佐使之义，常一日遇十二毒，神而化之，遂作方书，以疗民疾，而医道立矣。复察水泉之甘苦，令人知所避就。由是民安居食力，无夭札之患，天下宜之。

上述种种有关炎帝神农氏尝百草、疗民疾的文献资料，反映了上古先民认识与探索药物治疗疾病的艰难过程。

炎帝氏族发明与使用草木为药，在考古资料上亦可得到印证。

半坡仰韶文化遗址发现的菜籽属白菜或芥菜，大地湾老官台文化遗址发现了油菜籽，说明新石器时代的先民已能种植蔬菜等园艺作物，蔬菜一般有利胃通肠、防止便秘的作用。裴李岗、石固、莪沟北岗等遗址发现的有核桃、榛子、白榆子、酸枣、麻栎、梅等。河姆渡遗址发现的有麻栎果、酸枣、橡子、菱角、葫芦、薏仁等。有的还具有药用价值，如核桃不仅含有脂肪和蛋白质，还有多种维生素，具有顺气补血、补肾、有助消化、止咳化痰的功能。榛子有益脾胃、养肝等功能。澧县八十垱彭头山遗址发现的有菱角、莲子、芡实、芦苇等。莲子有补虚损、养五脏及十二经脉气血的功能。莲子在郑州大河村仰韶文化遗址中也有发现。[1]

由于草药易腐烂，不可能在考古中出土，但与治疗有关的一些器具却在考古中时有发现。"专家认为，宝鸡北首岭、西安半坡等仰韶文化遗址出土的砭石，就是上古中国最早的医疗器具。砭石，就是锐利的石刀，用它可以刺破脓肿。这不仅是原始的外科手术器具，而且也是中华针刺术的萌芽。多处仰韶文化遗址出土的石针、骨针、石刀、骨刀等，可能都有与砭石相同的功用。"[2]

至于民间关于炎帝神农氏发明医药的故事，内容更是十分丰富，且流传甚广，多姿多彩。如在陕、晋、陇、鄂、湘等省份都有炎帝神农氏为发明医药"尝百草"的方志文献记载。湖南地方志编纂委员会所编《炎帝陵志》中就有神农在茶陵"误食

---

① 参见李学勤、张岂之总主编，吴汝祚主编：《炎黄汇典》（考古卷），吉林文史出版社 2002 年版，第 408 页。

② 信阳师范学院《炎黄学概论》编委会编著，李俊、王震中主编，梁枢、姚圣良副主编：《炎黄学概论》，人民出版社 2021 年版，第 228 页。

王药致死"①的说法。流传至今还在服用的"姜""三黄汤""茶""柴胡"等，据说都是炎帝神农氏发现的，例如《炎帝陵志》中即有"生姜、白芷、大蒜脑""就是炎帝神农在茶陵发现"②之类的说法。

上古药食同源，茶叶始为食物，亦为药材，茶饮即为药饮。《尔雅》中有"茗，苦茶"的记载。茶的发现和利用，与炎帝神农氏遍尝百草、开辟食源、发明医药的历史密切相关。《衡湘稽古·帝亲尝百草》云："衡湘深山产药之地，所在传神农采药捣药之迹，茶陵有尝药之亭。"湖南《炎帝陵志》亦有神农"走遍了茶陵云阳和露岭"，"在茶山'日遇七十毒，因茶而解'"，"'茶'的名字，就这样代代相传"③等记载。

本来，在上古耕播农业出现前后的漫长历史中，食物来源匮乏，采集经济占有重要的地位。远古先民采集鲜嫩无毒、且生长普遍、"凌冬不死"的茶树芽叶作为食物之一，是完全可能的。茶有苦菜之称，菜为可食之草。《神农本草经》将茶归类于"菜"。同时，在将茶作为食物的过程中，先民发现其具有"主五脏邪气，厌谷，胃痹。久服安心益气，聪察少卧，轻身耐老"等药用功能。于是茶又作为药物而闻名。中华早期的药物学专著《神农本草经》，将茶列为上药120种之一。《神农本草经》虽是后人托神农之名而撰，但它收集的药物学知识却是始自炎帝神农氏时代数千年的文化结晶。此书冠名神农，不仅包含对炎帝神农氏开辟原始农业的原创性贡献的纪念，也包含有后人对炎帝神农氏研发药草、医治人疾的无私奉献精神的高度崇敬与赞美。

文物考古表明，商代金文中已有"药"字。《说文解字·卷二》将其解释为治病之草，认为"药，治病艸。从艸，樂声"，明确指出了"药"即治病之物，并以"草"类居多的客观事实。

历史表明，早期药物知识产生于古人的生产和生活实践，并与原始时代由采集、

① 湖南省地方志编纂委员会编：《炎帝陵志》，湖南人民出版社2019年版，第302页。
② 湖南省地方志编纂委员会编：《炎帝陵志》，湖南人民出版社2019年版，第299页。
③ 湖南省地方志编纂委员会编：《炎帝陵志》，湖南人民出版社2019年版，第298、299页。

渔猎过渡到农耕文明的神农氏时代的生产、生活实践活动密切相关。

在漫长的探索过程中，炎帝氏族通过无数次的尝试，逐渐认识到某些植物对人体有益，某些植物对人体有害，某些植物可以入食，某些植物可以治病。通过不断探索、实践，最终发现和总结出原始中医药知识与经验，从而开创了中华药学的历史先河。

三、导民纺绩：种麻制衣以御民寒

衣服的制作亦与炎帝氏族具有一定的关系。

《庄子·盗跖》："神农之世……耕而食，织而衣。"

《吕氏春秋·爱类》："《神农之教》曰：'士有当年不耕者，则天下或受其饥矣；女有当年不绩者，则天下或受其寒矣。'"

其他诸多史籍文献中也有类似的记载，如《广博物志》卷九："神农之世，公耕而食，妇织而衣。"《礼记·礼运》："后圣有作，然后修火之利，范金合土以为台榭宫室牖户，以炮，以燔，以亨，以炙，以为醴酪，治其麻丝，以为布帛，以养生送死，以事鬼神上帝，皆从其朔。"《墨子·辞过》："古之民，未知为衣服时，衣皮带茭，冬则不轻而温，夏则不轻而清，圣王以为不中人之情，故作诲妇人，治丝麻，梱布绢，以为民衣。"这里的"后圣""圣王"，是指炎帝神农氏。他"教织桑麻以为布帛"，说明在神农氏时代已有麻、丝等材料制作的服装。

现代考古，在一定程度上也印证了历史文献对炎帝氏族"织麻为布，制作衣裳"的记载。

在北方中原地区，在距今七八千年前的贾湖裴李岗文化遗址中，发现有纺线的石纺轮和陶纺轮。还发现长条形骨板，最长的有 26.3 厘米，最短的仅有 7.29 厘米，一般在 10—15 厘米。这些长条形骨板，在形态上可分为两种：一是两头修磨成权形，内凹部分平滑，是供绕线用的，其功能可能与梭相同；一是两端平直，中部两侧内凹，可能是供缠线用的。发现缝纫用的骨针 170 多件，通体磨光，针尖锋锐，尾部有针孔，孔径仅 0.1 厘米。发现骨锥 50 多件，这是一种钻孔工具，与较大的骨针配合使用，可能与缝皮衣有关。[①] 大致在相同的时期内，西安半坡、临潼姜寨、华县泉护村以及河南陕县庙底沟等仰韶文化遗址所发现的有关麻布的资料，均为陶器上的印痕。众多仰韶文化遗址和同时期墓葬出土的陶纺轮、石纺轮，说明在新石器时代已经出现了纺织工具，开始用陶纺轮纺线。其纺线过程，可能是在葛、麻纤维的一端系上一个陶纺轮，让它自然下垂，拉直葛、麻纤维。然后拨转陶纺轮，这样葛、麻纤维就拧成了一股线。考古中，葛、麻纤维不复存在，但有多件陶纺轮出土。如河北武安县磁山早期新石器时代遗址发现的四件陶纺轮，距今已有 7000 多年。浙江余姚河姆渡遗址不仅出土有刻纹陶纺轮，还出土了一批木制的织机部件。西安半坡遗址出土有陶、石纺轮。宝鸡北首岭遗址出土陶纺轮多达 22 件，其样式有 5 种之多，有扁圆形的，有中间隆起呈半圆形的，有中间隆起而周侧呈凹弧状的等。宝鸡福临堡遗址出土的陶纺轮，轮体的平面和侧边均有纹饰，有刺成各种花纹的，也有做成锯牙状的，一般直径为 2.2—4.8 厘米、高为 1.6—3.4 厘米，中间是直径 1 厘米左右的小孔。石制的纺轮多为扁平体。在已发掘的新石器时代遗址墓葬中，几乎各处都有纺捻纱线的纺轮出土。纺轮的种类之多和制作之精致，表明此时的纺织技术已有了相当大的进步，纺织已成为人们生产劳动中的一项重要技艺。[②]

　　在长江中下游地区，据考古资料，大溪文化的纺轮，一般直径较大而厚重，如长江中游地区史前时期的早期纺轮直径多在 6 厘米以上，厚 1 厘米以上，重 60 克左右；到了它的晚期形体开始变薄，直径一般为 4.5—5.5 厘米。这种纺轮适用于纺粗硬纤维，成纱较粗，如葛、苎麻等。在长江下游地区的江苏吴县草鞋山马家浜文化遗址中，发现三块织物残片，经鉴定是葛纤维织成的；浙江吴兴钱山漾良渚文化遗址，发现有苎麻织品。这些植物纤维都含有胶质，不用惯性大的纺坠是旋转不起来的。到屈家岭文

---

① 参见李学勤、张岂之总主编，吴汝祚主编：《炎黄汇典》（考古卷），吉林文史出版社 2002 年版，第 104 页。

② 参见信阳师范学院《炎黄学概论》编委会编著，李俊、王震中主编，梁枢、姚圣良副主编：《炎黄学概论》，人民出版社 2021 年版，第 199—200 页。

化时期的纺轮，直径为 3—4 厘米，平均重量早期为 38.2 克，晚期为 21.7—32.2 克。由此可见，屈家岭文化纺轮的平均重量呈逐渐递减的趋势，可以用较轻的纺轮，纺出细的纱，织成细的布。由此推测，屈家岭文化时期的先民，在衣着方面，比大溪文化时期的先民，已有了相当大的改善。屈家岭文化之后，进入了石家河文化的早期，纺轮的形体变得扁薄，小型的增多，一般直径为 2.5—4 厘米，厚为 0.3—0.5 厘米；到晚期时，大部分纺轮变得更加扁薄轻巧，直径一般为 3 厘米左右，厚 0.3 厘米左右。这样的纺轮，捻纺的纱更细，可织成更细的布。[①]

四、始作瓦甑：陶冶器物以储民用

陶器制作是人类进入新石器时代的重要标志之一。

农业的产生，定居生活的出现，与陶器的发明制作有着密切的关系。在上古先民未发现火之前，茹毛饮血，以生肉与山果为食。火被发现后，人类才进入了熟食时代。虽有了火，但在未掌握制陶技术之前，上古先民还不可能用鼎锅之类的东西烧煮食物。那时，人们将食物除了架在火上直接烧烤外，主要依靠的是一种"石煮法"或"石烹法"。前者是指将烧灼的石头，反复不断地投入盛有水和食物的木制或用树皮做的容器内，把食物煮熟；后者是指将石板烧灼，把食物放在石板上加热、炙烤。正如《古史考》所说："神农时，民方食谷，释米加烧石上而食之。"为解决制作禾谷类食物的炊具和定居生活需要的储水器的问题，诸多文献记载炎帝神农氏"耕而作陶"。考古所发现的新石器时代异彩纷呈的大量陶器比文献记载更鲜明地揭示出了神农氏时代先民们蓬勃旺盛的创造能力。

所谓陶器，最初是原始先民利用黏土造型并经柴火烧制的一类器皿，这类器皿既不溶于水也不渗水，可用它蒸煮食物和当饮食用具。除了陶制用具外，还有陶制

---

① 参见李学勤、张岂之总主编，吴汝祚主编：《炎黄汇典》（考古卷），吉林文史出版社 2002 年版，第 105 页。

装饰品。制作陶器以及陶制装饰品，需要选用合适的黏土，高质量的陶器所用的陶土还要经过淘洗，除去杂质，使陶土细腻，这样烧出的陶器胎质紧密而坚硬，器表光滑且精美。不过要烧制炊器之类陶器，或大型的厚胎器物，必须在陶土中掺入大小均匀的细砂或粗砂，也有把云母碎末或贝壳粉末之类当羼料，使烘烧时受热均衡以防变形或破裂；而且只有加砂和其他羼料的陶器才会具有耐火性可作炊器。除了陶土处理需要经验和技术外，把陶土揉和做成可塑的软胶土后，无论是手捏成型，或搓成泥条盘筑成型，还是使用陶轮制作成型，都要掌握一定的技术，而复杂的器形其成型技术则更高；陶器成型后的陶胚，尚需风干后再入窑烧烤，否则陶胚会变形或破裂；陶器烧制还要掌握火候，火温过低则陶器烧不透，火温过高则会使陶器变形。总之，制陶的几个环节都需要一定技术和经验，烧制高质量的陶器更非有专门的精细技术不可。正因为如此，在人类早期的历史中，旧石器时代是没有陶器的，陶器的烧制出现并逐渐成熟于新石器时代，而处在这个时代的炎帝氏族，对上古陶器的发明与制作明显具有重要的贡献。①

在中原地区，对陶器的制作、器形等比较明确而年代最早的，以目前的考古资料而言，河南密县莪沟北岗的裴李岗文化遗址内发现的红陶片，有两层泥片相贴塑的制法；甘肃秦安大地湾老官台文化遗址发现的陶片，也有多层泥片相贴塑的制作方法；陕西临潼白家村老官台文化遗址发现的陶片，也有采用贴塑制法的；老官台遗址发现的"泥质红陶"，是用多块泥片自下而上地粘贴而成。而在长江中游地区，秭归县朝天嘴、柳林溪和宜都县城背溪等城背溪文化及湖南彭头山文化的彭头山遗址发现的陶器，均是以泥片贴塑法制成的。具体做法是把上面一块泥片的下端，粘贴在下面一块泥片的上端内侧。这种制陶方法，叫作泥片贴筑法，也叫泥片贴塑法。②

从考古资料看，中原地区烹煮食物的陶器，在距今七八千年的裴李岗文化、磁

---

① 参见李绍连著：《华夏文明之源》，河南人民出版社 1992 年版，第 78 页。

② 参见李学勤、张岂之总主编，吴汝祚主编：《炎黄汇典》（考古卷），吉林文史出版社 2002 年版，第 94 页。

山文化时期，早期盛行深腹筒形罐，有的罐深达 31 厘米许，稍浅的也在 27 厘米左右。这样深的罐，可以盛放的食物多，但罐内冷热的交流缓慢，容易产生罐底的食物已焦煳，而上部的食物还不很熟的现象，经过改进，开始出现了器身较矮的罐，一般都在 20 厘米以下，以 15 厘米左右的居多，而罐腹外鼓，以增加罐的容量。这种炊器明显有它的优越性。在裴李岗文化之后的仰韶文化，姜寨遗址第一期出土夹砂陶罐 183 件，其中这类鼓腹罐达 144 件，约占全部陶罐数的近 80%，这些陶罐大部分有烟熏的痕迹。而分布在关中地区的老官台文化中，先民的主要炊器，是底部附有三矮足的深腹筒形陶罐。临潼县白家村老官台文化早期遗址内出土的这种陶罐，一般通高在 30 厘米以上，最高的达 36 厘米。罐本身，与裴李岗文化的相似，因此，其功能上的缺点也相似。到了它的晚期，如北首岭老官台文化晚期遗址内发现的三足罐，器身外鼓，呈圆腹的为多，器身显然变矮，并出现了圆腹小平底罐。这与其后仰韶文化的圆腹小平底罐有着直接的关系。

在长江中游地区，考古发现，史前时期先民使用的炊器，主要是圆腹圜底的陶釜。釜的底部是圆弧形，着火面积大；釜腹呈圆形，容量大；器身不高而较适中。陶釜的这种特点，使它从距今七八千年的彭头山文化、城背溪文化时期出现，经大溪文化，到屈家岭文化才逐渐地为陶鼎所代替。[①]

陶器的出现，反映了上古神农氏时代南北各地区丰富多样的文化及其交流融合的轨迹。一方面，陶器品种的多样，如罐、鼎、钵、碗、壶、盂、盘等；另一方面，无论是黄河流域半坡遗址的陶器，还是长江流域河姆渡遗址的陶器，都出现了彩陶，这说明生活在新石器时代的炎帝氏族，不分南北，都是中华文明源头的重要创造者。

从文献上看，《太平御览》卷八三三引《周书》："神农耕而作陶。"又说："神农作瓦器。"这说明中国早期陶器与农耕很可能是同一时期或者说在同一时代出现的。《古今事物考·宫室》："《周书》曰：'神农作瓦器。'"《周书》曰：'神农作陶。'"《物

---

① 参见李学勤、张岂之总主编，吴汝祚主编：《炎黄汇典》（考古卷），吉林文史出版社 2002 年版，第 295—296 页。

原》："神农作瓮。"《饮膳正要》卷一："炎帝神农氏……作陶冶。"《皇王大纪》卷一：神农"作为陶冶，合土范金"。《事物纪原》卷九："陶始于炎帝明矣。"

上面说过，陶器的发明源于人类取水、盛水和煮食的需要。在原始的刀耕火种中，炎帝氏族发现黏土经过火烧变硬，遇到水不变形，盛水不漏。经过试验和探索，于是就出现了陶器。《路史·后纪三》说炎帝"埏埴以为器"，"埏埴"就是把泥土放在模型中制作陶器。

陶器对上古先民的生产和生活影响巨大，更影响着后世中华民族的文化和生活。时至今日，中国的陶彩产品仍在世界上占有重要的地位。饮水思源，炎帝氏族具有开创之功。

其一，陶具可作生产工具。陶具可用于汲水、灌溉；陶刀可用于收割庄稼；陶锉可用于脱粒；锉磨工具陶纺轮可用于纺织等。

其二，陶具可作储盛器皿。储存粮食可防潮、防虫、防霉变、防鼠吃；储水和流质食物便于移运并防损耗、污染、腐变。

其三，陶具可作蒸煮器皿。各种食物都可用炊具煮食及熟食，扩大了饮食品类，变得易消化、易被人体吸收；炊具具有消毒、灭菌、消灭寄生虫等功效，从而使食物营养结构得到了改善，人的身体素质大为提高。

其四，陶具可作饮食器皿。按饮食品种不同，可分别用不同器具来储盛，既方便拿取，又提高了卫生水平。

另外，陶器还可用于医疗，用于药物的加工、服用，如蒸、煮、焙、炮、炙等。拔火罐、刮痧刀就是将陶器直接用于医疗。

总之，在中华民族早期发展史上，农耕文化与制陶术的出现，标志着先民由茹毛饮血的蒙昧野蛮时代开始向原始农业文明时代过渡，而这一切又都深深地烙有炎帝氏族的文明印记。[①]

---

① 参见宝鸡市地方志编纂委员会编：《宝鸡市志 1990—2010》，陕西人民出版社 2021 年版，第2207 页。

五、初辟市场：首倡交易以利民便

到神农氏时代晚期，随着农耕文化的发展，必然会带来产品的丰富和剩余。而剩余产品的出现，则直接带动和促成物品之间的交易。这个交易，便是《竹书纪年·统笺·前编》所说炎帝神农氏首创"日中为市"，即把太阳当顶的正午定为交易时间，把交通便利的地点定为物物交换的场地。

北宋司马光《稽古录》卷一记载："炎帝以一人所为，不足以自养，必通功易事，贸迁有无。乃教民日中为市，致天下之民，聚天下之货，交易而退，各得其所。"这就是说，炎帝神农氏看到一个人的劳作，不足以满足自己的多种需要，于是想到了开辟市场贸易的办法，教民约定在一定的时间、地点，带上自产所剩之物，以物易物，调剂物品余缺。关于"日中为市"，除《竹书纪年》中有所记载外，先秦文献可见的还有《周易》。《周易·系辞下》说："神农氏作……日中为市，致天下之民，聚天下之货，交易而退，各得其所。"说的就是在农业生产已有一定发展的炎帝氏族社会时期，每当太阳正中的时候，在当时交通能力所及范围内的各氏族部落的人们便会聚集在一起，拿出本氏族部落生产有剩余的东西或从远方辗转换来的东西，按照需要相互交换，各取所需，交易完成后大家都满意而归。交易有了一定的时间、一定的场所，参加交易的人和用来交换的东西愈加广泛，交换的愿望也更容易实现。

除了上面提及的《竹书纪年》《周易》等文献记载外，秦汉后诸多史籍文献中也有最早的市场贸易始于炎帝神农氏的记载，例如：

《汉书·食货志上》：

> 食谓农殖嘉谷可食之物，货谓布帛可衣，及金刀龟贝，所以分财利通有无者也。二者，生民之本，兴自神农之世。

《通典·食货八》：

> 自神农列廛于国，以聚货帛，日中为市，以交有无。虞夏商之币，金为三品，或黄或白或赤，或钱，或布或刀或龟贝。

除《通典》外，在《文献通考·钱币考一》中亦有类似文字的记载。

《纲鉴易知录·五帝纪》：

> 炎帝之世，其俗朴重端悫，不忿争而财足，始列廛于国，日中为市，致天下之民，聚天下之货，交易而退，各得其所。

《太白阴经·人谋上·国有富强篇》：

> 苟有市井交易所通，货财可积也。夫有容身之地，智者不言弱；有市井之利，智者不言贫。地诚任不患无财，人诚用不畏强御，故神农教耕而王天下。

与"市"相关的文献记载，除了神农氏"日中为市"外，还有黄帝时"市不预贾"，颛顼时"祝融作市"，等等，说法不一。但无论如何，从中国贸易文化的源头看，都说明"市"作为交易的场所，起源很早。一般而言，将始作之绩归功于以炎帝神农氏为首的炎帝氏族是学界的一致看法。

"市"之所在，必然是大众日常聚集之所，具体选址，多是依托于"井"。古人一般将"市"设立在水井周围，既便于货物就近用井水洗涤，使之清香洁净，又可就井汲水，方便于人畜饮用。另外，水井还可以用来储藏食物。古人有"因井为市""交易而退，故称市井"的说法。从炎帝神农氏开始，市场遂成为中华先民聚集交易之地。

《汉书·食货志》有"金刀龟贝……兴自神农之世"的说法，这种观点已为现代考古发现所证明。考古工作者曾在随州环潭的梅丘遗址发现汉代残砖一块，其长侧面饰连山图案，短侧面饰孔方兄图案，把外圆内方的钱形与连山结合起来，其文化含义显然是"钱出连山氏"。另外,"从宝鸡北首岭等仰韶文化遗址中出土的榧螺、贝壳(货币)可以知道,炎帝时代已经有了交易活动。因为,榧螺原产于沿海地区,它在北方出土,可能为交换而来。除此之外,在黄河中下游和长江中游诸遗址也有不少海贝遗存的出土。这不仅是作为饰物从沿海交换而来,从中还可以追溯货币的起源。不论是从甘肃兰州白道沟遗址出土的陶器产品,还是从湖北宜都红花套遗址出土的石器产品,以及它们生产规模及周围环境的发现,都证明其生产目的是交换,即商品性生产。其中红花套石器制作场的产品,推销范围远达周围数百公里"[①]。这说明,在神农氏时代,炎帝氏族很可能就已经有了最早的"通货"之"市"。

炎帝神农氏开辟的"日中为市"这种原始交易形式,曾经深刻地影响了后世中国乡村的集市生活,尤其是在较偏远的乡镇地区,有的地方至今仍然存在这种简单交易的痕迹。它的产生,不仅开创了原始交易市场,促进了氏族部落之间的经济文化交流,而且加强了各氏族、各部落之间的交往、交流和融合。

六、制作弓矢:制弧剡矢以卫民安

文献记载表明,在神农氏时代,炎帝神农氏为了氏族大众的安全及提高猎食技术着想,发明了弓箭等武器以为防御外侵和猎取食物之用。

《吴越春秋·勾践阴谋外传》说:"古者人民朴质,饥食鸟兽,渴饮雾露,死则裹以白茅,投于中野。孝子不忍见父母为禽兽所食,故作弹以守之,绝鸟兽之害。故歌曰'断竹,续竹,飞土,逐害'之谓也,于是神农、黄帝弦木为弧,剡木为矢,弧矢之利,以威四方。"曲木成弓,即弧;削木成尖,即矢。弧,木弓。剡,削也。这就是说,炎帝氏族用弯曲柔韧之木条,在两端系上弦绳而制成弓弧,又斩削树枝制成箭矢,以此来增强本氏族的生存能力,同时又可以收到威慑天下之效。弓矢的

---

① 信阳师范学院《炎黄学概论》编委会编著,李俊、王震中主编,梁枢、姚圣良副主编:《炎黄学概论》,人民出版社 2021 年版,第 231 页。

出现，可谓人类历史上的一场革命，也是中国军事武器的最早源头。另外，《刘子·兵术》也提道："太古淳朴，民心无欲。世薄时浇则争起，而战萌生焉。神农氏弦木为弧，剡木为矢，弧矢之利，以威天下。"如果《刘子·兵术》这则文献资料属实的话，"弦木为弧，剡木为矢"很可能就是发生在神农氏时代晚期的事情，因为此时氏族社会已经人心不古，因为名利贪欲开始发生争端，由和平发展到战争，不再是一片祥和、安定、简单而质朴的"大同之世"了。"其后蚩尤强暴，好习攻战，销金为刃，割革为甲，而兵遂兴矣"[1]，说的就是这样的情况。

生产工具是生产力水平的标志。炎帝氏族发明和使用弓箭，有效地防止了野兽对氏族民众的袭击，对于氏族大众的生命安全和劳动成果的扩大，无疑具有十分重要的意义。后来历史发展的事实证明，弓箭在冷兵器时代也在很长一段时间内成为在军事战争中最有力的武器之一。炎帝神农氏对弓箭的发明，使得他在中国的军事科技发展史上也拥有了一席之地。

七、构木架屋：筑台建室以安民居

文献记载，炎帝神农氏时代已经有了房屋、宫室之类的建筑。

筑屋居住是人类生活和生产的重要条件，也是社会进步的重要标志。古籍文献多有炎帝神农氏"构木为屋"的记载。

《竹书纪年·统笺·前编》：

> （神农）建明堂。

《礼记·礼运》：

> 昔者先王未有宫室，冬则居营窟，夏则居橧巢。未有火化，食草木之食，

---

[1] ［南朝梁］刘勰撰：《刘子新论》。

鸟兽之肉；饮其血，茹其毛。未有麻丝，衣其羽皮。后圣有作，然后修火之利；范金、合土，以为台榭、宫室、牖户；以炮、以燔、以亨、以炙；以为醴、酪；治其麻丝以为布帛。以养生送死，以事鬼神上帝，皆从其朔。

《淮南子·主术训》：

昔者神农之治天下也……祀于明堂。明堂之制，有盖而［无］四方，风雨不能袭，寒暑不能伤，迁延而入之，养民以公。

《皇王大纪》卷一：

（神农）为台榭而居。

上述文献都说明，在炎帝神农氏时代，先民在建造房屋方面已经初步有所成就。

另外，目前考古发掘中明确认定是房址的，以距今七八千年前的裴李岗文化、彭头山文化和兴隆洼文化为主。这三个考古学文化，位于黄河流域的中原地区、长江中游地区和内蒙古东南部到辽西地区。这三者地理环境不同，在房屋建筑的某些方面也有所差异。在裴李岗文化时期，以半地穴式的圆形房屋为主。到仰韶文化时期，逐渐由半地穴式建筑演变为地面建筑。而彭头山文化时期，则以地面建筑为主，还有干栏式建筑，而半地穴式建筑只是个别现象。兴隆洼文化时期是以圆角方形半地穴式房屋为主。在大型房屋的建筑设计上，注重中轴线和对称形式，大地湾仰韶文化晚期的901号房址具有典型代表性。从墙体的结构上分析，从平地起来到挖基槽建筑；墙上的立柱从比较孤立到连为一体，以增强抗压力，使木骨泥墙渐趋完善。在屋房的地基上，有从平整夯实，到台基式建筑的出现。据迄今为止的考古资料，以距今约8200—7800年长江中游的湖南澧县八十垱彭头山文化遗址为最早，其建筑形似海星状，中间的主体部分高出地面约40厘米，中间有一个大的柱洞，四角向外伸出呈犄角形，形制特殊，似非日常生活场所。发现的房址，大型的（1号房址）面积有30多平方米，为地面建筑；小型的（2号房址）穴壁自上而下向内倾斜，面积约 2 平方米。彭头山文化澧县八十垱遗址，发现有地面式、半地穴式、干栏式、台基式四种房屋形式。这些房屋形式其后在湖北江陵朱家台大溪文化遗址和郧县青龙泉屈家岭文化早期遗址都有发现，如青龙泉的 6 号房址，是一座长方形双室大房址，它的房基是高出地面约 30 厘米的台基式建筑。[①] 这为中国传统的高台房屋建筑奠定了基础。

从考古发现看，在上古中原地区，属于裴李岗文化和老官台文化时期的房址，在河南贾湖遗址已发现有 30 多座，都是平面呈圆形或椭圆形的半地穴式建筑。这种房址分单间、多间两种。多间的有两开间、三开间、四开间，大多是依次扩建的，面积小，仅 2—6 平方米。[②]

考古资料表明，在仰韶文化中早期，居住遗址以西安半坡和临潼姜寨一、二期文化的遗址为代表。房址主要有圆形和方形两种：

方形房址平面呈方形或长方形，建造结构可分为半地穴式和地面建筑两种。半地穴式方形房址有姜寨 36 号、46 号、47 号等。这类房屋面积一般约 20 平方米，最小的 4—5 平方米，最大的 160 平方米。其特点是：四角呈圆角，凹入地下的房基，时间偏早的较深，时间偏晚的较浅。坑深的以坑壁为墙，坑浅的在坑壁上另筑矮墙，上架屋顶。门向因房的位置不同而异，门道多呈斜坡形，也有作台阶式的。门道与室内之间有门槛，居住面和墙壁涂抹草泥。47 号房址，根据遗迹复原，应是一座四面坡大房子。长方形房屋有半坡 1 号房址，复原后面积达 160 平方米，房基中间有四根做正方形排列的大木柱，木柱顶端用树杈架设横梁，连同周围的小木柱和"附壁柱"一起支撑屋顶，屋顶上铺盖茅草。屋檐离地面较近，门道较窄，估计约 1 米宽、5—6 米长。地面木构建筑房屋有方形和长方形两种。前者有半坡 24 号、39 号等房址，姜寨 1 号、77 号、103 号等房址；后者有姜寨 63 号房址。根据地面建筑结构推测，这类房屋有些可能是两面坡出檐的平房，有些可能是四角攒尖式或东西两面坡的房屋。

---

① 参见李学勤、张岂之总主编，吴汝祚主编：《炎黄汇典》（考古卷），吉林文史出版社 2002 年版，第 405—406 页。

② 参见冯沂：《河南舞阳贾湖新石器时代遗址第二至第六次发掘简报》，《文物》1989 年第 1 期。

圆形房屋从结构上分析可分为地面木构建筑、半地穴式建筑和地穴式建筑三种。地面木构建筑有半坡 22 号、姜寨 44 号以及山西芮城东庄村仰韶文化 201 号等房址；半地穴式建筑有半坡 3 号、姜寨 127 号等房址；地穴式建筑有姜寨 124 号等房址。这类房屋的共同特点是：房址平面近似圆形，直径一般为 4—6 米，个别面积较小，门向视房屋所在位置而定，房屋中间对着门口有一灶坑，灶坑有长方形、圆形、瓢形，灶坑与门口之间的门道两侧有隔墙，隔墙有密集的小柱洞，房子周围墙壁内也有许多柱洞，墙壁涂抹草泥，内壁光滑，外壁较粗糙，室内有一、二、四、六个不等的柱洞，是支撑屋顶的主柱。从倒塌的屋顶和墙壁残存看，似有紧密排列的木椽、藤条、树枝等上覆以草泥土，屋顶形状大体与屋内木柱分布相适应，有呈圆形、椭圆形的平顶，也有类似"蒙古包"那样的尖锥形。①

综上可见，考古成果印证了在代表炎帝氏族时代的仰韶文化中晚期，在房屋结构设计和建筑技术上，已经开始以地面建筑为主，虽然仍存在半地穴式、地穴式和新出现的窑洞式建筑等，但"构木为屋"的情况显然已经存在。

八、调琴和瑟：削桐绳丝以化民俗

古籍文献中不乏关于炎帝神农氏发明乐器、做琴乐以教化民众的文字记载。

1.《世本·作篇》：

> 神农作琴。神农氏琴长三尺六寸六分，上有五弦，曰宫、商、角、徵、羽。文王增二弦，曰少宫、少商。

2.《世本·作篇》：

> 神农作琴……神农作瑟。

---

① 参见信阳师范学院《炎黄学概论》编委会编著，李俊、王震中主编，梁枢、姚圣良副主编：《炎黄学概论》，人民出版社 2021 年版，第 209—210 页。

3.《竹书纪年·统笺·前编》：

（神农）作五弦琴。

4.《杨子》：

昔者神农造琴以定神，禁淫僻，去邪欲，反其天真者也。

5.《风俗通义·声音》：

琴，谨按《世本》："神农作琴。"《尚书》："舜弹五弦之琴，歌《南风》之诗，而天下治。"

6.《新论·琴道》：

昔神农氏继宓羲而王天下，亦上观法于天，下取法于地，近取诸身，远取诸物，于是始削桐为琴，绳丝为弦，以通神明之德，合天地之和焉。琴长三尺六寸有六分，象棋之数。厚寸有八，象三六数。广六寸，象六律。上圆而敛，法天。下方而平，法地。上广下狭，法尊卑之礼。琴隐长四寸五分，隐以前长八分。五弦，第一弦为宫，其次商、角、徵、羽。文王、武王各加一弦，以为少宫、少商。下徵七弦，总会枢极。足以通万物而考治乱也。八音之中，惟丝最密，而琴为之首。琴之言禁也，君子守以自禁也。

7.《魏书·志·卷十四》：

农皇制瑟。

8.《傅子》卷三：

傅玄《琴赋序》云：神农氏造琴，所以协和天下人性，为至和之主。

9.《隋书·音乐志》:

丝竹之属四：一曰琴，神农制为五弦，周文王加二弦为七者也。

10.《史记索隐》卷三十:

（炎帝神农氏）作五弦之瑟。

11.《白孔六帖》卷六十二:

神农氏削桐为琴，绳丝为弦，以通神明之德，合天地之和。

12.《帝王世纪》:

神农作琴，文王益其少宫少商，听凤以定律。

13.《路史·后纪三》:

（神农）制雅琴，度瑶瑟，以保合太和而闲民，欲通其德于神明，同其和于上下。

14.《事类赋》卷十一:

（琴）或曰神农始造。《琴书英》曰：昔者神农造琴，以定神，禁浮僻，去邪欲，反其天真者也。

15.《事物纪原》卷二:

琴，《说文》曰：琴，神农所造，洞越练朱五弦，至周文增其二。《帝王世纪》曰：炎帝作五弦之琴。桓谭《新论》曰：神农氏始削桐为琴，绳丝为弦，又曰周文王、武王各加一弦。《广雅》又云：神农琴长三尺六寸六分，止有五弦，文王增二弦。《隋音乐志》曰：琴，神农制为五弦，周文王加二弦为七者也。《高氏小史》曰：炎帝叫人作五弦之琴。

瑟，《西都赋》曰：神农造瑟。

乐，神农乐名《扶持》，亦曰《下谋》。

16.《资治通鉴外纪》：

神农氏，姜姓，长于姜水，以火承木，故为炎帝……一曰连山氏、伊耆氏、大庭氏、魁隗氏。都鲁，以火纪官……削桐为琴，绳丝为弦，以通神明之德，合天人之和。

17.《广博物志》卷三十四：

昔神农造琴，以定神，齐媱嫚，去邪欲，反天真者也。

18.《苑洛志乐》：
卷九

《通典》："琴，《世本》云神农所造。《琴操》曰：《扶来》，伏羲作琴，所以修身理性，反其天真也。《白虎通义》曰：琴，禁也，禁止于邪，以正人心也。"

卷二十

《通典》："伏羲乐名《扶来》，亦曰《立本》；神农乐名《扶持》，亦曰《下谋》。"

19.《古今事物考·乐器》：

琴《世本》曰：伏羲造琴。《隋志》曰：神农制五弦，周文王加二弦为七。

20.《说文解字·卷二十四·琴部》：

琴，禁也，神农所作，洞越，练朱五弦，周加二弦。象形。

21. 清爱新觉罗·玄烨撰，张玉书等编录《圣祖仁皇帝御制文集》卷二十一:

神农氏王天下而作琴……琴者，禁也，禁入于邪，以正厥心，则闲邪存诚之道更寓于是。

上述诸多文献记载均表明，琴、瑟的发明皆与炎帝神农氏有着一定的关系，他将梧桐树的木料刮削成琴身，将蚕丝加工成琴弦，发明了五弦琴，从而开启了中国乐器制作的先河，亦开创了用音乐教化民众的为政治理方法。

从考古资料看，随州曾侯乙墓中就曾发现了在秦汉时期失传的五弦琴，琴全长115厘米，折合为三尺四寸五分，同《世本》所说的五弦琴相差无几。

千百年来，古琴不仅是传统士大夫高雅文化的代表，而且与道德操守、家国兴亡、国民教化等家国关系密切相关，是中国传统文化价值体系的核心组成部分。自神农作琴教化民众以来，琴并不是以音乐艺术为发展主流，而是被历代文人士大夫视作"传道之器""修身之器""养德之器"而不断地加以宣传与捍卫。古琴文化的内涵，也早已超出了单纯音乐艺术的范畴，而成为一种融音乐、宗教、政治、艺术、文学、哲学、道德、养生等为一体的综合文化体，"琴道"则成为这一综合文化体的核心和精髓部分。

东汉时期，桓谭对神农琴道专门作文阐发，其思想大意是：第一，"神农氏继宓羲而王天下，亦上观法于天，下取法于地。近取诸身，远取诸物。于是始削桐为琴，绳丝为弦，以通神明之德，合天人之和焉"。第二，"神农氏为琴七弦，足以通万物而考理乱也"。第三，"昔神农、伏羲王天下，梧桐作琴……上圆而敛，法天；下方而平，法地。上广下狭，法尊卑之礼"。第四，"琴之言禁也，君子守以自禁也"。"琴者，禁也。古者圣贤玩琴以养心，穷则独善其身而不失其操，故谓之操。达者兼善天下，无不通畅，故谓之畅"。第五，"下徵七弦，总会枢极"。第六，"八音广博，琴德最优"。①考察上述六种观点，第一是从琴道而言，认为琴"通神明之德，合天人之和"；第二、三、五是从政治角度立意，认为琴与政通，琴文化可以"考理乱""法尊卑""总会枢极"；第四、六则是从修身、教化角度立意，指出"琴德最优"，琴具有"言禁"的功能，君子以琴"自禁"。君子理应恪守琴德，"达则兼济天下，穷则独善其身"。

唐朝杜佑说："夫音生于人心，心惨则音哀，心舒则音和……是故哀、乐、喜、怒、敬、爱六者，随物感动，播于形气，叶律吕，谐五声……乐也者，圣人之所乐，可以善人心焉。所以古者天子、诸侯、卿大夫无故不彻乐，士无故不去琴瑟，以平其心，以畅其志，则和气不散，邪气不干。此古先哲后立乐之方也。"②这种观点直接把修身治国与习琴之道结合了起来。

北宋范仲淹更是直截了当地推崇习琴的修身治理之道，反对在"妙指美声"的琴技上面下苦功夫。他说："盖闻圣人之作琴也，鼓天地之和而和天下，琴之道大乎哉！秦作之后，礼乐失驭，于嗟乎，琴散久矣。后之传者，妙指美声，巧以相尚，丧其大，矜其细，人以艺观焉。"③范仲淹批评后世习琴者"尚巧""丧大""矜细""妙指美声"，对把古琴从道器降至"以艺观"的音乐演奏工具深恶痛绝。这种观点，在数千年传统社会士大夫阶层一直占据着统治地位。在传统士人的视野中，琴是"观政""治世""宣化""养德""修身"的重要法器，而不是"繁手淫声""妙指美声"的艺术载体。这种"中华正声"的历史传统，正是承继炎帝神农氏的琴道发展而来。

---

① ［东汉］桓谭著，吴则虞辑校：《桓谭〈新论〉》，社会科学文献出版社 2014 年版，第 92—98 页。

② ［唐］杜佑撰，王文锦、王永兴、刘俊文等点校：《通典·乐典》，中华书局 1988 年版，第 3587 页。

③ ［北宋］范仲淹撰：《宋本范文正公文集》第二册，国家图书馆出版社 2017 年版，第 204 页。

第八章　民族始祖：炎帝祭祀与文化认同

中华民族共同体渊源于上古华夏族的形成。炎帝氏族在中华民族的形成过程中具有先驱者的地位和作用。在中国历史上，炎黄并称，被公认为中华民族的民族共祖和人文始祖，具有重要的地位和影响。《淮南子·修务训》说："世俗之人，多尊古而贱今，故为道者必托之于神农、黄帝而后能入说。乱世暗主，高远其所从来，因而贵之。为学者，蔽于论而尊其所闻，相与危坐而称之，正领而诵之。"事实诚然。数千年来，不管是中原王朝，抑或是各少数民族建立的政权，都存在着一个争取和利用"中华统绪"合法性资源的问题。中原王朝自不必说，就是由边地崛起的少数民族政权如元、清等王朝，它们如果想要顺利地实现对全国的统治，都要以对炎黄的始祖认同、文化认同和政治认同为基础。他们都以炎黄子孙自称，均承认炎黄二帝在中华统绪中的至尊至贵地位，为其入主中原寻求统治权的合理性、合法性与正统性的根据。更重要的是，作为以农本、民本的观念为核心的炎帝文化，成为五千年来中国历代王朝治国理政的重要政治文化。作为民族共祖，炎帝神农氏信仰对于促进海峡两岸文化认同、民族认同，对于实现国家统一、完成中华民族的伟大复兴事业皆具有重大的历史与现实意义。

一、海纳百族：炎帝氏族与中华民族

（一）炎帝氏族在华夏族形成时期之地位

炎帝文化的一个重要特征即是它的中华民族血缘之根与文化之根的重叠。

华夏族是今天汉族的前身，这一称谓很可能在春秋时期就出现了。《春秋左传正义·闵元年》："华、夏，皆谓中国也。"从历史上看，华夏族这一称呼代表了中国历史上早期民族主体成分演变、形成的过程。

讨论华夏族的形成，应该从炎、黄二族的来源、融合与变化说起。炎、黄二族上承伏羲氏，在漫长岁月的磨合中，到黄帝时代，华夏族逐渐在统一战争的环境中开始形成和发生变化，总的趋势是在不断融合中成为一个强大、统一的民族。梁启超说："华夏民族，非一族所成。太古以来，诸族错居，接触交通，各去小异而求大同，渐化合以成一族之形，后世所谓诸夏是也。"[1] 所谓华夏族，在古代文献中，是指居住于中原地区的民族，简称"华""夏""华夏"或"诸夏""诸华"。《说文解字》卷十："夏，中国之人也。"这里的"夏"应是族名，"中国"是地名，即中原地区。《尚书正义》卷三："中国，为华夏也。"《左传·襄公四年》："诸华必叛。"杜注："诸华，中国。"又闵公元年孔疏："华、夏，皆谓中国也。"也都是"中原地区"的意思。华夏族之名虽出现较晚，但作为一个族体的孕育，却在炎黄时代或更早时期就已出现了。炎帝神农氏时代正是华夏族开始凝聚与形成的一个重要时期。

神农氏时代晚期，华夏最大的氏族部族主要有地处中原地区的炎帝氏族、黄帝氏族以及地处东部沿海的东夷氏族等族群。考古发现，这些大族群皆兴起于新石器时代中晚期，分别演化出仰韶文化、大汶口文化、屈家岭文化，及各自后来发展出的河南龙山文化、山东龙山文化、湖北龙山文化等。在炎帝神农氏时代，"炎帝开辟了华夏族以中原为核心的共同的生存地域，创造了华夏族以粟作农业为主的共同的

---

[1]　卢勋等著：《中华民族凝聚力的形成和发展》，民族出版社 2000 年版，第 143 页。

经济生活，建构了华夏族以英雄祖先为对象的共同的心理崇拜，建立了华夏族以姜、姬二族互通婚姻的血缘关系"①。

从炎黄交替时代起，炎帝氏族、黄帝氏族开创的姬、姜二族的通婚、联合关系，使他们成为华夏族主要组成部分。因此，从某种意义上可以说，"炎黄子孙"反映了华夏族源远流长的"血脉"上的关系，更反映出中华民族对寻根文化的重视。从历史来看，上古涿鹿大战促成了炎黄两族的联盟与两大部族的血缘、经济、文化的融合。经过这次上古大战，华夏族的主体部分已经开始形成。此后，随着人口的增加、生存空间的艰难以及其他多种因素的影响，一部分原居于中原地区的氏族不断外迁。此时，炎帝氏族有一部分退居于南方各地，其中九黎（夷）族占据了长江中下游流域的广阔地域。从历史来看，炎帝氏族的很大一部分原本就散居于江汉两湖、西南、东南各地，称呼也由九黎到三苗再到苗蛮不断变化。北徙的部分后来被视为北狄。随着炎帝氏族的迁徙，他们与所到之处原有氏族交错居住，互通婚姻，打破原来的血统关系与文化习俗，互相融合，在中华民族起源和形成的过程中作出了奠基性的贡献。炎帝氏族奠定了黄河、长江、珠江、辽河等流域以及草原大漠各氏族融合的基础；建立起了炎黄两族长期通婚、合作和联合的关系；创立了海纳百川、和而不同、多元一体、密不可分的各民族大融合模式；开创了以农业生产为主、农耕与游牧并存的共同经济生活方式；建构了以炎黄始祖为尊崇对象的各氏族部落共同的心理崇拜和精神信仰。

据唐林宝所撰《元和姓纂》一书记载，从黄帝时代到春秋时期，炎帝氏族有重大影响者尚有：

> 封，姜姓。炎帝之后封钜为黄帝师。
>
> 齐，炎帝姜姓之后。
>
> 申，姜姓炎帝四岳之后。

---

① 陕西省地方志编纂委员会编：《陕西省志·炎帝志》，三秦出版社 2009 年版，第 97 页。

神，《风俗通》云：神农氏之后。

根水，神农氏纳根水氏女为氏。

三乌，姜姓，炎帝之后为侯国，因氏焉。

纪，姜姓，炎帝之后，封纪。

许，姜姓，炎帝四岳之后。

吕，炎帝姜姓之后。

路，炎帝之后，黄帝封其支子于路。

大，《风俗通》：大庭氏之后。又大填、大山稽，黄帝师。

又，据南宋罗泌所撰《路史》，从其卷二十四《国名纪·炎帝后姜姓国》的记述中，亦可以窥见炎帝氏族在中华民族形成过程中的重要地位和作用。

伊，盖亦上世所国，今洛之伊阳县有伊水，尧之母家伊侯国。

耆，侯爵，自伊徙耆，爰曰伊耆，一曰阢黎也。故《大传》作西伊戡耆；《史记》言文王伐阢。

厉，帝之潜邦，一曰列，是曰列山，亦曰丽山，即厉山。今随县之北，厉乡，即赖乡也。有厉山在随县北百里，神农是生。春秋之厉国，通为赖，然厉、赖异。

姜，扶风姜阳有姜氏，城南有姜水。

封，封钜国，黄帝封之，是为封胡。《通典》云：封丘，古封国也。今隶开封，有封父亭、封丘台即封父国。

逢（逄），伯爵，伯陵之国，黄帝所封。夏有逢（逄）蒙。《穆天子传》，逢（逄）公其后也，地今开封逢（逄）池，一曰逢（逄）泽。

北齐，《内传》：齐之先有逢（逄）伯陵，盖伯陵前封逢（逄），后改于齐，故《山海经》有北齐之国，姜姓，是两齐云。

殳，伯陵之子，尧代有殳戕，即齐地冒淳也，一［曰］朱，故传作朱戕。

江水，祝庸之封地，今朱提。

吕，侯爵，伯夷之封，杜预谓在南阳宛西，南阳，今隶邓。而太公乃出东吕，吕，莒也。霍邑亦曰吕，武德初为吕州。《图经》以新蔡为古吕国，盖后来之吕。

甫，近申，在周亦曰甫，一作郙。

申，伯爵，初为侯，平王母申姜国，楚灵迁之，今信阳军之方城内也。唐申州之南阳，汉之苑县……《潜夫》谓在南阳苑北序山之下，所谓于邑、于序者。

谢，伯爵，《荆州记》棘阳东北百里谢城，是有谢水。棘阳城在唐之湖阳西北。

汲，太公居，今汲郡治，汲县有古汲城，在故新乡东北四十八里，有太公泉及庙。

齐，侯爵，伯陵氏之故国，以天齐渊名。吕尚，复封都营丘，今青之临淄也。然营丘故城乃在潍之昌乐，故莱侯与太公争营丘，后胡公徙薄姑，《地志》谓尚封薄姑非。

许，男爵，太叔之封，郑灭之。王符云颍川许县，周靖帝始为州，今治长社，一作鄦，《说文》作䣛。

焦，许灵公徙叶，至悼公迁城父曰焦夷。春秋时为陈邑，楚并之，魏为谯郡，后周为亳州，今亳治，谯县有古焦城。谯、焦，一也。

析，地即白羽，今邓之内乡也。郑樵以为淅川。斯遘迁容城，今华容。《内传》齐之先，有逢（逄）伯陵。而《伯益书》："炎帝生器，器生伯陵。"故《周语》谓："天鼋之分，我之皇妣太姜之侄，伯陵之后，逢（逄）公之所凭神。"伯陵，太姜之祖。逢（逄）公，伯陵之后。为商侯伯，封于齐地。而《伯益书》更有北齐之国姜姓，是知伯姜，姜姓，炎后，前封于齐，而太公其继焉者也。

艾，隐公盟处。今牟县东南有艾山，杜预疑为临沂东有艾亭。

隰，犁也，一曰犁丘。预谓：济南隰阴县，或云隰郲，在怀西南，怀贞观入武陟。

柯，齐邑。柯泽在郓之东阿，与郑、卫之柯异。

丙，邴也。宋之下邑，晋大夫所封，古邴炎国。

高，高氏，故高城，在齐之禹城，汉故县。

棠，大夫棠公邑。晏弱围棠。预云，国也。今莱之即墨有棠乡，与鲁棠异。

檀，武王时，有檀伯达。《舆地志》，瑕丘檀城，古灌檀也。瑕丘，今隶兖，有檀乡，或作坛。

若，鲁贤若士出于此。齐地。与蜀、吴兴之若异。

井，周有井伯。《广韵》云子牙后。或云虞公族，非，字书作邢，误。

剧，齐附庸，今淄川剧县。

颙，齐邑，乃齐宋战处。

崔，丁公子采。预云："济南东、朝阳西北有崔氏城。"

卢，姜姓后封。今齐之卢城，汉县，有卢水。

章，郓东平亡盐东北有章城，古章国，齐人降之。

高堂，《风俗通》云高傒采。

闾丘，本属莒，后归郓。预云："南阳县北有显闾亭。"

廪丘，《世本》："齐大夫廪丘子"邑，今济之郓城北，有廪丘故城。汉廪丘县，属东都。

梁丘，齐宋遇处。《穀梁》："谓曹邾之间，去齐八百。"预云昌邑西南梁丘乡。今武成有梁丘山。

虞丘，《世本》：又有梁丘、虞丘，皆齐采地。

移，《风俗通》：齐公子雝采于移，后为氏。右齐之分。

氐人，《山经》云炎帝孙灵恝生氐人，为氐国。

狄历，后为敕勒。《通典》铁勒自西海东据山谷，不绝，骨仆同罗韦、讫拔、野古、都波、覆罗，并号俟斤。

廧咎，杜例云："赤狄别种。"

皋落，杜例："赤狄别种。"《盟会图疏》云："在潞州。"今绛之垣县西北六十故皋落城是，世曰倚薄。

玄氏，乞姓羌也。今文凤二竟白马氏者居仇池，曰氐侯。今兴、武、成、阶四州地，盖岐陇而南，汉川以西，皆氐云。

杨、柜、泉、皋、伊雒、陆浑、九州之戎。

僖公十一年，有杨、柜、泉、皋、伊雒之戎。二十二年，有陆浑、九州之戎。陆浑河南属县，杨、柜不见，而泉乃洛阳西南之泉亭，伊雒之间，则洛阳县西南之故戎城，皆姜戎也。秦晋诱致而城于此，或以为允姓戎者非。

赤狄，隗姓，故上党地。今洺州地。

露，参卢之封。茶陵露水乡有露水山，予访炎陵，稽其始封，字亦作露，盖商周间，衍于河东北尔。

路，参卢后，春秋之潞子，都曲梁。周置潞州。今之潞城，汉故县，亦作路，有潞水，潞子庙。

隗氏，《山海经》有员神隗氏。春秋隗氏之地。

潞，齐邑。昔鲍子及潞者，一云土军县。今有地曰露，汉之东露，而幽之潞县，亦有潞水（即潞河露河也），知后代之承袭，犹殷商、楚郢，所至以为名也。

甲氏，潞氏属，晋灭之。

留吁，潞氏属，屯留故城南，即故留吁国也。与潞俱附中国，为赤部胡。

舟，秃姓，亦有舟人，明为国也。古器有舟姜敦，《博古图》读为周敦矣。按楚有息舟，齐地亦有舟道。

骀，后稷母有骀氏，后秦王复取于骀，鲁东鄙地，今沂之费县南故骀亭是，地接齐。

淳，是为淳于故城，在高密之安丘东北，故淳于县属北海。郦元云："本夏之斟灌国。"武王以封淳于公。杞并之，遂迁江南，预云："华容，今监利也。"

戏，骊山之北，水名。今新丰有戏亭，幽王死焉。或云幽褒戏此而名，妄也。正音希。

怡，一曰默怡。今营之柳城，亦作台，即墨台，禹师墨如，或云墨台。

孤竹，今平之卢龙东有古孤竹城，小白之所至。《地道记》："在肥如南十二里，秦之离支县，汉令支也，营州皆其地，一作觚。"

向，向姜国。今河阳西北三十五有向城。郦元云："轵南四十五向城。"璠预皆以河内轵西有向而无城，疑为苏田。按：《纪年》郑侯使韩辰归晋阳向，二月城阳向。故《十三州志》云："轵县南山西曲，有故向城，即周之向国。"然代以为承之向，乃莒邑。

州，桓公五年，州公如曹，说者为即淳于。《舆地广记》："高密夷安城淳于，本春秋州国也。"今海之东海县，有大小州山。或云怀之武德，非有州氏。

薄，今拱之考城东北有薄城，汉县属山阳，本宋地。

甘，京兆鄠西南五里有甘亭，甘盘之国。启扈战于此。

纪，侯爵，姜姓。《舆地广记》："纪侯故城在寿光。"《世纪》云："周文妃国姜姓，非也。桓王后季姜也。"

随，随侯，炎裔。故李白云："汉东之国，神农之后，季良为大贤。"而世以为姬姓，详周后国。

酅，纪要邑后为齐附。预云："故谷城西，有地曰巂下。"《续述征记》：安平有酅亭。安平，齐废。今隶临淄。

纪鄣，杜例："赣榆东北有纪城，此纪鄣也。"今怀仁东北七十五有纪鄣城。

黑齿，姜姓。《山海经》黑齿之国，帝俊生，其中宜梁竟。

阪泉，姜姓，其后蚩尤强霸。《周书》云："阪泉氏用兵，无已而亡。"今怀戎涿鹿城东一里阪泉是。

小颢，参卢命蚩尤宇此。今安邑有蚩尤城，宜是。

神农之姚，在于茶陵，而潞水之乡，潞水之山，若诸露之名，遍于茶陵、攸邑、潭衡之境，益以是知诸露之始有在于此。殷周之代，衍出幽冀上党之郊尔，书其爵土，又书其名氏，又别其种族，徒以见盛衰之不常，其重绝先王之世也。三五而来，未闻有贤狄也。

（二）炎帝氏族与"四夷"的历史渊源

所谓"四夷"，是历史上华夏族对周边东夷、北狄、西戎、南蛮等族群的"简称"。这种说法在商周时期就已经比较明确了，《礼记·王制》曰：

> 凡居民材，必因天地寒暖燥湿，广谷大川异制，民生其间者异俗。刚、柔、轻、重、迟、速异齐，五味异和，器械异制，衣服异宜。修其教，不易其俗；齐其政，不易其宜。中国、戎夷五方之民，皆有其性也，不可推移。东方曰夷，被发文身，有不火食者矣；南方曰蛮，雕题交趾，有不火食者矣；西方曰戎，被发衣皮，有不粒食者矣。北方曰狄，衣羽毛，穴居，有不粒食者矣。中国、夷、蛮、戎、狄，皆有安居、和味、宜服、利用、备器，五方之民，言语不通，嗜欲不同，达其志，通其欲，东方曰寄，南方曰象，西方曰狄鞮，北方曰译。

上文所谓的东夷、西戎、南蛮、北狄，是从两层意义上来划分春秋战国时期边疆少数民族的。一是以地域来划分，以周王室为中心从大的东、西、南、北四个方位来进行划分；二是以习俗为区分标准，如所谓"粒食之民""羽毛穴居""不火食者"等，但仅就其中颇有代表性的一部分习俗而言，并不十分严格，最初并无贬义，而仅是作为对生活在所谓中原地区之外的四方之民的泛称而已。[1]"四夷"与炎帝氏族有着较深的渊源关系，"当时所谓东夷、西戎、南蛮、北狄及羌、氐诸族，泰半为炎帝之后"。"当时四夷皆炎帝一族"，"东夷之区域，由青、齐而海嵎，而兖、徐。狄貉之区域，由河北、山西中部而北部而边塞。羌戎之区域，由伊、洛而陕而川。苗蛮之区域，由河南南部而皖而鄂而浙而赣而云、贵。其间不无交迁互移之处，全局之情势大抵如斯也。因其同为炎族，故总名曰夷。"[2]

---

[1] 参见陕西省地方志编纂委员会编：《陕西省志·炎帝志》，三秦出版社2009年版，第102页。

[2] 王献唐：《炎黄氏族文化考》，齐鲁书社1985年版，第13、27页。

1. 炎帝氏族与西戎

《礼记·王制》："西方曰戎。"《说文解字》卷二十四："戎，兵也，从戈，从甲。"戎的含义有广义、狭义之分，广义的戎指古代西方、北方高原或山区的氏族与部落，有的又迁于内地；狭义的戎，则是指西戎，亦即华夏族所称谓的西戎族群，分布在陇山（今陕西与甘肃的分界处）以西。① 《尔雅·释地》："九夷，八狄，七戎，六蛮，谓之四海。"注曰："七戎在西。"《大戴礼记·明堂》："南蛮，东夷，北狄，西戎。"《礼记·明堂位》有"六戎"之说。《周礼·夏官·职方氏》则称有"五戎"。可见，西戎是对西陲之民的泛称。西戎是居无定处的游牧民族，善于骑马射箭，以羊、牛、马肉为主食。他们"逐水草而徙。毋城郭常处耕田之业……儿能骑羊，引弓射鸟鼠，少长则射狐兔，用为食。士力能弯弓，尽为甲骑，其俗，宽则随畜，因射猎禽兽为生业，急则人习战攻以侵伐，其天性也。其长兵则弓矢，短兵则刀铤。利则进，不利则退，不羞遁走。苟利所在，不知礼义"②"以战死为吉利，病终为不祥。堪耐寒苦，同之禽兽。虽妇人产子，亦不避风雪。性坚刚勇猛，得西方金行之气也。"③ 从西戎中分化出来的主要氏族有氐、羌，他们中的一部分在不断东迁的过程中与炎帝氏族融合，并以炎帝为其宗神，自称为炎帝后裔。《山海经·大荒西经》中有"炎帝之孙灵恝，灵恝生氐人"的记载，就说明了这一点。一部分往西迁徙，逐步发展成其他少数民族。至春秋战国时期，部分氐、羌人已逐渐融入华夏族之中，从新石器时代到青铜器时代的马家窑文化、齐家文化、卡窑（约）文化、唐汪文化、寺洼文化及安国文化等古代氐、羌人的文化遗存，都证明了西戎与炎帝氏族有着一定的关系。④

2. 炎帝氏族与北狄

《礼记·王制》："北方曰狄，衣羽毛，穴居。"《礼记·乐记》注："'狄涤，往来疾貌。'古谓之狄，今谓之跳，指兽奔而言，殆即麋鹿之属也……北方地多走兽，因

---

① 参见陕西省地方志编纂委员会编：《陕西省志·炎帝志》，三秦出版社 2009 年版，第 102 页。

② 《史记·匈奴列传》。

③ 《后汉书·西羌传》。

④ 参见陕西省地方志编纂委员会编：《陕西省志·炎帝志》，三秦出版社 2009 年版，第 104 页。

名曰狄，更名所居之族人亦曰狄。"① 北狄的氏族或部落亦相当多，古称山戎、荤鬻、熏育等，初期活动于今陕北、晋北、冀北及内蒙古南部一带。五帝时期所说的北狄，指的就是这些北方部族。《大戴礼记·千乘》："北辟之民曰狄，肥以庆。"《说文解字》卷十九："狄，赤狄，本犬种。狄之为言，淫辟也，从犬，亦省声。"这是说北狄是以"犬"为图腾的民族。北狄诸氏族与炎帝氏族交往较早，陕北、晋北、冀北及内蒙古南部的仰韶文化遗址，可以佐证炎帝氏族的文化已扩展到内蒙古河套一带地区，与荤鬻交错相居，共同生产和生活。② 后来，随着黄帝氏族兴起，遍居于渭河及黄河以北，渐与北狄交往增多，故《山海经·大荒西经》说："有北狄之国，黄帝之孙曰始均，始均生北狄。"显然，这是炎黄两族融合后，北狄又尊奉黄帝为祖先，其意义与尊奉炎帝为祖先是一样的。到商周时期，炎帝氏族后裔有的已发展成为诸侯。他们来源复杂，但皆属于炎、黄族系，如赤狄隗姓为炎帝之裔等。

3. 炎帝氏族与东夷

关于东夷，《说文解字》卷二十释云："夷，平也。从大，从弓。东方之人也。"可见东夷最初大概是指东方以狩猎为生的民族，它的地域范围大约在淮河以北和黄河下游地区。东夷族不仅是一个古老的部族，而且很早就与炎、黄两族关系密切。东夷的氏族部落众多，古代有所谓"九夷"之称。由于炎帝氏族与东夷氏族部落的紧密关系，所以东夷氏族部落归依炎帝氏族者不少，有的还自称是炎帝后裔，如《路史·后纪四》就说蚩尤上泰山"兴封禅，号炎帝"。至炎、黄氏族结合进入黄帝时代时，次于蚩尤的少昊等氏族部落亦主动加入了黄帝联盟，从而出现东夷与华夏族大融合的趋势。

4. 炎帝氏族与南蛮

《礼记·王制》说："南方曰蛮。"《说文解字》卷二十五云："蛮，南蛮，蛇种，从虫，䜌声。"南方潮湿，多虫蛇，因称其地为蛮。蛮人与炎帝氏族更是有着密不可

---

① 王献唐著：《炎黄文化氏族考》，齐鲁书社 1985 年版，第 47 页。

② 参见陕西省地方志编纂委员会编：《陕西省志·炎帝志》，三秦出版社 2009 年版，第 105 页。

分的关系，除了本就长期居住在南方的炎帝氏族部落外，关系最密切者还有黄帝时代的九黎、颛顼时期的三苗、尧舜禹时期的苗蛮等，这种情况已为考古发掘的长江中下游城背溪文化、彭头山文化、河姆渡文化以及后来的大溪文化、马家浜文化等遗址资料所证明。①

关于三苗与炎帝氏族的关系，历代史籍对此记载颇为详细。

《史记·五帝本纪》说："三苗在江淮荆州为乱。"《淮南子·修务训》注云："三苗之国在彭蠡。"《韩诗外传三》《说苑·君道》皆云："三苗氏，衡山在其南，岐山在其北，左洞庭之陂，右彭蠡之川。"由此可见，三苗活动的主要范围在今长江中游地区的湖北、湖南、江西等省一带。

至于三苗的源流及其历史演变，《后汉书·西羌传》说："西羌之本出自三苗，姜姓之别也。"《左传·文公十八年》说："缙云氏有不才子，贪于饮食、冒于货贿……谓之饕餮。"《史记集解》引贾逵曰："缙云氏，姜姓也。炎帝之苗裔，当黄帝时任缙云氏之官也。"郑玄注："三苗为饕餮。"马融曰："三苗，国名也，缙云氏之后为诸侯，盖饕餮也。"宋项安世《项氏家说》卷三《三苗族系》对炎帝氏族与三苗渊源关系的脉络解释得比较清楚：

> 《左氏春秋传》，昭公九年，周人以姜戎咎晋，言曰先王居梼杌于四裔，故允姓之奸居于瓜州，而惠公实诱以来。杜预谓允姓即姜戎之别，瓜州三危之地。按此，则姜戎者，三苗之后也。襄公十四年，晋人责姜戎，亦言为惠公自瓜徙洛。戎子对曰：我姜戎，四岳之裔也。按姜姓，实出太岳，则三苗氏又四岳之后。文公十八年，史克列叙四凶，谓三苗为缙云氏不才子。按缙云氏，实黄帝时官名，则四岳又缙云氏之后也。隐公十一年，郑庄公谓许为太岳之胤，杜注言太岳神农之后，尧四岳也。按神农氏，姜姓，则缙云氏又神农之后也。盖神农氏没，子孙仕于黄帝为缙云氏，仕于尧为四岳，而四岳之子孙受封于南方者

---

① 参见湖南省地方志编纂委员会编：《炎帝陵志》，湖南人民出版社 2019 年版，第 61 页。

为三苗，三苗之子孙长于西方者为姜戎云。齐灭纪，晋灭姜戎，楚灭申及许，陈氏灭齐，则四岳之子孙固皆亡于春秋之时矣。然西魏时宕昌羌梁企定，犹是三苗之后，其所凭藉实远大云。

可见，二苗应该是炎帝族裔，黄帝时代为九黎，开始由中原地区向四方迁徙。颛顼时期称三苗，共工及四岳即是炎帝族裔的代表。尧舜禹时期，炎帝族裔与黄帝族裔矛盾激化，尧舜禹遂称不服从的这部分炎帝氏族为"苗蛮"，并不断对之进行军事讨伐。在这种情况下，长江流域中下游地区遂逐渐成为炎帝后裔三苗居住和活动的主要场所。

另外，有资料记载古越族也与炎帝氏族存在一定的渊源。古越族后世统称为百越，主要活动范围在今南方的两湖、闽浙、两广地区。传说古越族的一支扬越人就是炎帝的后裔，从居住区域和生活习俗上看，与早期南迁的炎帝族裔九黎族有关。据历史传说，炎帝神农氏三世孙帝明之子禄续即是百越族的先祖。[①]

总之，炎帝氏族与华夏族、"四夷"的形成、变化、融合与发展有着千丝万缕的联系。炎帝氏族在其发展壮大过程中，不断融合其他氏族，最终奠定了"多元一体、休戚与共的中华民族共同体"[②]的基本发展格局，说炎帝神农氏是中华民族的始祖是有历史与文化依据的。

二、万年香火：历代帝王对炎帝的祭祀

中国人素有"慎终追远""法祖敬宗"的历史传统。《礼记·祭统》曰："凡治人之道，莫急于礼。礼有五经，莫重于祭。"《史记·礼书》云："上事天，下事地，尊先祖而隆君师，是礼之三本也。"清张澍在《姓氏寻源》中说："参天之木，必有其根；

---

① 参见湖南省地方志编纂委员会编：《炎帝陵志》，湖南人民出版社 2019 年版，第 62 页。
② 信阳师范学院《炎黄学概论》编委会编著，李俊、王震中主编，梁枢、姚圣良副主编：《炎黄学概论》，人民出版社 2021 年版，第 517 页。

怀山之水，必有其源；人之有祖，亦犹是焉。"对炎帝神农氏的祭祀是中华民族传统祭祀文化中的重要组成部分。炎帝祭祀，一方面反映了中华历史文化认同意识的加强和对民族精神的继承与弘扬，另一方面亦是中华文明连续性和中华民族凝聚力的重要保障。

（一）明堂之祭：五帝时代的祭祀

中国祭祀文化源远流长。炎黄时代，祭祀已成为先民一项重要的政治活动。《左传·成公十三年》说："国之大事，在祀与戎。"中国古人十分重视祭祀与战争，而祭祀文化早在上古炎帝神农氏时代就已经出现了。《太平御览》卷五百二十三记载："吉礼者，祭祀郊庙宗社之事是也。（起自神农氏，始教民种谷，礼始于饮食，吹苇籥，击土鼓，以迎田祖，致敬鬼神，皆用乐。）"《礼记·郊特牲》记载："伊耆氏始为蜡，蜡也者，索也。岁十二月，合聚万物而索飨之也。蜡之祭也，主先啬而祭司啬也。祭百种，以报啬也。祝辞曰：'土反其宅。水归其壑。昆虫毋作。草木归其泽。'"这里的"伊耆氏"即炎帝神农。"蜡祭"是一种祭祀活动，起源于田间祭祀田神。《通典》卷四十四《礼四》说："蜡之义，自伊耆之代而有其礼，古之君子使之必报之，是报田之祭也。其神神农，初为田事，故以报之。"由此可见，人们在每年岁末时"蜡祭"，以祈求来年风调雨顺、五谷丰登的祭祀历史可能在神农氏时代就开始了。《皇王大纪》卷一记载："伊祁氏始为蜡，蜡也者，合也，岁十二月，合聚万物索飨之，主先啬而祭司啬焉，祭百种以报啬也。"炎帝神农氏因其有开创农、医等大功德于世人，在黄帝时代，对"蜡祭"及炎帝神农氏的祭祀得以继续保持。据《云笈七签》卷一百记载，炎黄结盟统一中原后，黄帝"作下畤以祭炎帝"。《宋史·礼志第五十六》记载："按蜡始于伊耆，后历三代及汉，其名虽改，而其实一也。汉火行，用戌腊。腊者接也，新故相接，畋猎禽兽以享百神，报终成之功也。王者因之上享宗庙，旁及五祀，展其孝心，尽物示恭也。"由此可见，将祭祀典礼用于政治治理层面，则大概从炎黄时代就已经开始了。《路史·后记四》说：黄帝拥有天下后，为了统治的需要，封炎帝之后"参卢于潞，而崇炎之祀于陈"。《史记·封禅书》说："黄帝郊雍上帝。"《通典·礼四》记载："黄帝拜祀上帝于明堂。其堂之制，中有一殿，四面无壁，以茅盖，通水，水圜，宫垣为复道，上有楼，从西南入，名昆仑，天子从之入，以拜祀。"《礼记·明堂位》说："明堂也者，明诸侯之尊卑也。"黄帝以下，颛顼举神农烈山氏之子名柱者为稷神而加以祀之。《独断》卷上曰："稷神，盖厉山氏之子柱也，柱能殖百谷，帝颛顼之世，举以为田正，天下赖其功。"尧封四岳（炎帝族）于吕，奉炎帝之祀。杜佑《通典》云：虞舜祀五帝于五府，这个"五帝"之中应该包括"赤帝"。《楚辞·惜诵》有"令五帝以折中兮"之诗句，东汉王逸注："五帝，谓五方神也。东方为太皞，南方为炎帝，西方为少昊，北方为颛顼，中央为黄帝。"《大唐开元礼·吉礼》说："立夏祀赤帝于南郊。"《政和五礼新仪·神位上》说："立夏祀赤帝，以帝神农氏配。"这些记载皆不乏历史遗留的影子。20 世纪 80 年代考古成果显示，在湖北随州地区新石器时代的西花园遗址中，发现了一件保存完整的红色陶罐，罐内保留有植物颗粒腐朽后的痕迹。考古工作者推测这件红色陶罐是祭祀社神、稷神的祭器。可见，以"谷神"为重的"社稷"祭祀，在五帝时代甚至更早就已成为习俗了。

（二）社稷之祭：夏商周时代的祭祀

夏商周三代，炎帝祭祀包括祖先祭祀、农神祭祀和五方帝祭祀等多种形式，其中，祖先祭祀很可能长期保持在炎帝族裔的祭祀活动中，农神祭祀到周代则发生了实质性的变化，而五方帝祭祀可见于《周礼》，其礼当形成于周代以前较长一段历史时期。《周礼·春官·小宗伯》记载："兆五帝于四郊，四望四类亦如之。"这说明在周代炎帝是与其他四帝一起被祭祀的。先秦时期的炎帝祭祀开后世時、郊、庙、陵、（先农）坛等祭之先河。

前面说过，最早的"社稷"祭祀与炎帝神农氏开创农业、济民以食的大功德密切相关。这种祭祀，在夏商周时代被统治者进一步继承与弘扬。禹有天下，封怡（炎帝族）以绍列山；商封逢（逢）伯陵（炎帝族裔）于齐；武王克商后，追思先圣王，乃褒封神农之后于焦。封土的目的之一是延续炎帝神农氏之后对其先祖的祭祀。清孙承泽撰《春明梦馀录》卷十五《考先农》说："《诗·载芟》春耤田而祈社稷也，《正义》

曰周公、成王太平之时，王者亲耕耤田以劝农业，又祈求社稷使获年丰岁稔。"尽管炎帝神农氏的人格主体不断地发生着变化，但对炎帝神农氏的祭祀活动却一直未变。这就是说，在夏商周时代，祭祀炎帝神农氏已经成为一种传统。

《左传·昭公二十九年》："后土为社，稷，田正也。有烈山氏之子曰柱，为稷，自夏以上祀之。周弃亦为稷，自商以来祀之。"杜预注："烈山氏，炎帝也，起于厉山。"

《礼记·祭法》："夫圣王之制祭祀也，法施于民则祀之，以死勤事则祀之，以劳定国则祀之，能御大菑则祀之，能捍大患则祀之。是故厉山氏之有天下也，其子曰农，能殖百谷；夏之衰也，周弃继之，故祀以为稷。"

以上资料向我们清晰地描述了这样的情形："稷神"在夏代以前（包括夏代）是指烈山氏（即炎帝神农氏）之子，叫柱。那时烈山氏有天下，其子柱能殖百谷百蔬，所以他是"田正"，其死后，被祀之为稷神。夏德衰后，周部落里也产生了一位能殖百谷百蔬的能人，他就是弃。弃死后，也像烈山氏之子柱一样，被后人当作"稷神"来祭祀。

这样一来，历史的脉络就比较清晰了，关于"稷神"的祭祀分为两个阶段：

第一个阶段，夏商时代对烈山氏之子柱的祭祀。

夏代及夏以前是怎样祭烈山氏之子柱的，因史料的匮乏，我们只能依据司马迁《史记·封禅书》关于"夏社"的记载来判断，其曰："自禹兴而修社祀，后稷稼穑，故有稷祠，郊社所从来尚矣。"可见，夏社所祀对象为稷神，故称"稷祠"。因其是在郊外立社进行祭祀的，所以又称"郊社"。

中国古代以农立国，农事历来受到统治者的高度重视，从商代开始就有了天子祭祀神农并行耤田的礼仪。耤田，即天子亲耕之田。设立耤田的目的，是以奉宗庙，且以劝率天下尽心务农。商代金文中已有"耤田"之辞。令鼎铭文："王大耤农于淇田。""淇田"本指炎帝神农氏所耕种的淇阳之田，到商代，商王效仿炎帝神农氏，在商都朝歌南郊设立耤田亲耕，以示重视农业。周朝更是制定耤田制度，祭祀农神以示劝农之意。《诗经·周颂·载芟》："载芟载柞，其耕泽泽"，便是周天子在春耕时用以躬耕耤田的乐歌。[①]

第二个阶段，周代对烈山氏之子柱与周人先祖"弃"的同祭。

历史发展到周王朝，祭祀对象有所变化，即不仅祭祀烈山氏之子柱，而且将周人的先祖弃也列入了"稷神"范畴。特别是周王朝建立以后，作为周人先祖"弃"占据"稷神"的主要位置也就成为自然而然的事情了。《史记·封禅书》说："周公既相成王，郊祀后稷以配天，宗祀文王于明堂以配上帝。"由此可见，在周代，郊祀和明堂祭是主要的祭祀形式。不过，周代"稷神"祭祀与夏人的"稷神"祭祀一样，也属于郊祀。郊祀一般是祭天的，属于禘祭。周人的"稷神"祭祀属于禘祭中的配祭，其含义是：其后稷司农，是代天而为。这样一来，后稷也就和炎帝神农氏一样成了"农神"。

到春秋战国时期，对炎帝神农氏的祭祀进一步明确化。随着大一统文化意识的加强和大一统历史发展趋势的明朗，炎黄二帝的地位明显上升，得到越来越多诸侯国的祭祀，但这种祭祀主要是天帝祭祀，以血缘为纽带的始祖祭祀并不占主要地位。

战国早期，地处汉东的随国（即曾国）十分重视对炎帝神农氏的祭祀。从曾侯乙墓考古资料中，我们可以看出，曾国人祭祀房星，其实是祭祀以房星为首的"大辰"。1978年，曾侯乙墓出土的 E61 号漆木衣箱面有"民祀惟房，日辰于维。兴岁之驷，所尚若陈。经天常和"二十个字。学界认为，这是一首祭祀古歌，祭祀之物是房星，内容是祈求天降祥瑞，农业丰收。

房星，又称天驷星，属于西方苍龙七宿中的一宿。《说文解字》卷二十八："辰，震也。三月，阳气动，雷电振，民农时也。""辰，房星，天时也。"又云："辰者，农之时也，故房星为辰，田候也。"辰，震动，代表三月，这时阳气发动，雷电震动，是人们耕种的时令。房星的出现，标志着种田的天时到来。由此可见，"民祀惟房"，字面上看是祭祀房星，其实祭祀的是与农业生产关系密切的代表性人物——农神（炎帝神农氏）及烈山氏（炎帝神农氏）之子柱。

---

① 参见陕西省地方志编纂委员会编：《陕西省志·炎帝志》，三秦出版社 2009 年版，第 153 页。

此外，历史典籍也有秦灵公祭祀炎帝神农氏的记录。战国时期祭五帝，其中就有包括祭祀炎帝神农氏的情形。《史记·封禅书》：秦灵公三年（前 422 年），"秦灵公作吴阳上畤，祭黄帝；作下畤，祭炎帝"。据《说文解字》卷二十六："畤，天地、五帝所基址，祭地。从田，寺声。右扶风有五畤。好畤、鄜畤，皆黄帝时（祭）[筑]。或曰秦文公立也。"王筠句读："畤者，止也。其制坛而不屋，但有基址，故谓之畤。"《字汇补·田部》："畤，凡土高处曰畤。"可知所谓"畤"，与"坛"相似。坛，古时为祭祀而做的土台。《玉篇·土部》："坛，封土祭处。"陆德明释文引马融曰："坛，土堂。"《公羊传·庄公十三年》何休注："土基三尺土阶三等曰坛。"后来发展为坛上增设阶陛殿堂，成为华丽的建筑群。可见，畤是为祭祀天地和五帝所建筑的祭坛，是国家祭祀的场所。①

（三）五方帝祭：汉唐时期的祭祀

秦朝统一六国后，继承、沿袭原来秦国的祭祀制度，仍重祭"雍四畤"，其他西畤、畤也不废除，炎帝继续得到崇祀。刘邦入关后曾问："故秦时上帝祠何帝也？"对曰："四帝，有白、青、黄、赤帝之祠。"②赤帝即炎帝，这说明秦朝重视对"四帝"之一炎帝神农氏的祭祀。

汉承秦制，但在国家层面对炎帝神农氏的祭祀规格却有所上升。有汉一代，炎帝神农氏的文化地位颇高。汉代郊祭时，不仅祭祀包括炎帝在内的"五方帝"，而且每逢立夏之日也要郊祭炎帝。汉高祖刘邦为了宣扬以汉代秦的合法性与合理性，编造了赤帝子斩白帝子的故事，实际上是把炎帝尊为感生帝。"感生帝，即五帝之一也。帝王之兴，必感其一。"③刘邦建汉后，在秦朝四帝祭祀的基础上又增加了黑帝，增立黑帝祠与原"雍四畤"合为"雍五畤"，形成了完整的五帝祭祀系统。汉文帝对五帝

---

① 参见周洪宇、王文虎著：《炎黄国祭论》，福建教育出版社 2017 年版，第 156 页。

② 《汉书·郊祀志上》。

③ 《宋史·礼志三》。

祭祀尤为热衷，特意建立渭阳五帝庙、长门五帝坛。《史记·封禅书》记载："文帝出长门，若见五人于道北，遂因其直北立五帝坛，祠以五牢具。"并且"亲郊见渭阳五帝庙，亦以夏答礼而尚赤"。① 汉文帝"尚赤"，这典型地说明了炎帝在汉代五帝祭祀系统中地位的重要。汉武帝封禅时在"泰山下祠五帝，各如其方，黄帝并赤帝，而有司侍祠焉"。② 看来在汉代，炎帝、黄帝的地位似乎要高于其他三帝。汉武帝又作甘泉太（泰）一祠坛，以"五帝坛环居其下"③；于泰山下作明堂，以祠太一、五帝。《后汉书·志第七·祭祀上》："二年正月，初制郊兆于雒阳城南七里，依鄗。采元始中故事。为圜坛八陛，中又为重坛，天地位其上，皆南乡，西上。其外坛上为五帝位。青帝位在甲寅之地，赤帝位在丙巳之地，黄帝位在丁未之地，白帝位在庚申之地，黑帝位在壬亥之地。""陇、蜀平后，乃增广郊祀，高帝配食，位在中坛上，西面北上。天、地、高帝、黄帝各用犊一头，青帝、赤帝共用犊一头，白帝、黑帝共用犊一头，凡用犊六头。日、月、北斗共用牛一头，四营群神共用牛四头，凡用牛五头。凡乐奏《青阳》《朱明》《西皓》《玄冥》，及《云翘》《育命》舞。"汉代皇帝重视农桑。汉文帝即位之初，贾谊上《积贮疏》言积贮为"天下之大命"，"于是上感谊言，始开籍田，躬耕以劝百姓"④。前元二年（公元前178年）春正月丁亥，汉文帝还下诏说："农，天下之本，其开籍田，朕亲率耕，以给宗庙粢盛。"⑤ 祭先农时皇帝不仅要行祭祀大礼，还要"亲耕"，以求风调雨顺、五谷丰登。卫宏《汉旧仪·补遗卷下》云："汉五年，修复周室旧祀，祀后稷于东南。常以八月祭以太牢，舞者七十二人，冠者五六三十人，童子六七四十二人，为民祈农报功。""春始东耕于籍田，官祠先农。先农即神农炎帝也。祠以一太牢，百官皆从。"皇帝亲执耒耜而耕。而后，历朝皆在京城设坛祭祀先农，形成了规制。光武帝刘秀建立东汉时再度借助赤帝子的故事，声

---

① 《史记·孝文本纪》。
② 《史记·封禅书》。
③ 《史记·孝武本纪》。
④ 《汉书·食货志上》。
⑤ 《史记·孝文本纪》。

称汉为火德，遂使汉兴以来聚讼不休的德运之争画上了句号。光武帝建武二年（26年）在洛阳城南七里作圜丘。《后汉书·祭祀志中》："立夏之日，迎夏于南郊，祭赤帝、祝融。车旗服饰皆赤。歌《朱明》，八佾舞《云翘》之舞。"《隋书·礼仪志》记载，在北周祭礼中，"圜丘则以其先炎帝神农氏配昊天上帝于其上"。唐高祖武德年间，李渊定令每岁冬至郊天，祀昊天上帝于圜丘，配五方上帝。圜丘祭天是古代规格最高、规模最大、最为隆重的礼仪，延续至清代。而以五人帝配飨则终于明嘉靖九年（1530年）。

汉唐对炎帝神农氏的祭祀，除了郊天与先农坛外，还有明堂之祀。

明堂祭为历代皇帝祭祀的重要活动。明堂是指古代天子宣明政教即朝会、祭祀、庆赏、选士、养老、教学的地方，也有指在墓前举行的祭祀。明堂祭祀由来已久。《淮南子·主术训》说：神农"祀于明堂"。《史记·封禅书》说："初，天子封泰山，泰山东北址古时有明堂处，处险不敞。上欲治明堂奉高旁，未晓其制度。济南人公王带上黄帝时明堂图。明堂图中有一殿，四面无壁，以茅盖，通水，圜宫垣为复道，上有楼，从西南入，命曰昆仑，天子从之入，以拜祠上帝焉。"《通典·礼四》记载："黄帝拜祀上帝于明堂。""唐虞祀五帝于五府。""五帝之神聚而祭于此堂。"可见，炎帝、黄帝时代就已有了明堂祭。周制，季秋大享明堂。《汉书·效祀志下》记载：汉武帝元封五年（前106年），"祠泰一、五帝于明堂上坐"。《后汉书·祭祀志中》志第八记载："明帝即位，永平二年正月辛未，初祀五帝于明堂，光武帝配。"唐代，皇帝大享于明堂，昊天上帝居明堂太室中央，南向；皇帝近祖居上帝座之东南，西向；五方天帝则按"五行"各设一室，以太昊、炎帝、轩辕、少昊、颛顼等五人帝各于五方天帝之左。以五人帝配祭昊天上帝，以近祖配飨，用以昭示王权正统，一脉相承。[1]

此外，三皇庙祭也是唐朝以后祭祀炎帝神农氏的一项重要活动。从唐朝开始，炎帝神农氏作为有功德之远古帝王，开始在三皇庙、帝王庙中受到祭祀。唐玄宗

---

[1] 参见湖南省地方志编纂委员会编：《炎帝陵志》，湖南人民出版社2019年版，第118页。

时"于京城置三皇、五帝庙，以时享祭"①。据《唐会要》卷二十二记载：唐玄宗开元二十二年（734年）正月，诏曰："自古圣帝明王，岳渎海镇，用牲牢，余并以酒脯充奠祀。"天宝六年（747年）正月，唐玄宗诏曰："三皇五帝，创物垂范，永言龟镜，宜有钦崇。三皇：伏羲，以句芒配；神农，以祝融配；轩辕，以风后力牧配……其择日及置庙地，量事营立。其乐器，请用宫悬。祭请用少牢。仍以春秋二时致享。共置令丞，令太常寺检校。"此后，宋、金、元、明、清历代亦皆在三皇庙、帝王庙中祭祀炎帝。②

值得注意的是，在汉唐之间的魏晋南北朝时期，统治者不但继承了汉代的祭祀传统，而且也有对炎帝神农氏的始祖认同祭祀。在这个时期，对炎帝神农氏的祭祀主要表现为郊祭和耤田礼。郊祭就是南郊祭天，这一仪式是天子地位和王朝统治的象征，所以皇帝对南郊祭天特别重视。魏晋南北朝是分裂割据时期，每个政权的统治者为了争夺正统地位，都要举行郊天大典，同时祭祀包括炎帝在内的五方帝。魏文帝、蜀汉刘备、东吴孙权、晋武帝、北魏献文帝、北周武帝等都举行过郊天大典，向天下昭告自己政权的正统地位。③

需要特别指出的一点是，汉唐政权虽然重视炎帝祭祀，但始祖祭祀并不占主要地位，倒是魏晋南北朝时期，鲜卑人建立的北周和北齐政权，却明白无误地自称是炎帝神农氏之后而对其祭祀有加。北周皇帝自称为炎帝神农氏后裔。《周书·文帝纪》记载，北周统治者宇文氏称"其先出自炎帝神农氏"。据《周书·孝闵帝纪》记载，孝闵帝（宇文觉）元年（557年）祠圜丘，诏曰："予本自神农，其于二丘（圜丘、方丘），宜作厥主。"北周祭礼中"圜丘则以其先炎帝神农氏配昊天上帝于其上"。④北齐皇帝升殿时作登歌乐辞："我祠我祖，永惟厥先。炎农肇圣，灵祉蝉联。"⑤据《通

---

① 《旧唐书·玄宗本纪下》。

② 参见陕西省地方志编纂委员会编：《陕西省志·炎帝志》，三秦出版社2009年版，第218页。

③ 参见刘玉堂主编：《炎帝神农文化读本》，人民出版社2015年版，第299页。

④ 《隋书·礼仪志一》。

⑤ 《隋书·音乐志中》。

典》记载，北齐朝廷对祭祀先农十分重视，在都城邺地（今河北临漳）建立了宏伟高大的先农坛，高九尺，广轮三十六尺，四陛四门。建筑形式十分考究。① 这一时期，山西高平也开始建庙祭祀炎帝神农氏。北齐天保二年（551年）碑记载："神农圣灵所托，远瞩太行。"隋开皇五年（585年）宝泰寺碑记载："炎帝获嘉禾之地。"唐天授二年（691年）牛元敬撰写的泽州高平县羊头山清化寺碑记载："此山炎帝之所居也。"唐天祐七年（910年）墓志铭曰："泽州高平县神农乡神农里。"这说明，当时的山西高平已有比较集中的祭祀炎帝神农氏的活动。

据《通志·礼略》记载，隋文帝、隋炀帝都曾举行过隆重的郊祭、明堂祭、五方帝祭和先农坛祭。隋朝皇帝在长安南郊耤田，祭祀炎帝神农氏。

据《大唐开元礼》卷一记载，唐朝帝王继续在郊祭、明堂祭、五方帝祭和先农坛祭中祭祀炎帝神农氏。唐朝继承了隋朝的耤田之礼，但有所变化。隋朝耤田于南郊，唐初改在东郊耤田。唐太宗于贞观三年（629年）正月，"亲祭先农，躬耕耒耜，耤于千亩之甸"。② 武则天时，改耤田坛为先农坛。唐睿宗太极元年（712年），亲祀先农，躬耕帝耤。唐玄宗开元二十三年（735年）正月，"亲祀神农于东郊，以勾芒配"。③ 安史之乱后，唐廷渐衰，直到五代战乱不已，统治者已无暇祭祀先农。

（四）炎帝陵祭：宋元时期的祭祀

宋朝皇帝极为重视对炎帝神农氏的祭祀。

宋朝统治者不仅继承了前代的郊祭、明堂祭、五方帝祭、先农坛祭和三皇庙祭等礼仪，而且还增加了炎帝陵祭，可谓祭祀炎帝形式最为多样、内容最为丰富的一个朝代。

据《宋史·礼志三》记载，宋乾德元年（962年），太常博士聂崇义言："皇帝以

---

① 参见梁福义编著：《炎帝氏族考略》，宝鸡市炎帝陵文管所1995年印，第23页。
② 《旧唐书·礼仪志四》。
③ 《旧唐书·礼仪志四》。

火德上承正统，请奉赤帝为感生帝，每岁正月，别坛而祭，以符火德。"于是在汴京城南郊筑高七尺、广四丈的祭坛，祭祀炎帝。宋太祖赵匡胤"定国运以火德王，色尚赤"①，尊崇炎帝为感生帝，人称宋朝为"炎宋"，故而有宋一代特别重视对炎帝神农氏的祭祀。赵匡胤是通过陈桥兵变而黄袍加身的，因此非常需要为新王朝找寻合法性和合理性。于是，他派人遍访古帝王陵墓，但就是找不到炎帝陵。后来"太祖抚运，梦感见帝，于是驰节夐求，得诸南方"②。乾德五年（967年），宋太祖下诏建湖南酃县炎帝陵，并"立庙陵前，肖像而祀"，置守陵五户管理陵殿，并遣员外郎丁顾言诣潭州（长沙郡）祭告。据《宋史·礼志八》记载："乾德初，诏：'历代帝王，国有常享，著于甲令，可举而行……按《祠令》，先代帝王，每三年一享，以仲春之月，牲用太牢，祀官以本州长官，有故则上佐行事。'"又定"太昊、炎帝……各置守陵五户，岁春秋祠以太牢"。宋开宝五年（972年），易为五年一祀。诣陵致祭，则无常例，大致国有大事就遣官告祭。如淳熙十四年（1187年）六月，天下大旱，宋孝宗"诏衡州葺炎帝陵庙"③，并遣官告祭，禳灾祈福。明嘉靖《衡州府志》卷四《陵寝》记载："神农氏炎帝陵，在县康乐乡。宋乾德五年建庙，以祝融配食，置守陵户，后经兵火，庙废，陵存。本朝重修庙宇，载在祀典。泰和曾鹤龄代祠炎陵记：神农氏教民耕作稼穑、蜡祭、医药、交易之事，开万世衣食相生相养之源，故凡后世有天下者皆祀之，而新即位者则告焉，示不忘本也。"

宋代的耤田之礼始于雍熙四年（987年），宋太宗"始诏以来年正月择日有事于东郊，行耤田礼"④。据《政和五礼新仪》卷一百二十七记载："孟春之月，太史择日，皇帝亲耕耤田，命有司享帝神农氏。"明道元年（1032年）十二月，宋仁宗对宰臣曰："朕观古之兴王，皆重农桑以为厚生之本。朕欲躬耕耤田，庶驱天下游食之民尽归南亩。"宰臣贺曰："陛下亲发德音，躬耕以劝天下之民，皆致治之大本，臣等备

---

① 《宋史·太祖本纪》。
② 《路史·后纪三》。
③ 《宋史·孝宗本纪》。
④ 《宋史·礼志五》。

位宰辅，不胜庆幸。"乃下诏曰："庶政之本盖先于农，五礼之经莫重于祭，所以敦化阜俗，昭孝息民，致理之源，率由兹道。朕祗若灵命，临抚万方，守积累之洪基，荷清宁之大德，然赖母仪训助，衡宰辅成，暨中外之庶官皆夙夜而勤职，是致九围静谧，百姓康熙。内惟凉薄之姿，敢怠寅威之戒，圜丘告类虽屡展于国容，千亩躬耕尚阙修于古制。念太宗在御之日，行东郊执耒之仪，宪度具存，典章咸备。今欲述先烈循祖考前规，申命攸司，因时蒇事。恭惟皇太后，恢宣圣范，保佑冲人，于兹十年，克成丕业，亦未尝亲诣太室祗荐嘉羞，伸昭事之诚，答眷怀之祉，复以岁时大顺，宫寝肇新，元历载更，休祥沓应，顾兹缛礼可举而行。朕则躬稼穑之艰难，勤身而率下，皇太后则谢祖宗之贶祐，精意以告，虔信有合于经，彝庶永光于简册，爰伸诞告，用示先期，朕以来年二月内择日行耤田之礼。兼皇太后自垂帘听政以来，未曾恭谢宗庙，朕已禀奉慈旨于耤田前，请皇太后恭谢宗庙，其来年冬至，更不行南郊之礼，所有合行诸般恩赏，并特就耤田恭谢宗庙礼毕，一依南郊例施行。"[1]

宋代还设四方蜡坛，行大蜡之礼，"东西以日月为主，各以神农、后稷配；南北皆以神农为主，以后稷配"[2]。

与北宋并立对峙多年，由北方游牧民族契丹人和女真人建立的辽、金政权亦尊崇炎帝，祭祀炎帝。辽统治者自称"炎帝之后"和轩辕后裔，对炎帝的尊崇自不待言。《辽史·世表》说："庖牺氏降，炎帝氏、黄帝氏子孙众多，王畿之封建有限，王政之布濩无穷，故君四方者，多二帝子孙，而自服土中者本同出也。考之宇文周之《书》，辽本炎帝之后，而耶律俨称辽为轩辕后。俨《志》晚而出，盍从周《书》。盖炎帝之裔曰葛乌菟者，世雄朔陲，后为冒顿可汗所袭，保鲜卑山以居，号鲜卑氏。既而慕容燕破之，析其部曰宇文，曰库莫奚，曰契丹。契丹之名，昉见于此。"北周、北齐以及辽统治者虽然自称炎帝之后，但却未见以始祖之礼祭祀炎帝的记载。金朝统治者虽未自称炎帝之后，但对包括炎帝在内的历代帝王却非常尊重，三年一祭，

---

[1] 《宋朝事实》卷十五《耤田》。
[2] 《宋史·礼志六》。

"祭伏羲于陈州，神农于亳州，轩辕于坊州"①。

继宋之后统一中国的元朝，其统治者的汉化程度虽然不算很高，但对炎帝的祭祀仍然继承和保留了下来。元代的先农之祀始于忽必烈改国号为元的第二年，即至元九年（1272 年）。《大元圣政国朝典章》记载，至元九年（1272 年）中书礼部行文称："神农、高辛已上，系圣帝明王，及三代开国之主，皆以功及万世，泽被生民，故历代载于祀典，礼未尝废。拟令所在官司，三年一祭，拟支钞不过二十两。"《元史·祭祀志五》记载："十四年二月戊辰，祀先农东郊。十五年二月戊午，祀先农，以蒙古胄子代耕耤田。二十一年二月丁亥，又命翰林学士承旨撒里蛮祀先农于耤田。武宗至大三年夏四月，从大司农请，建农、蚕二坛……是岁命祀先农如社稷，礼乐用登歌，日用仲春上丁，后或用上辛或甲日。祝文曰：'维某年月日，皇帝敬遣某官，昭告于帝神农氏。'"依据元代礼制，"其天子亲遣使致祭者三：曰社稷，曰先农，曰宣圣……其有司常祭者五：曰社稷，曰宣圣，曰三皇，曰岳镇海渎，曰风师雨师"②。元成宗元贞元年（1295 年），"命郡县通祀三皇，如宣圣释奠礼。太皞伏羲氏以勾芒氏之神配，炎帝神农氏以祝融氏之神配，轩辕黄帝氏以风后氏、力牧氏之神配"③。元贞二年（1296 年）七月，湖南道呈送潭州、茶陵州（时辖酃县）等处呈请增加春秋享祭三皇经费，准于官钱内支中统钞二十五两。大德九年（1305 年）添至中统钞二锭。元国子祭酒江存礼于泰定四年（1327 年）任茶陵州同知，曾诣陵祭祀，这说明在元朝，炎帝陵祭祀从未中辍。④

江存礼诣陵祭祀时还曾赋诗《炎帝庙》一首，以志纪怀，其诗曰：

> 自昔神光耀九垠，何年来葬楚江滨。
>
> 断碑独载前朝梦，乔木犹含太古春。

---

① 《金史·礼志八》。

② 《元史·祭祀志一》。

③ 《元史·祭祀志五》。

④ 参见湖南省地方志编纂委员会编：《炎帝陵志》，湖南人民出版社 2019 年版，第 119—120 页。

南极海波同浩渺，苍梧云气共嶙峋。

长兹金碧重门启，来酹椒浆日有人。①

（五）先农坛祭：明清时期的祭祀

明清官方祭祀炎帝的主要形式有陵祭、庙祭、殿祭以及先农坛祭等。

明洪武元年（1368 年），明太祖朱元璋命以太牢祭三皇。明代建国伊始，便在都城南京设先农坛，内有耤田。洪武二年（1369 年）二月，朱元璋"亲祭先农……祀毕行耕耤礼"。明初定炎帝神农氏耕耤之礼为大祀，后改为中祀。

明朝除建文帝为朱棣取代统治短暂没有派遣官员到炎陵祭祀外，其余诸帝皆有派官员到酃县炎帝陵祭祀的记载，这为以往历代王朝所未有。

洪武四年（1371 年），明太祖朱元璋遣国史院编修雷燧致祭炎帝陵，告即位。全文曰：

> 朕生后世，为庶民于草野之间。当有元失驭，天下纷纭，乃乘群雄大乱之秋，集众用武。荷皇天后土眷祐，遂平暴乱，以有天下，主宰庶民，今四年矣。君生上古，继天立极，作烝民主；神功圣德，垂泽于今。朕典百神之祀，考君陵墓在此，然相去年岁久远。朕观经典所载，虽切慕于心，奈禀性之独愚，时有今古，民俗亦异。仰惟神圣，万世所法。特遣官奠祀修陵，圣灵不昧，尚祈鉴纳焉。②

明太祖朱元璋的这篇祭文虽然文字不多，但内容丰富，很有意思。一开始，他先说明自己起事及得天下的缘由，然后表达了他对炎帝神农氏功业的敬慕，表示要"万世所法"，最后表达了他"特遣官奠祀修陵"，希望他的心意能够得到炎帝神农氏的"鉴纳"。祭文简单而明白，可谓古代帝王祭祀炎帝文之典范。

---

① 李学勤、张岂之总主编，徐育民主编：《炎黄汇典·诗歌卷》，吉林文史出版社 2002 年版，第 70 页。
② 《酃县志》卷四《炎陵》。

永乐元年（1403 年），明成祖朱棣遣翰林院编修杨溥致祭，告靖难。从明永乐十八年（1420 年）仿照南京先农坛在北京建造先农坛后，明代诸帝均行祭先农和耕耤田。有明一代，存有祭文的祭祀计 12 帝、1 藩王，共 13 次。

宣德元年（1426 年），明宣宗钦遣翰林院修撰曾鹤龄致祭，告即位。

正统元年（1436 年），明英宗遣行人司行人雷复致祭，告即位。

景泰元年（1450 年），明代宗遣尚宝司少卿朱礼致祭，告即位。

天顺元年（1457 年），明英宗遣尚宝司卿凌信致祭，告复位。

成化元年（1465 年），明宪宗遣中书舍人解真亮致祭，告即位。

弘治元年（1488 年），明孝宗遣翰林院编修于材致祭，告即位。

正德元年（1506 年），明武宗遣太仆寺少卿何孟春致祭，告即位。

嘉靖元年（1522 年），明世宗遣翰林院编修尹襄致祭，告即位。

隆庆元年（1567 年），明穆宗遣太常寺少卿王凝致祭，告即位。

万历元年（1573 年），明神宗遣吏科给事中张楚成致祭，告即位。

天启元年（1621 年），明熹宗遣官告即位致祭。

天启七年（1627 年），郡藩桂端王即藩位致祭。

崇祯元年（1628 年），明思宗遣官告即位致祭等。[①]

清朝入关代明而兴后，统治者对祭祀炎帝之事也很重视。

清朝皇帝遣官诣陵致祭频繁。祭祀名目有告即帝位、亲政复储、万寿晋徽、配享礼成、靖边军功、禳灾祈福等。

清顺治二年（1645 年），清世祖诏准三月三日例祭历代帝王。正殿奉太昊伏羲氏、炎帝神农氏、黄帝轩辕氏等 21 帝，祀以太牢。清顺治八年（1651 年），清世祖遣侍读学士白允谦致祭，告即位。顺治十四年（1657 年），清圣祖亲祭，在三皇位前行二跪六拜之礼。三皇庙祭延续至清末。

康熙七年（1668 年），清圣祖遣宗人府府丞高珩致祭，告亲政。康熙二十一年

---

① 参见湖南省地方志编纂委员会编：《炎帝陵志》，湖南人民出版社 2019 年版，第 120 页。

（1682 年），遣督捕理事官魏双凤致祭，告平滇。康熙二十七年（1688 年），遣詹事府少詹事舒书致祭，告祔庙礼成。康熙三十五年（1696 年），遣太仆寺少卿王坤致祭，告灾，为民祈福。康熙三十六年（1697 年），遣詹事府少詹事巢可托致祭，告靖边。康熙四十二年（1703 年），遣通政使司左通政张格致祭，告五旬万寿。康熙四十八年（1709 年），遣通政使司左通政戴璠致祭，告复储。康熙五十二年（1713 年），遣通政使司左参议陈汝咸，告万寿致祭。康熙五十八年（1719 年），遣翰林院编修惠士奇致祭，告祔庙礼成。

雍正元年（1723 年），清世宗遣都察院左副都御史应璧致祭，告即位。雍正二年（1724 年），遣都察院左副都御史杨汝谷致祭，告圜丘配享礼成。

乾隆元年（1736 年），清高宗遣太常寺少卿雅尔呼达致祭，告即位。乾隆二年（1737 年），遣内阁学士兼礼部侍郎吴金致祭，告圜丘配享礼成。乾隆十四年（1749 年），遣大理寺少卿陈世烈致祭，告晋徽号。乾隆十七年（1752 年），遣汉军镶红旗副都统兼大理寺卿李世倬致祭告皇太后万寿晋徽号。乾隆二十年（1755 年），遣大理寺卿罗源汉致祭，告平定准噶尔。乾隆二十五年（1760 年），遣礼部右侍郎程景伊致祭，告边功。乾隆二十七年（1762 年），遣都察院左都御史董邦达致祭，告慈闱万寿晋徽号。乾隆三十七年（1772 年），遣户部左侍郎范时纪致祭，告慈闱万寿晋徽称。乾隆四十一年（1776 年），遣内阁侍读学士欧阳瑾致祭，告平定大小金川。乾隆四十五年（1780 年），遣詹事府詹事梦吉致祭，告七旬万寿。乾隆五十年（1785 年），遣礼部左侍郎庄存与致祭，告绵国祚。乾隆五十五年（1790 年），遣内阁学士傅霖致祭，告八旬万寿。

嘉庆元年（1796 年），嘉庆皇帝遣荆州左翼副都统成德致祭，告即位。嘉庆五年（1800 年），遣国子监祭酒玉麟致祭，告圜丘配享礼成。嘉庆十四年（1809 年），遣理藩院右侍郎策丹致祭，告五旬万寿。嘉庆二十四年（1819 年），遣都察院左副都御史韩鼎晋致祭，告六旬万寿。

嘉庆二十五年（1820 年），道光皇帝遣湖广荆州副都统七克唐阿致祭，告即位。道光元年（1821 年），遣湖广荆州副都统七克唐阿致祭，告圜丘配享礼成。道光九年

（1829 年），遣湖南镇箪镇总兵陈阶平告靖边致祭。道光十六年（1836 年），遣湖南绥靖镇总兵官李约文致祭，告慈宫万寿晋徽。道光二十六年（1846 年），遣永州镇总兵英俊致祭，告慈宫万寿晋徽。

道光三十年（1850 年），咸丰皇帝遣湖广荆州左翼副都统官文致祭，告即位。咸丰二年（1852 年），遣湖广荆州左翼副都统官文致祭，告圜丘配享礼成。咸丰十年（1860 年），遣湖南布政使司布政使文格致祭，告万寿。

同治元年（1862 年），同治皇帝遣湖南署布政使恽世临致祭，告即位。

光绪元年（1875 年），光绪皇帝遣荆州左翼副都统穆克德布致祭，告即位。

清代有祭文可稽的祭祀共九帝、38 次。其中祭祀次数较多的是康熙皇帝 9 次、乾隆皇帝 12 次。[①]

此外，清代统治者还在不断完善先农坛耕祭礼仪的同时，对先农坛的建筑进行了全面的修葺和改建，乾隆时更是在坛内广植松柏榆槐，铺设了红砖琉璃瓦。据《清史稿·礼志一》记载："先农坛位西南，周四丈七尺，高四尺五寸。东南为观耕台，耕耤时设之。前耤田，后具服殿，东北神仓，中廪制圆。前收谷亭，后祭器库。内垣南门外，神祇坛在焉。"而且，自康熙皇帝始，雍正皇帝、乾隆皇帝皆亲至先农坛享先农，行躬耕耤田。雍正四年（1726 年）雍正皇帝还下令，以"天子耤千亩，诸侯百亩"之礼，将先农之祀典推行到地方，定制："顺天府尹，直省督抚及所属府、州、县、卫，各立农坛耤田。自五年始，岁仲春亥日，率属祭先农九推。"[②] 于是，凡地方府、州、县城池之周边，皆建有先农坛。先农坛由此成为地方城市建筑中的一个固定景观。[③]

从康熙朝到雍正朝不仅祭先农，行耕耤礼，而且还有所创新，一是皇帝三耕毕再加一推；二是颁发新制《三十六禾词》；三是从雍正五年（1727 年）起，规定各省

---

① 参见湖南省地方志编纂委员会编：《炎帝陵志》，湖南人民出版社 2019 年版，第 120—121 页。

② 《清史稿·礼志二》。

③ 参见周洪宇、王文虎著：《炎黄国祭论》，福建教育出版社 2017 年版，第 145 页。

及府州县卫皆设先农坛及耤田，将耕耤之礼推及全国。自秦至清，清朝是皇帝行耕祭之礼次数最多的一个朝代，入关后清朝共十帝，统治中国 268 年，而皇帝亲到先农坛祭祀的次数就达 248 次之多。①

总的来说，中国历代统治者皆尊崇炎帝，尤其是秦汉以来，炎帝祭祀明确成为传统王朝帝王政治文化生活中的重大典礼。炎帝祭祀主要有蜡祭、明堂祭、圜丘配祭、五方帝配祭、先农坛祭等，但往往以天帝礼、帝王礼和先农坛祭祀为多，鲜有以始祖礼祭祀的，其原因或许正如唐朝杜佑所言："远祖非一，不可遍追，故亲尽而止。"②或曰："读十四代史书，唯殷周二代以契稷为太祖，汉魏以来皆于亲庙之中以有功者为太祖，无追崇始祖之例。"③北宋元丰五年（1082 年），宋神宗谓宰臣曰："禘者，所以审禘祖之所自出，故礼不王不禘。秦汉以来，谱牒不明，莫知祖之所自出，则禘礼可废也。"④明洪武七年（1374 年），朱元璋诏令礼部、太常司、翰林院议禘祭，群臣认为："虞、夏、商、周，世系明白，故禘礼可行。汉、唐以来，莫能明其始祖所自出，当时所谓禘祭，不过祫已祧之祖而祭之，乃古之大祫，非禘也。"⑤康熙年间会议禘礼，礼部尚书张玉书等议奏："汉唐宋所行禘礼亦莫考始祖之所自出……大抵夏商以前有禘之祭而其制未详，汉唐以后有禘之名而与祫无别。"⑥说到底，古代中国是"王朝国家"而非现代意义上的"民族国家"。王朝国家更需要的是本朝本宗之祖，而不是中华全民族之共祖。⑦虽然如此，在庙堂之上，两千多年来炎帝仍然是香火不绝。毕竟，炎帝神农氏开创的农耕文化与民本思想早已经深入人心，历代统治者都深谙以农立国、重视民本的重要性。祭祀炎帝，就是在传承中华民族的优良文化传统。对于这一点，我们应该明确地加以肯定。

---

① 参见陕西省地方志编纂委员会编：《陕西省志·炎帝志》，三秦出版社 2009 年版，第 159 页。

② 《通典》卷四十七《礼七》。

③ 《续通典》卷五十一《礼七》。

④ 《续通典》卷五十二《礼八》。

⑤ 《明史·礼志五》。

⑥ 《清朝通典》卷四十五《礼五》。

⑦ 参见陕西省地方志编纂委员会编：《陕西省志·炎帝志》，三秦出版社 2009 年版，第 186 页。

三、两岸共祖：台湾神农信仰线索梳理

千百年来，中华民族一直尊奉炎黄二帝为人文始祖，一直以"炎黄子孙"自称。这种情况，海峡两岸皆然。

海峡两岸同胞对炎帝神农文化的信仰，集中表现在始祖文化的血缘认同、农医文化认同、福佑文化认同等方面。这种认同，是维系民族团结、完成与巩固国家统一的牢固的精神纽带。

台湾炎帝神农文化之根在大陆，台湾民众的炎帝神农信仰之根亦在大陆。明末清初，大陆民众纷纷渡海到台谋生，常携有原乡奉祀的神明，以祈求开垦新生活的顺利和平安，炎帝神农信仰就是在这样的历史背景下，随大陆移民到台迅速发展起来的。特别是20世纪80年代以来，随着两岸经济、文化交流的日益密切，台湾神农信众视传说中的炎帝神农氏出生地、安葬地以及重要的活动地为"根"之所在的"始祖圣地"，台湾各神农宫庙纷纷组团前来大陆炎帝文化故地寻根问祖，祭祀朝拜。海峡两岸共祭炎帝神农氏，将这种寻根祭祖意识上升到了一个新的文化高度。

台湾炎帝神农信仰源远流长。炎帝神农氏主要是作为一种传统信仰长期存在于民间的。作为民间信仰，炎帝神农的称谓很多，民间对炎帝神农的尊称，"除炎帝、炎王、五谷先帝、五谷爷、神农大帝之外，尚有先农、先帝爷、五谷仙、药王大帝、粟母王、土神、田祖、田主等，率以农神、谷神、药神祭祀之，尤其为农民、米商、草药商之行业守护神"[①]。从神农大帝、药王大帝等称号可知民间赋予炎帝神农的神职角色以及其所具有的多种福佑文化职能。

被尊奉为农业之神、医药之神、土地之神、海洋之神和保护之神的炎帝神农信仰在台湾的起源，最早可追溯至隋文帝时期。此后到元代已经有了比较明确的记载："据说台湾台中县雾峰乡圣贤宫神农大帝庙，为林文卿先祖于元朝至元六年（1271年）

---

① 钟宗宪著：《炎帝神农信仰》，学苑出版社1994年版，第134页。

为供奉从福建漳州迎去'五谷神农皇帝'神位而修建。随后在郑成功进台之前的15年，即有台南士绅姚孝在今神农街尾兴建'开基药王庙'，祭祀药王神农大帝，影响甚大。"① 但神农信仰真正开始昌盛则是在明末清初时期。清代沿海闽、粤地区面临人口、经济等生存、生活的压力，迫使当地居民选择前往台湾垦拓。随着闽、粤移民来台垦殖，也将家乡的神农信仰带到台湾。身为农业之神与医药之神的神农，对新移民纾解所面临的垦拓、疾病的困境，发挥了特有的信仰作用。从明清移民在台湾落地扎根，到现今海峡两岸共祭炎帝神农，台湾的神农信仰从未间断，且香火常年不绝，发展成为比大陆更为普遍的民间信仰。

台湾的炎帝神农信仰源远流长。

据相关史料记载，台湾炎帝神农庙的建庙时间大约在明末清初，除民间建庙祭祀外，清代时官方亦有耕耤礼与先农坛之设立，二者各自独立，互不干涉。台湾炎帝神农的民间信仰，实际上不具有特定的宗教形态，但其影响力却无所不在。追溯台湾炎帝神农信仰的历史源流，可从民间崇祀和官方推动两个方面来简单进行说明：

其一，满足新移居民现实精神生活的客观需要。明清以后，陆续入台开垦的大陆民众日益增多，且以福建和广东两省为主。早期的来台移民，面对生活前景的不确定性与自身安全的无法保障，想要仰仗神明的保佑，想要借助炎帝神农氏的福佑，来趋吉避凶，化险为夷，若是遭逢灾厄，偶然得以幸免，便会归功于神明的显灵与保佑，越发加深他们对炎帝神农氏的崇拜。传说中的炎帝神农氏具有太阳神、南方神、火神、农神、谷神、药神、土神等神格。这多种神格，对于远播台湾、以农耕为业的中华儿女无疑具有特殊的影响力。在台湾开发初期，瘴疠瘟疫盛行，民众常受疾病所苦，医药不发达，若不幸染病，也只能求神问卜，祈求早日痊愈；对农民而言，最希望的则莫过于风调雨顺、五谷丰收，民众为求温饱与克服因缺乏医药所受的疾病之苦，于是将精神托付于信仰之中。在这样的历史背景与新移居民的心理因素驱使下，在大陆就一直被视为主掌农事与医药的炎帝神农氏，就随着沿海移民

---

① 霍彦儒主编：《中国节日志·祭炎帝》，光明日报出版社2016年版，第359页。

进入台湾而发展成为当地根深蒂固的民间信仰。

其二，清朝官方对炎帝神农祭祀的推动。除了民间崇祀炎帝神农、建庙祭祀以外，官方也设有先农坛与举行耕耤礼。台湾的先农坛始设于雍正年间，据《台湾通史》引述雍正五年（1727 年）所颁行的仪注："直省各府、州、县均于东郊朝服致祭……知府秉末，佐执青箱，知县播种。其在州县，则知州、知县秉末，佐执青箱播种，耆老一人牵牛，两农扶犁，九推九返，农夫终亩。既毕，朝服，率耆老、农夫望阙谢恩，行三跪九叩礼。"由此可见，当时官方对于农事的重视。祭祀先农坛虽是中国自古以来祭祀与农业生产结合的现象，但先农坛的设立、耕耤礼的仪式，在农事中除了有积极的示范作用外，透过官方的宣导与正式的祭祀活动，也将台湾炎帝神农信仰与农业生产紧密结合起来。官方对炎帝神农信仰的支持与重视，对台湾炎帝神农信仰的发展与深化，起到了积极的推动作用。[①]

台湾学者钟宗宪在《炎帝神农信仰》一书中认为：台湾神农庙宇之兴建，大致可分为四种类型：

第一种，自"家乡迎奉"来台立庙者。如嘉义县水上乡新兴宫记载："本村开基先氏朱姓弟子于明朝末年渡海来此，原隶台湾台南府嘉义县柴头港堡大仑庄，清朝乾隆年间，朱姓弟子返大陆祭祖，乃自福建省漳州府诏安县，迎奉五谷圣帝镇守于斯。"

第二种，为"开垦求福"而公议立庙者。如苗栗县竹南镇五谷仙帝宫记载："本宫乃乾隆四年（公元 1739）泉州人林耳顺，率领闽粤两籍先民三十余人，与当时盘踞在此地的社番订约开垦中港溪流域三角店（新南里）田寮一带，为祈求地方安宁，民丰物阜，而兴建该宫。主神五谷仙帝，系由'福建省台湾北路淡水营管中港庄左部'丁伯龙公自大陆恭请来台，由闽粤籍人士共同祭拜。"

第三种，地方士绅"招募立庙者"。如台南市盘古药王庙记载："台南市药

① 参见湖南省人民政府台湾事务办公室、株洲市人民政府台湾事务办公室编：《海峡两岸共祭炎帝神农》，岳麓书社 2015 年版，第 92—93 页。

王庙昔未建设庙宇。于前明隆武年间（公元 1646）顺治三年丙戌，当时有姚孝先生首倡招募，本市商民乃西定坊北势街尾，当今神农街尾，塑祀药王庙。"

　　第四种，"偶然机缘立庙者"。如苗栗县公馆乡五谷宫记载："本宫肇建于前清嘉庆十五年（公元 1801），其初系临时搭建之简陋土地公（俗称伯公坛），仅供奉土地公而已，嘉庆二十五年，由自大陆广东省来台谋生之吴汝宗先生，每于徒步前往出矿坑挑油贩卖之际，必经土地庙作休息站，因而想起从大陆护身来台之'五谷神农皇帝'特牌，奉于家中缺少香烟，乃萌移请于土地庙中，以供来往行人膜拜。……清道光三十年（公元 1850），有乡中绅耆张进先生等，鉴于土地庙过于简陋，首倡劝募建庙资金，……后二年新庙落成涓吉于农历五月二十五日，恭迓'五谷神农皇帝位'特牌登龛安座，塑造神农皇帝金身，增祀天上圣母、三山国王诸神祇，公议新庙为'五谷宫'，从此日为本宫值年纪念圣佛安座，并以庆祝五谷神农皇帝千秋诞辰，故此本宫有别于其他全省五谷宫，皆以农历四月二十六日庆颂寿诞之分。"[1]

　　事实上，台湾炎帝神农信仰产生于传统农业社会时代，虽然当今台湾在经济社会形态上早已完成了从农业社会到现代工商业与高度科技信息社会的转变，但是台湾民众的炎帝神农信仰现象仍然十分普遍，这种信仰也更加升华，更富有中华民族始祖文化的气息与内涵。这是台湾居民对中华优秀传统文化的热爱和坚持，也是两岸同胞共尊炎黄始祖、共谋统一大业的同源同根的文化基础。

　　作为中华民族的人文始祖，炎帝神农氏在台湾信众颇多。

　　据 2019 年 10 月 14 日湖南省台办所发《己亥年海峡两岸炎帝陵祭祀大典举行》一文统计，台湾地区大小神农宫庙有 300 多家[2]，炎帝神农的信众有 300 多万人，遍布台湾岛内，"其中 40 多座炎帝神农宫庙供奉着炎帝陵祖庙神农圣像的分身神像"，炎帝文化成为连接两岸同胞的重要精神纽带。

---

① 钟宗宪著：《炎帝神农信仰》，学苑出版社 1994 年版，第 135—136 页。
② 参见马志生主编：《炎帝汇典》，华艺出版社 2009 年版，第 748 页。

另据文献统计，台湾地区目前以炎帝神农氏为主神的庙宇有198座[1]，"各县市详细分布情形为：基隆市1座，台北市9座，新北市18座，桃园市4座，新竹县5座，苗栗县18座，台中市11座，彰化县8座，南投县4座，云林县4座，嘉义市2座，嘉义县9座，台南市36座，高雄市29座，屏东县22座，花莲县4座，台东县4座，宜兰县9座，澎湖县1座"[2]。尤其是在客家人居住地区，几乎每个乡镇都有一座以上的神农庙、五谷宫等建筑物。

总之，作为中华民族团结和统一的象征，长期以来，炎帝神农文化对于海峡两岸中华儿女的凝聚力、向心力、团结力的形成和巩固，发挥了巨大作用。在中华儿女为民族繁荣、国家富强而不懈奋斗之今日，无论是大陆南北各地，还是海峡两岸同胞，在敬祖爱国的旗帜下，各界人士皆尊崇炎帝神农文化，以自己为炎黄子孙而充满文化自信，形成了共同的民族、国家、始祖文化认同，共同为实现国家统一而和衷共济、团结奋斗、自强不息。

四、凝聚之力：中华民族共同体的认同

炎帝文化是中华民族共同体的源生所在。

我们所说的炎帝文化认同，既包括中华民族的血缘认同，更包括超血缘意义上的中华民族的文化认同和政治认同。

1. 中华民族精神共同体之所在

炎帝文化是中华文明的重要精神标识之一。追根溯源、认祖归宗是人类共同的心理追求。进入文明社会以后，每一个国家，每一个民族都希望搞清楚"我是谁""我

---

[1] 参见湖南省人民政府台湾事务办公室、株洲市人民政府台湾事务办公室编：《海峡两岸共祭炎帝神农》，岳麓书社2015年版，第108—114页"全台主祀神农庙宇分布情况统计表"；另据台湾"内政部"等机构的统计，台湾地区注册登记的神农庙宇亦是198座。

[2] 湖南省人民政府台湾事务办公室、株洲市人民政府台湾事务办公室编：《海峡两岸共祭炎帝神农》，岳麓书社2015年版，第107页。

从哪里来"，于是就有了考古学、历史文化学、人类遗传学、民族学、民俗学等一系列学科研究的问世。

民族精神是一个民族在长期共同生活和实践中形成的思想观念、价值取向以及信仰、性格及心理的总和，是这个民族得以生生不息地繁衍和发展的活的灵魂与根本动力。中华文明在世界文明中一直薪火相传，没有断层、没有割裂、没有异化的悠久文明。这种文明之所以传承不断，而且历久弥新，以致影响全世界文明进步，其中一个重要原因就是她的内生原动力源自中华文明共同的源泉——炎黄精神与炎黄文化信仰。[①]

炎帝神农氏及其氏族先民在长期的生产与生活实践中，创造了丰富的物质文明和精神文明，凝聚和铸就了弥足珍贵的炎帝精神。伟大的炎帝精神是炎帝文化的重要内容，同时是中华民族精神的母体和发轫。炎帝精神根植于历史和现实国人的日常生活中，具有强烈的时代性和民族性，是中华民族优秀传统文化中最本质、最核心的一部分，也是中华民族共同体意识的重要组成部分，是自古以来中华民族所蕴含的最基本的文化精神和优良品格，它萌生于神农氏时代，彰显于春秋战国时期，发展于中国历史发展的各个时段，影响了中华民族的文化心理、行为方式和价值理想，是中华民族传统文化中具有主导性的优秀文化范畴。

梁漱溟在《中国文化要义》中说：

> 中国以偌大民族，偌大地域，各方风土人情之异，语音之多隔，交通之不便，所以树立其文化之统一者，自必有为此一民族社会所共信共喻共涵育生息之一精神中心在。惟以此中心，而后文化推广得出，民族生命扩延得久，异族入而先后同化不为碍。此中心在别处每为一大宗教者，在这里却谁都知道是周孔教化而非任何一宗教。[②]

---

① 参见湖南省人民政府台湾事务办公室、株洲市人民政府台湾事务办公室编：《海峡两岸共祭炎帝神农》，岳麓书社 2015 年版，第 190 页。

② 梁漱溟：《中国文化要义》，载《梁漱溟全集》第三卷，山东人民出版社 2005 年版，第 103 页。

实际上，周孔之教并非中华民族文化精神之源头，中华民族精神共同体，应该滥觞于远古炎黄之时代，炎黄文化是中华文化核心精神的重要策源地，是中华文明的重要精神标识，体现了中国文化的独特性与凝聚力。

2. 中华民族义化共同体之所在

炎帝文化是中华民族的文化之源。

追根溯源，中华民族共同体之文化纽带，应该上溯到炎帝文化。

炎黄文化是产生于炎帝神农氏时代并为此后历代人们所不断弘扬的富有生命气息的中华民族共同的价值观和精神支撑，是中华民族凝聚力的基础，具有对内动员民族力量、对外展示民族形象的重要功能。章太炎在《国学讲习会序》中说："夫国学者，国家所以成立之源泉也。吾闻处竞争之世，徒恃国学固不足以立国矣，而吾未闻国学不兴而国能自立者也。吾闻有国亡而国学不亡者矣，而吾未闻国学先亡而国仍立者也。故今日国学之无人兴起，即将影响国家之存灭。"[1] 章太炎将代表民族文化精神的国学的存亡看得如此重要，代表了近代士大夫阶层对中国文化地位重要性的认识和定位。炎帝文化是中华优秀传统文化的重要组成部分，其中浩瀚宏富的尊崇祖先观念、厚德载物的伦理道德观念、大同观念、民本思想、重视民生等文化理念都体现了中华民族的优秀文化品格，通过弘扬这些优秀的文化品格，无疑可以增强中华民族共同体意识与民族凝聚力。中国具有超万年辉煌灿烂的历史，有着丰厚的物质文化和精神文化遗产，弘扬这些宝贵的文化财富，能帮助我们找到自己民族的文化家园，科学地确定现实生活的航标，焕发出中华民族生生不息的生命力和创造力，为中国式现代化建设谱写新的篇章。

历史上，无论是汉族统治者，还是入主中原的少数民族统治者，宣称其祖先或出于炎帝神农氏，或出于黄帝轩辕氏，都有血缘认同的意义在里面，在此意义上，炎黄二帝成为中华民族的血缘之根，也就是说，炎黄被认为是中华民族的初祖。不

---

[1] 章太炎：《国学讲习会序》，《民报》第 7 号，1905 年。

过，作为中华民族文化共同体的文化源头，炎帝文化更具有超血缘意义上的文化认同，是中华文化之魂，我们在初祖前面冠上"人文"二字，可能会更加接近历史的真实。

3. 中华民族国家认同之所在

炎黄子孙，振兴中华。这是数千年中华民族的最强音。

炎帝文化不仅有一个民族认同的问题，而且还有一个国家认同的问题。

民族认同与国家认同相结合，是炎帝文化五千年来得以传承有序、生生不息的一个重要原因。

历史上，"中国"一词是中华优秀传统文化所固有的，不是外来的。《春秋左传正义·定公十年》说："中国有礼仪之大，故称夏；有章服之美，谓之华。"中国以华夏文明为源泉、中华文化为基础，是世界上历史最悠久的国家之一。"中国"与"中华"基本上属于同义词，包括地域性和文明性两个方面。《唐律疏议》云："中华者，中国也。亲被王教，自属中国，衣冠威仪，习俗孝悌，居身礼义，故谓之中华。"从历史上看，"中国"或"中华"与炎黄是联系在一起的。"在地域性上，它是指炎黄后裔所居住之地；在文化上它是指炎黄及其后裔所创造的文明成果的总和。"[①]数千年来，中国是一个王朝国家。历代王朝统治者无不尊崇炎黄，他们的政治认同代表了传统中国对炎黄文化的国家认同。

国家认同本质上也是对以炎黄文化为本源的中华文化的认同。

炎黄文化的国家认同也包括地方官方与民间大众的认同。

以炎帝陵为例，自 1986—1988 年炎帝陵修复工程完成后，海内外华人就不断地来到湖南寻根问祖，炎帝陵已成为海内外炎黄子孙寻根问祖的人文圣地和精神家园，从 1989 年至今，几乎年年都有台湾同胞络绎不绝来到这里谒陵祭祖。海峡两岸共祭炎帝神农氏，将这种寻根意识上升到一个新的高度——国家共同体的认同高度。

---

① 信阳师范学院《炎黄学概论》编委会编著，李俊、王震中主编，梁枢、姚圣良副主编：《炎黄学概论》，人民出版社 2021 年版，第 444 页。

第九章　千古余音：炎帝之风永世传颂

历代文献典籍虽然浩如烟海，但关于炎帝氏族古史传说的记载却甚不系统，呈现出稀少、杂乱、重复而又零碎、自说自话等特点。儒家、道家、法家与阴阳家等从各自的立场与视域出发，对神农之世及炎帝文化都有所表述，但他们的观点却不尽相同。阴阳家重视炎帝，将他纳入五行五色五方帝的系统中。儒家从道德教化出发，对炎帝之政极力表彰，从中探源出大同、民本等思想。道家从道治社会的理想出发，汲取与阐发炎帝治理文化中的"至德之隆"。法家则从国家治理与重建新秩序的视角，探讨炎帝之政的圆融变通之道，为其变革寻找理论依据。历代政治家为实现长治久安，皆继承并十分重视炎帝的农本政治，倡导耕织。史家虽然竭力企图还原神农之世的历史真相，但因上古时代太过遥远且缺乏文字记载，在整理历史传说的过程中，所记述的内容也不免将传说、神话与真实历史相混淆，从而给人们认识这段历史增添了困难与困惑，这就需要去粗取精、去伪存真，需要运用考古资料去印证。因此，对神农之世的历史还原以及对炎帝文化的总结显然还需要时间、耐心与努力。

一、火德之源：炎帝文化与五行学说

历史上，炎帝文化与五行学说存在一定的关系。

战国时期，阴阳家喜欢谈炎黄，将炎黄历史神话化。"阴阳五行学说将炎黄纳入到五行五色五方帝的系统中去，炎帝火德居于南方，黄帝土德居于中央，后世炎黄作为感生帝和五方帝受到祭祀，无不受其影响。"①

五行，是古人用来概括宇宙间一切事物基本要素的一种哲学范畴。五行以土木金火水命名，但并非仅仅指这五种元素本身，而是以它们为基本哲学框架，或者说以之为思维模型，通过对事物之间相生相克的推演，解释宇宙万物运动变化发展的基本过程和普遍规律。简言之：（1）五行四方：东方属木，南方属火，西方属金，北方属水，中央属土。（2）五行相生相克：一方面，水生木，木生火，火生土，土生金，金生水；另一方面，水克火，火克金，金克木，木克土，土克水。五行相生相克，构成了宇宙间万物运动与变化的基本过程。

五行学说以阴阳与五行的变化为核心，将阴阳归为事物变化的根本，并将金、木、水、火、土五行与东、南、西、北、中五方，春、夏、季夏、秋、冬五季，青、赤、黄、白、黑五色，太皞、炎帝、黄帝、少昊、颛顼五帝，以及五声、五味等相配，用五行相胜或五行相生解释自然与历史现象。五行学说的形成经历了一个漫长的过程，五方帝与五行的相配以及五行相胜说的产生时间，可以说是解释炎帝居于南方的关键所在。

五行之说在中国出现很早，很可能在五帝时代就已经有了雏形，目前最早见于文献记载的则是《尚书·洪范》。在《尚书·洪范》中，箕子对周武王讲的"洪范九畴"中的第一条就是"五行"："一曰水，二曰火，三曰木，四曰金，五曰土。水曰润下，火曰炎上，木曰曲直，金曰从革，土爰稼穑。润下作咸，炎上作苦，曲直作酸，

---

① 信阳师范学院《炎黄学概论》编委会编著，李俊、王震中主编，梁枢、姚圣良副主编：《炎黄学概论》，人民出版社 2021 年版，第 498 页。

从革作辛，稼穑作甘。"到战国时代，阴阳五行说经邹衍改造成五德始终说，并与国家的人事变化联系在了一起。邹衍认为，凡君临天下以统治世间的人王，必应五行中之一行，黄帝以土德王，夏禹以木德王，商汤以金德王，周以火德王。五德始终说认为，继周而起之王应是以水德王，因为水克火。因此，在秦始皇取代周王朝而统一天下后，因秦文公时曾获一条黑龙，应水德之祥瑞，于是始皇帝应五行之说尚黑色。秦汉之时，阴阳五行之说颇盛，不论官方、民间都受此很大的影响，上自国家体制内官员下及民众日常生活和社会行为准则，都以阴阳五行学说来定制。例如，将五行与四季相配：春属木，秋属金，夏属火，冬属水，六月配土；五行与颜色相配：木为青，火为赤，金为白，水为黑，土为黄；五行与方位相配并以动物神为标志：东方青龙，西方白虎，南方朱雀，北方玄武（龟、蛇），王城的南北门就以朱雀、玄武相称；五行配五方各配安一个上古帝王，即五方帝：东方太昊、西方少昊、北方颛顼、南方炎帝、中央黄帝。① 至于先秦阴阳五行方面的著作，根据《汉书·艺文志》的记载，有十余种，可惜都亡佚了，今天能看到涉及五行与炎帝关系的只有《左传》《吕氏春秋》《礼记》等典籍中为数不多的零星数则史料了。

1.《左传·昭公二十九年》：

（范）献子曰："社稷五祀，谁氏之五官也？"（蔡墨）对曰："少皞氏有四叔，曰重，曰该，曰修，曰熙，实能金、木及水。使重为句芒，该为蓐收，修及熙为玄冥，世不失职，遂济穷桑，此其三祀也。颛顼氏有子曰犁，为祝融；共工氏有子曰句龙，为后土，此其二祀也。后土为社。稷，田正也。有烈山氏之子曰柱，为稷，自夏以上祀之。周弃亦为稷，自商以来祀之。"

范献子问蔡墨："土地神、五谷神庙里的五种祭祀，是哪一代帝王的五官？"蔡墨回答说："少皞氏有四个叔父，叫重、该、修、熙，能够管理金、木和水。派重做

---

① 参见石兴邦：《有关炎帝文化的几个问题》，侯林青、杨连登主编：《神农文化》，湖南人民出版社2000年版，第51页。

句芒、该做蓐收、修和熙做玄冥。世世代代不失职守，于是就帮助穷桑氏取得了成功。这是其中的三种祭祀。颛顼氏有个儿子叫犁，做了祝融，共工氏有个儿子叫句龙，做了后土，这是其中的两种祭祀。后土做了土地神。五谷神，是管理土田的官员之长。有烈山氏的儿子叫柱，做了谷神，从夏朝以前就不断得到世人的祭祀。周朝的弃也做了五谷神，从商朝以来就不断得到世人的祭祀。"

上述范献子与蔡墨二人的对话，可能是目前见到的古籍文献中关于五行学说与炎帝文化之间关系最早的史料记载。

2.《左传·哀公九年》：

> 晋赵鞅卜救郑，遇水适火，占诸史赵、史墨、史龟。史龟曰："是谓'沈阳'，可以兴兵，利以伐姜，不利子商。伐齐则可，敌宋不吉。"史墨曰："盈，水名也。子，水位也。名位敌，不可干也。炎帝为火师，姜姓其后也。水胜火，伐姜则可。"

晋国的赵鞅为救援郑国而占卜，得到水流向火的卦象，向史赵、史墨、史龟询问卦象的吉凶。史龟说："这叫作阳气下沉，可以发兵，利于攻打姜氏，不利于攻打子商。攻打齐国就可以，攻打宋国就不吉利。"史墨说："盈，是水泊名称。子，是水的方位。名称方位相当，不能触犯。炎帝是火师，姜姓是他的后代。水胜火，攻打姜姓就可以。"

上述"炎帝为火师，姜姓其后也。水胜火，伐姜则可"的记载说明，最迟到春秋时期，阴阳五行说已经普遍地被诸侯各国用于战争和政治的实践活动中。

3.《礼记·月令》：

> 孟夏之月，日在毕。昏翼中，旦婺女中。其日丙丁。其帝炎帝，其神祝融。其虫羽。其音徵，律中中吕。其数七。其味苦，其臭焦。其祀灶，祭先肺。

初夏四月，太阳运行在毕星的位置，黄昏时，翼星位于南天的正中；拂晓，婺星位于南天的正中。夏季的日子是丙丁，于五行属火。主管之帝是火德的炎帝，辅佐的神是火官祝融。动物与火相配的是有翅的羽族。五音与火相配的是"徵"，与四月相应的是十二律中的中吕。与火相配的数是七。五味是苦，气味是焦。五祀中祭祀"灶"神，祭品中以五行属火的肺为上。

仲夏之月：日在东井。昏亢中，旦危中。其日丙丁。其帝炎帝，其神祝融。其虫羽。其音徵，律中蕤宾。其数七。其味苦，其臭焦。其祀灶，祭先肺。

仲夏五月，太阳运行于东井星的位置。黄昏时，亢星位于南天的正中；拂晓，危星位于南天的正中。夏季的日子是丙丁，于五行属火。主管之帝是火德的炎帝，辅佐的神是火官祝融。动物与火相配的是有翅的羽族。五音与火相配的是"徵"，与五月相应的是十二律中的蕤宾。与火相配的数是七。五味是苦，气味是焦。五祀中祭祀"灶"神，祭品中以五行属火的肺为上。

季夏之月：日在柳。昏火中，旦奎中。其日丙丁。其帝炎帝，其神祝融。其虫羽，其音徵，律中林钟。其数七，其味苦，其臭焦，其祀灶，祭先肺。

季夏六月，太阳运行于柳星的位置。黄昏时，火星位于南天的正中。拂晓，奎星位于南天的正中。夏季的日子是丙丁，于五行属火。主管之帝是火德的炎帝，辅佐的神是火官祝融。动物与火相配的是有翅的羽族。五音与火相配的是"徵"，与六月相应的是十二律中的林钟。与火相配的数是七。五味是苦，气味是焦。五祀中祭祀"灶"神，祭品中以五行属火的肺为上。

宋朝张虙撰《月令解》，在卷六中对季夏之月进一步解释道：

夏正为六月。是月也，树木方盛，乃命虞人入山行木，毋有斩伐，不可以兴土功，不可以合诸侯，不可以起兵动众，毋举大事以摇养气，毋发令而待以妨神农之事也。水潦盛昌，神农将持功，举大事则有天殃。

木生于春，长于夏，至夏末垂则盛矣。虞，盖山虞也，行木循而行之也，毋有斩伐，虑伤方盛之材也。兴土功、合诸侯、起兵动众，此皆大事也，不可兴而兴，不可合而合，不可起不可动而起之动之，皆所以摇养气也。养气，万物作于春而气主生，长于夏而气主养，故谓之养气。土将用事，气欲静也，不可摇之。发令，谓将有征役也，发之过早而使民蹻足而待，其不妨民事乎？神农之事，即指民事也，土神称神农，若先啬之类。此季夏也而言土，知土用事也。水潦盛昌，土至此润溽而易雨。持功，犹言用事也。水潦盛昌，神农将用事，而人乃举大事以妨之，违盛逆天，而天灾适当之矣。

《月令》是战国阴阳家专论五行学说的一篇重要文章。吕不韦令门客编撰《吕氏春秋》时，几将全文收录，作为全书之纲。汉初儒家又将它收入《礼记》中，其后遂成为儒家经典。《月令》把五行、政令和社会生活杂糅在一起。《月令》与四时相对应，每时都有一班帝神，比如春天，"其帝太皞，其神句芒"；夏天，"其帝炎帝，其神祝融"；秋天，"其帝少皞，其神蓐"；冬天，"其帝颛顼，其神玄冥"。与时月、主神的变化相对应，每月各有相应的祭祀规定和礼制。五行与四时的运转相配合，春为木、夏为火、秋为金、冬为水，土被放在夏秋之交，居中央。四时的变化不仅受太阳的制约，还受五行的制约。将五行四时与各种政治、人事活动相结合，就是要实行天人合一，如生产、政令等，要受到太阳、四时、月、神、五行等各种因素的制约。

到汉代，五行学说逐步完善。思想界将五行学说与社会中政治、人事、文化进一步结合，以达到为政治服务的目的。

4.《尚书大传·洪范五行传》：

南方之极，自北户南至炎风之野，帝炎帝，神祝融司之。自春分数四十六日迎夏于南堂，距邦七里。堂高七尺，堂阶七等。赤税七乘，旗旐尚赤。田车载弓，号曰助天养。倡之以徵，舞之以鼓鼗，此迎夏之乐也。

孟夏之月，御明堂左个。尝麦用彘，索祀于巽隅。视必明，厥休时燠。朔，令曰：爵有德，赏有功，惠贤良，举力农。其禁：毋隳防。

仲夏之月，御明堂正室。牲先肺，设主于灶，索祀于离正。朔，令曰：振贫穷，惠孤寡，虑囚疾，出大禄，行大赏。其禁：弃法律，逐功臣，杀太子，以妾为妻。乃令民雩。

季夏之月，御明堂右个。牲先心，设主于中霤，索祀于坤隅。思必睿，厥休时风。朔，令曰：起毁宗，立无后，封废国，立贤辅，卹丧疾。

《尚书大传》为汉代伏胜及其弟子所撰，其在《周传·洪范五行传》中对《尚书·洪范》进行解释，将炎帝主火的五行学说与政治、人事、生产活动等进一步联系，形成了强调天人合一的汉家特色。

5. 《白虎通义·五行》：

夏之言大也。位在南方，其色赤，其音徵。徵，止也。阳度极也。其帝炎帝者，太阳也。其神祝融。祝融者，属续。其精为鸟，离为鸾。

《白虎通义》是东汉班固在汉章帝召集诸儒于白虎观讨论经学问题所获内容的基础上编撰而成。《白虎通义》卷第三所记述的"其帝炎帝者，太阳也"观点，明显是对《月令》《汉书》中关于炎帝文化与五行关系认识的认可与进一步阐发。

6. 长沙马王堆三号西汉墓发掘出土的帛书《五星占》：

东方木，其帝大浩（昊），其丞句［芒］，其神上为岁星……西方金，其帝少浩（昊），其丞蓐收，其神上为太白……南方火，其帝赤（炎）帝，其丞祝庸（朱明），其神上为［荧惑］……中央［土］，其帝黄帝，其丞后土，其神上为填星……北方水，其帝端玉（颛顼），其丞玄冥，［其］神上为晨（辰）星。

《马王堆出土帛书》是 1974 年在湖南长沙马王堆出土的西汉文帝时期的帛书，其《五星占》篇专门谈及五行与政治及人事的关系，其中"南方火，其帝赤（炎）帝，其丞祝庸（朱明），其神上为［荧惑］"的记述代表了汉人对炎帝文化与五行学说之间关系的观点。

7.《独断》卷上：

东汉蔡邕撰《独断》，其卷上专门论及"五方正神"中的"神农之神"及"五帝腊祖之别名"。

　　五方正神之别名：

　　东方之神，其帝太昊，其神勾芒。

　　南方之神，其帝神农，其神祝融。

　　西方之神，其帝少昊，其神蓐收。

　　北方之神，其帝颛顼，其神玄冥。

　　中央之神，其帝黄帝，其神后土。

　　先农神：先农者，盖神农之神。神农作耒耜，教民耕（农）［种］，至少昊之世，置九农之官。

　　五帝腊祖之别名：

　　青帝以未腊卯祖，青帝太昊木行。

　　赤帝以戌腊午祖，赤帝炎帝火行。

　　白帝以丑腊酉祖，白帝少昊金行。

　　黑帝以辰腊子祖，黑帝颛顼水行。

　　黄帝以辰腊未祖，黄帝轩辕后土土行。

8.《晋书·礼志上》：

　　昔在上古，生为明王，没则配五行，故太昊配木，神农配火，少昊配金，颛顼配水，黄帝配土。此五帝者，配天之神，同兆之于四郊，报之于明堂。祀天，大裘而冕，祀五帝亦如之。或以为五精之帝，佐天育物者也。

《晋书》为唐初官修，房玄龄等撰，其卷十九《礼志上》，详细介绍了炎帝神农氏与五行之关系，核心点集中在：（1）"神农配火"。（2）炎帝神农氏"配天之神，同兆之于四郊，报之于明堂"。（3）"或以为五精之帝，佐天育物者也"。

9.《古今事务考》卷三《国制》：

国号，班固《典引》曰：肇命人主，五德初始，厥有氏号，莫不开元于太昊。注：谓太昊号庖牺，炎帝号神农，黄帝号轩辕。

五运，《通历》曰：太昊木德王，如有甲历五运。《炙毂子》曰：五运有二说，邹衍以相胜，刘向以相生。自伏牺至颛顼，木火土金水相承。汉魏以还，共遵刘说，伏牺木德，神农火德，黄帝土德，少昊金德，颛顼水德，帝喾木德，帝尧火德，帝舜土德，夏金德，商水德。

色尚，历代帝王，为正各异，故所尚不同。邢昺《论语疏》：自夏正尚黑，推而上之，谓伏牺以上未闻，谓女娲尚白，神农尚赤，黄帝黑，少昊白，高阳赤，高辛黑。陶唐白，有虞赤，宜自太昊始也。

《古今事务考》为明代王三聘所撰，全书共八卷，分天文、地理、时令、人事及法律、道释等三十门类，除对古代事物溯源穷本之外，还收入了明代的朝章典故。本书从国号、五运、色尚等方面论述了五行学说与历代政治、人事等关系，其中"炎帝号神农""神农火德""神农尚赤"等记载，都说明了炎帝文化与五行学说之间密不可分的联系。

关于炎帝文化与五行学说的关系，我们可以用北周庾信的《北周祀五帝歌·配（赤）帝舞》来做小结。其诗为：

以炎为政，以火为官。

位司南陆，享配离坛。

三和实俎，百味浮兰。

神其茂豫，天步艰难。

二、大同之源：中华大同思想的源头

神农之世最接近《礼记·礼运》篇中孔子所描绘的大同之世，是孔子大同思想的灵感来源。

孔子所推崇的大同理想是两千多年来"中国梦"的一部分。其文曰：

> 大道之行也，天下为公，选贤与能，讲信修睦。故人不独亲其亲，不独子其子。使老有所终，壮有所用，幼有所长，矜寡孤独废疾者皆有所养，男有分，女有归。货恶其弃于地也，不必藏于己；力恶其不出于身也，不必为己。是故谋闭而不兴，盗窃乱贼而不作，故外户而不闭，是谓大同。

从上述内容，我们可以看到，孔子心目中的理想国是"大道之行"，这个理想国的总纲是"天下为公"。孔子描绘的理想国蓝图是财产公有，政治民主，人人各尽其能，人与人之间平等、博爱、友好、无争，各得其所，社会安定，没有盗贼，也没有战争，一派安定和谐的景象。显然，这是一幅以早期原始公有制社会为摹本而设计出来的理想社会蓝图，其中寄托了孔子对远古社会美好的追忆和向往。

那么，这个摹本有没有具体的历史出处？答案是明确的，有，这就是神农氏时代朴素无争的社会风貌。神农氏时代具有朴素原始共产社会的性质，是一个原生态、天然淳朴而和谐的社会，神农氏时代的氏族制度和社会道德风尚，正是孔子大同世理想国灵感的来源，符合孔夫子对大同世的描绘和向往。

神农氏时代的"大同"现象，成为后人憧憬和向往的至治彼岸。除了孔子的理想国外，东晋陶渊明受此启发而作千古名篇《桃花源记》，勾画出"土地平旷，屋舍俨然，有良田美池桑竹之属。阡陌交通，鸡犬相闻。其中往来种作，男女衣着，悉如外人。黄发垂髫，并怡然自乐"的一派祥和无争、美丽动人的理想社会画面。近代孙中山则提出"天下为公"，现代毛泽东更提出了"太平世界，寰球同此凉热"的世界大同主张。总之，历代志士仁人所追求的"均平""怡然""无争""和谐"的目标，无不与神农氏时代的"至德之世"存在着一定的关系。

三、民本之源：中华民本思想的源头

炎帝文化也是中华民本思想的源头。

《文子·自然》：

> 神农形悴，尧瘦癯，舜黧黑，禹胼胝。

《尸子》卷下：

> 神农氏夫负妻戴，以治天下。尧曰：朕之比神农，犹旦与昏也。

炎帝神农氏的为政目标是为民众福祉服务，神农之政可谓中华"民为邦本"思想的源头。

显然，在文子、尸子的心目中，神农之世是一种至德之世。炎帝神农氏"身亲耕，妻亲织，以为天下先"，为治理天下尽心尽力甚至达到了"形悴"的程度；为"和药济人"亲尝毒草而献身；能够做到以德服人，为后世统治者树立了德政的榜样。

炎帝神农氏身上所体现的功德参合、"忧民之困、除民之害、致民之利""重民、爱民、护民"[1]之民本观，为周初统治者所重视。周朝统治者从夏、商王朝覆亡的历史教训中，认识到了人民力量的重要性，继承并发展了炎帝神农氏的朴素民本观，提出"民之所欲，天必从之"[2]"皇天无亲，唯德是辅。民心无常，惟惠之怀"[3]等敬德保民的政治主张，这对于后世治国者秉承和弘扬民本政治起到了奠基性的重要作用。民本观发展到春秋战国时期，成为儒家"仁政"思想的核心内容。孔子提出庶民、富

---

① 刘声华：《炎帝德文化之传承演进与时代价值》，石玉珍、邓德芳、邓玲玲主编：《炎黄文化与中国梦》（论文集）2014 年内部印，第 315 页。

② 《尚书·泰誓上》。

③ 《尚书·蔡仲之命》。

民、教民、利民的政治主张。孟子则从炎帝神农氏的民本思想中发展出了"民为贵，社稷次之，君为轻。是故得乎丘民而为天子"[①]的民贵君轻、以民为本的仁政思想。

中华民族数千年来之所以崇拜炎帝神农氏，不仅因为他是中华民族的人文始祖，更在于他公而忘私、厚德载物，孕育了中华民族以民为本、为民造福的文化因子。1426年明宣宗在祭炎帝文中言炎帝神农氏"德被烝民，垂范无穷"[②]。明吴道南撰《重修炎陵碑记》言："自生民以来君天下者，未有盛于炎帝者也。"同时，其中还载有明神宗"若为君尽君道，法炎帝氏而已"[③]的叹赏之语。事实诚然。炎帝神农氏以舍生忘死、厚利庶民的奉献精神昭示世人，人存在的最高价值，在于对公众、民族和社会的发展所作贡献的程度与高度，他为后世中华儿女立下了一个永远值得追随的航标。

从历史上看，神农氏时代之前是伏羲氏的渔猎采集经济时代，其时先民靠渔猎和采集为生，经常流徙不定，只能"缘水而居""穴居而野处"。为了解决食物短缺问题，炎帝神农氏经过艰苦卓绝的探索，取得了种植谷物的基本方法和经验。为寻求治病之药，炎帝神农氏不顾个人安危，出入瘴气弥漫、人迹罕至的茫茫林海之中，冒着生命危险遍尝百草，解救民众的疾病痛苦。当生产力有所发展之后，先民们有了交换的需要，炎帝神农氏又不失时机地首创市场交易，以便满足人们的日常生产与生活需要。凡此种种，史不绝书。炎帝神农氏重视自觉修德和人格完美，爱民利民，为政务实而重公德，这种为民造福的奉献精神，开启了后世中华政治文明中领导者德政之先河。以炎帝神农氏为代表的种种发明创造，无不凝聚着他以民为本的为民奉献精神。

---

① 《孟子·尽心下》。
② 万里、刘范弟、周小喜辑校：《炎帝历史文献选编》，湖南大学出版社2012年版，第556页。
③ 万里、刘范弟、周小喜辑校：《炎帝历史文献选编》，湖南大学出版社2012年版，第506、507页。

四、农本之源：中华"食为民天"思想的源头

"食为民大"，农正食丰既是中国传统政治思想立论的依据，更是历代治国理政者的为政之本。

《尸子》卷下：

> 神农并耕而王，所以劝耕也。

《文子·上义》：

> 老子曰：为国之道，上无苛令，官无烦治，士无伪行，工无淫巧。其事任而不扰，其器完而不饰……故神农之法曰：丈夫丁壮不耕，天下有受其饥者；妇人当年不织，天下有受其寒者。故身亲耕，妻亲织，以为天下先。

《神农书·神农之教篇》：

> 民为邦本，食为民天；农不正，食不充；民不正，用不衷。

《淮南子·齐俗训》：

> 故神农之法曰："丈夫丁壮而不耕，天下有受其饥者；妇人当年而不织，天下有受其寒者。"故身自耕，妻亲织，以为天下先。其导民也，不贵难得之货，不器无用之物。是故其耕不强者，无以养生；其织不强者，无以掩形。有余不足，各归其身，衣食饶溢，奸邪不生，安乐无事，而天下均平。

《汉书·食货志上》：

> 《洪范》八政，一曰食，二曰货。食谓农殖嘉谷可食之物，货谓布帛可衣，及金刀龟贝，所以分财利通有无者也。二者，生民之本，兴自神农之世。"斫木

为耜，燦木为耒，耒耨之利以教天下"，而食足；"日中为市，致天下之民，聚天下之货，交易而退，各得其所"，而货通。食足货通，然后国实民富，而教化成。黄帝以下"通其变。使民不倦"。

中国传统政治的主要施政范畴是解决民众衣食住行等社会生活问题。班固认为食、货是生民之本而其"兴自神农之世"。因为炎帝神农氏发明农耕"而食足"，又因为炎帝神农氏推行市场交易"而货通"。"食足货通，然后国实民富，而教化成。"这就是炎帝氏族的至治之世。

历史上，中国是一个以农业为本的世界文明古国，其肇端即在神农氏时代。自炎帝神农氏始创农耕文化以来，"以农立国"就成为近万年来中华文明史发展的显著轨迹。农事历来受到统治者的特别重视，被视为民之大事、国之根本。《国语·周语上》说："民之大事在农，上帝之粢盛于是乎出，民之蕃庶于是乎生，事之供给于是乎在，和协辑睦于是乎兴，财用蕃殖于是乎始，敦庞纯固于是乎成。"民以食为天，食以农为先，炎帝神农氏因为带领炎帝氏族所开创的原始农业，奠定了他在三皇五帝中"人皇""农皇"的独一无二的历史文化地位。

文化和社会的发展首先表现为生产技术的进步。农具的发明和使用是原始农业发展的标志，也是农业成为人类主要的经济生产的基础。历代文献皆有炎帝神农氏斫木为耜、揉木为耒、教民耕耨、民始食谷、谷始播种等记载。王以民为天，而民以食为天。正是由于炎帝神农氏制作耒耜，教导人们播种五谷，这才适应了时代的需要，产生了农耕文化和农业文明。农耕生活的出现，为原始先民定居生活提供了比较稳定的经济基础。五谷的种植，调整了原始先民的饮食结构，提高了先民们的饮食质量。在农耕社会来临之前，先民以采集、渔猎为主要经济活动，饮食没有保障，而农耕的出现，则改变了这种"靠天吃饭"的被动状况，成为中华先民跨进文明社会门槛的初曙。历史上，人们将农业的发现、生产工具的发明和创造，都归功于炎帝神农氏，这固然是由于炎帝神农氏有着卓越的贡献，是神农氏时代的文化象征，同时，也说明以炎帝氏族为主体的生产和实践活动是中国上古农耕文化的起源。

这种农耕文化一旦产生，就会不断滋长蔓延，从而成为辉煌灿烂的华夏文明的基石。正是在神农之世原始农耕文明的基础上，从五帝时代到夏商周三代，历代统治者都越来越重视农本政治。到春秋战国的"百家争鸣"时期，以老子、孔子和许行为首的道、儒、农等家，采用炎帝神农氏开创农业的文化素材，初步建立了以衣食住行为核心的中华"食为民天"的政治思想学说，使之成了中华传统治理文化的核心特征。

五、朴政之源：道治社会的理想蓝本

神农之世不但是中华大同、民本思想的源泉，也是老庄所描绘的道治理想社会蓝本的灵感来源。

《老子》第八十章说：

> 小国寡民。使有什伯之器而不用；使民重死而不远徙。虽有舟舆，无所乘之；虽有甲兵，无所陈之。使人复结绳而用之。至治之极。甘其食，美其服，安其居，乐其俗，邻国相望，鸡犬之声相闻，民至老死不相往来。

在老子的政治设计中，国家的权力要小，百姓的欲望要少。人民甘食、美服、安居、乐俗、珍惜生命，不喜欢身外之物，不外出到处游动，生活简单而满足，自富、自化、自正、自朴，依据自己本心自由自在地生活。船只、车辆、武器等物质装备虽然样样不缺，但只是为应急而备用，国与国之间和平共处，互不觊觎。没有战争，贪婪欲望不生，这才是符合大道的"道法自然，无为而治"理想国方案。老子认为，在这样的社会里，由于没有战争、欺诈、剥削和压迫，百姓都能够丰衣足食，安居乐业，纯朴而简单，生活是美好的。

考古发现，在母系氏族社会仰韶文化村落遗址，如半坡、姜寨等，的确如老子所描述的那样，氏族部落规模不大，没有文字，没有复杂的器具与社会关系，还没有形成小家庭，因此也没有私有财产，人们过着简单而和谐的原始公有制的社会生活。这些遗址呈现的文化现象，说明了老子的"小国寡民"的"理想国"方案不是无源之水、凭空臆造的，而有其真实的历史依据。

庄子是继老子之后战国道家学派的代表人物，《庄子》现存三十三篇，分《内篇》《外篇》《杂篇》三个部分。《庄子》一书中有很多地方提及神农之世，对神农之世充满了憧憬和向往。

《胠箧》：

> 子独不知至德之世乎？昔者容成氏、大庭氏、伯皇氏、中央氏、栗陆氏、骊畜氏、轩辕氏、赫胥氏、尊卢氏、祝融氏、伏牺氏、神农氏，当是时也，民结绳而用之。甘其食，美其服，乐其俗，安其居，邻国相望，鸡狗之音相闻，民至老死而不相往来。若此之时，则至治矣。

《胠箧》将神农之世视为"至德之世"，与《老子》第八十章描述的理想社会内容几乎一模一样。

然《缮性》的认识则与《胠箧》迥异，对于神农之世在向往之余，更多表现出来的是对世风日下的无奈与叹息。文中说：

> 古之人在混芒之中，与一世而得澹漠焉。当是时也，阴阳和静，鬼神不扰，四时得节，万物不伤，群生不夭，人虽有知，无所用之，此之谓至一。当是时也，莫之为而常自然。逮德下衰，及燧人、伏羲，始为天下，是故顺而不一。德又下衰，及神农、黄帝，始为天下，是故安而不顺。德又下衰，及唐虞始为天下，兴治化之流，浇淳散朴，离道以善，险德以行，然后去性而从于心。心与心识知，而不足以定天下。

上古混沌初分之时，人与人相处，可谓恬淡寂寞，无所作为，自然而然。其时，阴阳二气调和安静，鬼神不扰乱人类，四时的运行合于节度，万物不受伤害，生物不死于非命，人虽有智慧，却无处可用，这就叫作纯一不二的至德之世。在那个时代，不需要作为，万物都听其自然。可是，德渐渐衰落了，等到燧人和伏羲开始治理天下时，只能顺着人心而为，不能混同万物为一，德又衰落。等到神农和黄帝治理天下时，只能安定天下，不能遂顺天下人的心，德更衰落。等到尧舜治理天下时，就成了治理天下感化万民，使淳厚的民气日形浇薄，朴实的本质日渐消灭。离开道去求善，放弃德去行事，人们都用心机互相窥测，所以诈巧日多，更不能平定天下了。在这里，《庄子》对历史的发展变化表现出了一种悲观的情绪，先不管这种历史观是否正确，但从其赞颂上古燧人、伏羲、神农时代天人合一、无为而治的内容中可以看出，庄子是主张顺其自然、无为而治的。

《让王》：

> 昔者神农之有天下也，时祀尽敬而不祈喜；其于人也，忠信尽治而无求也。乐与政为政，乐与治为治。不以人之坏自成也，不以人之卑自高也，不以遭时自利也。

昔日炎帝神农氏治理天下，按时祭祀上天，尽量表达敬意，并不乞求得福；他以忠诚信实的态度对待民众，并尽力治理政事，而并不索求什么。有乐于整饬的民众，就和他们共同整饬，有乐于治理的民众，就和他们共同治理，不借别人的毁败，使自己取得成功，不借别人的低下来抬高自己，不借时机的有利谋取私利。由此看来，公而忘私，顺势而治，与人民共荣辱是炎帝神农氏的治道之所在。

《盗跖》：

> 神农之世，卧则居居，起则于于，民知其母，不知其父，与麋鹿共处，耕而食，织而衣，无有相害之心，此至德之隆也。然而黄帝不能致德，与蚩尤战于涿鹿之野，流血百里。尧舜作，立群臣，汤放其主，武王杀纣。自是之后，以强凌弱，以众暴寡。汤武以来，皆乱人之徒也。

在庄子看来，神农之世是一种"至德之世"，人民男耕女织，自食其力，睡觉安稳，劳作无虑，大家和平相处，彼此没有敌对相害之心，精神幸福感强。但自从进入黄帝时代，力的角逐代替了人们对道德的追求，"卧则居居，起则于于"的神农"至德"之世便一去不复返了。

在《老子》《庄子》的理想国方案中，老庄都非常重视对和谐的探讨与追求。老庄"和谐"的最高目标是"朴和"，是"齐物"，即人们都能从对立、贪恶、纷争、不安中摆脱出来，返朴归真，"见素抱朴，少私寡欲"[①]，"其政闷闷，其民淳淳"[②]，"清静以为天下正"[③]，"耕而食，织而衣，无有相害之心"。在这样大朴不争的时代，人与人之间的社会关系十分简单，不仅不需要礼法约束，也无须费力地提倡仁义道德，人们自然地和平友好相处，亲如一家，这当然是老庄对神农之世社会风貌的浓缩和追寻。现代的世界，慈爱与仇杀交错，合作与对抗并有，和平与战争同在，危机与希望共存，矛盾与问题丛生，人类正处在一个文明发展的歧路口上。抛弃偏见，化解纷争，各得其所，相安相因，人类便有美好的前景；执着斗争，泛滥私欲，胁人从己，弱肉强食，人类就会走向衰亡。炎帝文化最讲和谐，最反对人与人之间为了贪欲而启肇纷争。返朴归真，天人合一，正是老庄在对神农之治探讨所得的基础上，对春秋战国欲望横生的社会现实所发出的呐喊，对理想社会所提出的希望和向往。

从历史上看，老子是楚人，道家文化是楚文化的产物，楚文化的源头正是炎帝文化，如此，溯源楚文化又可追溯到炎帝文化。炎帝文化中的民本、和平、淳朴、和谐正是老子道法自然、为而不争的政治思想之强大源泉。神农之世最接近老子理想中的"至治之极"、庄子理想中的"至德之隆"，是老庄所认为的符合天、地、人三道的比较合理的人间社会理想秩序的范本。

除老庄外，晋代道家视域下的神农之治亦颇有意思。

晋傅玄撰《傅子》五卷，其卷一《检商贾》说：

> 夫神农正其纲，先之以无欲，而咸安其道。周综其目，壹之以中正，而民不越[法]。

---

① 《老子》第十九章。
② 《老子》第五十八章。
③ 《老子》第四十五章。

卷三《阙题》：

> 庖牺神农，顺民之性，育之者也；黄帝除民之害，救之者也。

傅玄认为，炎帝神农氏为政，以"无欲""正纲""中正""顺民之性"为理政纲要。晋阮咸记载注释的《人皇神农氏政典》特别值得一提。

阮咸注《古三坟》一卷，其中《气坟·人皇神农氏·归藏易》中保存有《人皇神农氏政典》，其文如下：

《政典》曰：惟天生民，惟君奉天，惟食丧祭，衣服教化，一归于政。

皇曰：我惟生无德，咸若古政，嗟尔，四方之君，有官有业，乃子乃父，乃兄乃弟，无乱于政。昔二君始王，未有书契，结绳而治，交易而生，亦惟归政。昔在天皇，肇脩文教，始画八卦，明君臣民物，阴阳兵象，以代结绳之政。出言惟辞，制器惟象，动作惟变，卜筮惟占。天皇氏归气，我惟代政，惟若古道以立政。

皇曰：正天时因地利，惟厚于民；民为邦本，食惟民天，农不正，食不丰；民不正，业不专。惟民有数，惟食有节，惟农有教，林林生人，无乱政典。

《政典》曰：君正一道，二三凶，臣正一德，有常吉；时正惟四，时乱不植；气正惟和，气乱作疹；官正惟百，民正惟四，色正惟五，惟质惟良；病正四百四，药正三百六十五，过数乃乱，而昏而毒；道正常，过政反僻；刑正平，过政反私；禄正满，过政反侈；礼正度，过政反僭；乐正和，过政反流；治正简，过政反乱；丧正哀，过政反游；干戈正乱，过政反危；市肆正货，过政反邪；讥禁正非，过政失用。

皇曰：嗟尔，有官有业，乃子乃父，乃兄乃弟，咸若我辞，一归于正。

皇曰：君相信任惟正，相君辅位惟忠，相官统治惟公，官相代位惟勤，民官抚爱惟仁，官民事上惟业。父无不义，厥子惟孝；兄无不友，厥弟惟恭；夫不游，妻不淫；师不怠，教不失；刑者形也，形尔身；道者导也，导尔志；礼者制也，制尔情；乐者和也，和尔声；政者正也，正其事。

《人皇神农氏政典》很可能是周人模仿炎帝神农氏的语气而编撰出来的文字，理由有三：第一，内容反映的都是周人的思想与观点，如"惟天生民，惟君奉天"，"民为邦本，食惟民天"，"父无不义，厥子惟孝；兄无不友，厥弟惟恭"等。第二，说话的口气及语句亦与周人相仿。第三，神农氏时代还没有文字，不可能有如此经过严格训练且十分规范的文辞语句。不过，《人皇神农氏政典》是不是炎帝神农氏亲口所传，本书无意探究，只是想告诉读者，这一政典的内容核心集中在以农立国、以德化民、以政为正等上面，其中的治理思想已经相当系统和成熟，涉及德治、礼治、道术、官制等方面的为政之道，确实是对炎帝神农氏为政之道的一种绝佳的总结。

到西晋时，陈寿也曾谈到神农之政顺民之性的"自成"特征。

《三国志·魏书·文帝纪》：

> 昔神农氏之有天下，不以人之坏自成，不以人之卑自高。

陈寿论述神农之政，已经超过了发明农业、开创市场交易的"食货"理政层面而进入更高的道德教化层面，这就是"不以人之坏自成，不以人之卑自高"的无为自化境界。

综上可见，炎帝文化与道家文化之间也存在着源流关系，是老子"道治""朴政"的灵感之源。两千多年来，老庄"无为而民自化"的政治主张，一直深刻地影响着中国人的政治文化意识，具有强大的生命力，炎帝文化中符合道治、朴政的文化因子也在道家文化的传播扩散过程中不断焕发出勃勃生机。

六、精神之源：中华民族的血脉基因

历史的传统不容忽视。在数千年生产和生活实践中，炎帝氏族创造出了垂范万世的文化结晶——炎帝精神。所谓炎帝精神，应是产生于神农氏时代、以炎帝神农氏为代表的炎帝氏族的集体智慧的结晶，是被后世人们广泛认同的价值观念。炎帝精神是中华优秀传统文化和民族精神的源头及重要组成部分，是中华文化的重要基石与核心元素，是中华民族不懈奋斗、开拓创业的生生不息的文化源泉和精神原动力。

1. 炎帝文化铸就中华民族勤奋不懈、坚定笃行的精神品质

古史传说，炎帝氏族生活在洪荒榛莽、人与大自然抗争力量还十分微弱的上古原始社会。为了部落的生存和发展，炎帝神农氏不畏艰险，不怕困难，带领氏族群体筚路蓝缕、开辟蛮荒，完成了人类由纯消费型社会向自主生产型社会的转变，初步夯牢了中华民族原始农耕文明的基础，使中华先民开始由流动不定、巢居穴处的渔猎采集经济进步到了筑室定居、以农桑为主的种植养殖经济生活阶段。这是一种不畏艰险、知难而进的始祖奋斗精神，是一份珍贵的文明火种。这种血脉基因，深深地影响了此后数千年中华民族的精神走向。

2. 炎帝文化铸就中华民族讲信修睦、互助共赢的精神品质

神农之世，"天下为一家，而无私耕私织，共寒其寒，共饥其饥"①，氏族成员全心全意地融入集体生活，诚信互助，团结合作。在这方面，炎帝氏族为后世树立了团结、和谐、无争、共同为幸福美好生活而奋斗的榜样，为炎黄时代中华民族多元一体的大融合、大统一、大发展、大进步奠定了基础。

3. 炎帝文化铸就中华民族革故鼎新、开拓进取的精神品质

炎帝神农氏是中华文明史上勇于探索、开拓创新的典范。炎帝神农氏在开创原始农业、探索治病救人之道等民生领域进行了大胆的尝试和求索，播撒了一颗颗文明的火种。这种探索、发明、创新涉及中国上古时代农耕社会生活的各个方面，对民众的福祉尤其重要，从根本上促进了中华早期文明的发展。正是因为炎帝神农氏在农耕文明上的开创性贡献，所以《白虎通义》卷第六尊炎帝神农氏为"圣人"。

4. 炎帝文化铸就中华民族克己奉公、无私奉献的精神品质

---

① 《尉缭子》治本第十一。

　　数千年来称赞炎帝神农氏为氏族忧劳奉献的行为与精神史不绝书。《越绝书》卷十三说："昔者神农之治天下，务利之而已矣。不望其报。"先秦时期，人们已经把炎帝神农氏大公无私的榜样力量提高到了至尊至崇的地位，经过春秋战国时期的百家争鸣，炎帝神农氏为大众服务的高尚精神早已经沉淀成为中华优秀传统文化的重要特质。这种克己奉公、无私奉献精神，塑造了中华民族的核心价值观，即强调个体生命的意义和价值不在于自身索取，而在于对社会、对民族、对国家、对天下贡献的程度及高度，这种优秀品德、崇高精神与境界，最终由春秋《左传》浓缩为济世安民的"立德、立功、立言"[①]三不朽之说。

　　5. 炎帝文化铸就中华民族刚健有为、屡挫不弃的精神品质

　　炎帝氏族开创了中华民族愈挫愈勇的精神品质。由炎帝氏族进取事迹浓缩而成的诸多历史传说也直接表现出这种倔强的自强不息精神。这种特质，在"精卫填海""夸父逐日""愚公移山""刑天舞干戚"等与炎帝文化相关的历史传说中皆有体现。这种壮烈而又刚健不屈的氏族精神，无疑在中华民族精神形成过程中烙印有浓厚的炎帝文化印记。

　　6. 炎帝文化铸就中华民族贵和尚中、和谐共生的精神品质

　　中华优秀传统文化中的"天人合一"、人与自然和谐共生等思想，强调人的行为不但应符合天道的要求，更要以实现天道的要求为己任，追求天道与人道、人与自然的紧密联系与有机统一，追求道、天、地、人系统的整体和谐、交融与协调。炎帝神农氏正是以他的亲身实践开始了中国历史上最早的对天人合一理念的探索。神农之世虽然物质贫乏，但人人平等、财产公有，人心淳朴，和谐、团结、仁诚，没有争斗倾轧、战争流血的不正常社会现象。炎帝氏族对和谐社会的追求，深刻地影响到了后世儒家、道家以及中国历代政治家的思想创新，使儒、道思想及中国传统政治文化都含有浓厚的天人合一的和谐共生思想，并成为中华民族的精神文化资源。

　　7. 炎帝文化铸就中华民族厚德载物、为民造福的精神品质

———————————

[①] 《左传·襄公二十四年》。

中华群经之首《周易》中的《坤卦·彖辞》曰："至哉坤元，万物资生，乃顺承天，坤厚载物，德合无疆，含弘光大，品物咸亨，牝马地类，行地无疆，柔顺利贞。"《坤卦·象》云："地势坤，君子以厚德载物。"《坤卦·文言》说：坤，"至静而德方""承天而时行""含万物而化光""敬义立而德不孤"。炎帝神农氏具有坤的美德，充满着厚德载物、为民造福的思想意识。中华民族数千年来崇拜炎帝神农氏，就是因为其公而忘私、厚德载物、慈悲仁爱、克己奉公。

8. 炎帝文化铸就中华民族不事空言、求真务实的精神品质

数千年来漫长的农耕文明造就了中国人求真务实的民族性格。这种性格，追本溯源，可上推到炎帝神农氏时代。炎帝氏族开创原始农业、烧制陶器、研制医药、植麻制衣、首倡"日市"等，成为影响后世民生经济的文化基因。正是这种脚踏实地、不事空言的求真务实精神，熔铸了中华优秀传统文化的主体特质，造就了中华民族不尚空谈浮言、笃志力行、在政治上高度重视民生的传统，从而推动了古代带有鲜明实用性的科技发明创造及以"实事求是"为核心理念的政治文明的发展，为中华文明做出了重要贡献。

七、金声玉振："神农居世，通变该极"

近四十年来，在继承与弘扬炎帝文化方面，存在着这样一些现象：

其一，炎帝北方说与炎帝南方说各执一词，争论不休。

其二，非要人为地将中华文明发祥地分出个长江系统或者黄河系统来，进一步还要分出个发源地的时间早晚不可。

其三，湖北随州与陕西宝鸡在谁为炎帝故里存在争执。

其四，山西高平与湖南株洲关于谁的炎帝陵是始祖炎帝神农氏的真假之争以及谁的炎帝陵寝时间最悠久的纷争。

其五，一些有炎帝文化遗迹的地方为了本地旅游经济发展而争夺正宗身份与海外归来祭祀的宾客。

等等，不一而足。

其实，地无分南北，天下共始祖，炎帝文化是中华民族共同的精神财富。在对待炎帝氏族发祥地这一问题上，笔者主张华夏中国说。凡是炎帝氏族所及之处皆是中华文明的发祥地，所遗之迹皆是中华民族的优秀文化硕果。存在决定意识。有，则有之；无有，则无之。争与不争皆是如此，实在没有多大的意义。不必坚持地方本位，非此即彼。"为而不争"[①]方是炎帝文化建设的正道。《老子》第二十二章说："夫唯不争，故天下莫能与之争。"这是一种气度。事实上，不争之为德。不争之争，大矣。上古留存下来的遗胜、文化资料本就不多，既然很多事情因为历史太悠久，且缺乏文献史料的记载而难以论证清楚，我们就不妨搁置争论，抛弃地方主义、"诸侯经济""唯我独尊""非此即彼"的狭隘思路，以探讨与总结中华文明起源的历史、弘扬炎帝文化为目的，以文献资料、考古成果、古代民俗传说为依据。在华夏早期历史上，以农业文明为特征的炎帝氏族星罗棋布，其发祥地可能会有发生时间的早晚区别、空间地域的不同，但绝不会只有一处或者几处，"满天繁星"说可能比较接近历史的真实。我们不妨多从文献典籍中寻找根据，多在考古发现上下足功夫，在物质文化遗产保护问题上一切听从国家的认定，听从中央政府的指示与安排。大家完全可以不争，团结起来，万众一心，携手共同继承与发展炎帝文化，弘扬炎帝精神，这是中华民族共同的文化认同，共同的精神认同。只有这样，才能真正展现出大国的文化自信、历史自信，才能把弘扬炎帝文化的事业做大做强，给后人留下更多辉煌灿烂的研究成果。

本书的结论是：

以炎帝神农氏为代表的炎帝氏族，是开创中华上古文明的先驱，是继伏羲之后、黄帝之前的华夏文明的重要文化标识和精神象征。

神农氏是距今约 10000—5000 年中国上古时期以农耕为主要生产生活方式的氏族群体。这是华夏历史上一个相当漫长的转型过渡时期：（1）从生产方式来看，是

---

① 《老子》第八十一章。

从渔猎经济向农耕经济转型过渡的时期；（2）从生产工具的发明和使用来看，是从旧石器时代向新石器时代转型过渡的时期；（3）从社会形态来看，是从母系氏族社会向父系氏族社会转型过渡的时期；（4）从生活方式来看，是从穴居群婚制向定居家族制转型过渡的时期。炎帝神农氏正是顺应历史发展要求，带领神农氏部落开拓、创造中华文明的先驱。

20世纪二三十年代，有一种疑古思潮兴起，怀疑上古历史传说，否认三皇五帝时代的存在，这种历史虚无主义是要不得的。实际上，自从中国文字稍微成熟后，炎帝神农氏的事迹就从口述传说载入了国家的正史。"故言中国信史者，必自炎黄之际始。"① 西周时期的《逸周书》，东周时期的《左传》《国语》《世本》《山海经》等古籍文献对炎帝文化的记述无不说明，三皇五帝时代不是无源之水、无本之木，中国历史上确实存在过这么一个时期。如果说汉代以后的炎帝文化因为政治需要掺杂了一些后人主观因素的话，那么夏商周三代的原始文献还是有相当大的可信度的，因为其时与炎帝氏族真实历史发生的时间还不遥远，虽然炎帝传说因为古时条件所限而表现出一些相互矛盾及抵牾的地方，然而殷周文字的叙说并不庞杂，只要认真地条分缕析，其重要的线索还是可以梳理清楚的。

炎帝神农氏的文化标识主要表现在：其一，他是中华民族的人文始祖。（1）龙文化的缔造者；（2）削桐绳丝，琴瑟和人；（3）推演发展了伏羲的八卦之数；（4）发明弓矢、研制武器；（5）发明古农历等。其二，他是农耕文明的原始先驱。（1）开创农耕，种植五谷；（2）始作耒耜，发明农具；（3）日中为市，教民贸易；（4）作陶冶斤，烧制器皿；（5）治麻为布，始兴纺织；（6）构木为屋，改善民居等。其三，他是华夏民族的道德圣王。（1）遍尝百草，和药济人；（2）坚持人民本位；（3）是中国历史上最早的民众公仆；（4）为而不争、大公无私的楷模，等等。当然，炎帝神农氏的文化标识并不止上述各项，这只是一个笼统的概括而已，但仅凭这些文化成就，就已经为黄帝时代中华民族的大统一奠定了重要而影响深远的物质和文化

---

① 杨琥编：《夏曾佑集》（下），上海古籍出版社2011年版，第796页。

基础。

汉魏之际著名文学家曹植作有《神农赞》，其中云：

> 少典之胤，火德承木。
>
> 造为耒耜，导民播谷。
>
> 正为雅琴，以畅风俗。①

这首诗虽短但信息丰富。第一，从血缘统绪说明炎帝神农氏是少典氏的后代，炎帝族与少典氏有着深厚的历史渊源关系。第二，从文化统绪说明炎帝为五行"火德"，揭示了炎帝神农氏在五行学说中的文化地位和重要性。第三，说明炎帝神农氏"造为耒耜，导民播谷"的伟大贡献。这第三点极为重要，是炎帝神农氏最重要的文化标识。炎帝神农氏制作农具，教民种植，开启了中华农耕文明的先河。数千年来，中国一直是一个农业大国，这与炎帝神农氏的开创之功有着重要的关系。第四，作"雅琴""畅风俗"。炎帝神农氏很懂得音乐教化在政治治理中的作用，作《下谋》之歌，制雅琴之乐，目的都在于发展精神文明，希望通过音乐移风易俗，导民淳朴中和，政治教化之风由此吹拂、滋润了 5000 年来的华夏政治文明建设。可见，我们的先祖从一开始就很懂得建设物质文明与精神文明的重要性。炎帝神农氏"造为耒耜，导民播谷""正为雅琴，以畅风俗"的物质文明与精神文明建设开创了"中国特色"为政者治理模式的先河。

西晋挚虞也作有一首《神农赞》，其文曰：

> 神农居世，通变该极。
>
> 民众兽鲜，乃教稼穑。
>
> 聚货交市，草木播殖。
>
> 务济其本，不通其饰。②

---

① 李学勤、张岂之总主编，徐育民主编：《炎黄汇典·诗歌卷》，吉林文史出版社 2002 年版，第 7—8 页。

② 李学勤、张岂之总主编，徐育民主编：《炎黄汇典·诗歌卷》，吉林文史出版社 2002 年版，第 11 页。

挚虞从"务济其本，不通其饰"的角度，歌颂了炎帝神农氏为政淳朴、重点突出的风格，歌颂了炎帝神农氏教民稼穑、"聚货交市"等政绩，认为这才是真正的"务本"惠民之举。

北宋著名政治家、文学家范仲淹与王安石也分别作《咏农》与《耒耜》赞颂炎帝神农氏的丰功伟绩。面对北宋中期以来的冗兵、冗政、冗费等社会问题，范、王二人都极力主张改革，对现实状况表现出了浓重的忧患意识。他们热情歌颂了炎帝神农氏在农政方面对中华民族所作的伟大贡献，同时也以古讽今，表露出对现实状况不满的消极情绪。

先看范仲淹的《咏农》：

圣人作耒耜，苍苍民乃粒。

国裕俭且谆，人足而家给。

九载襄阳祸，比户犹安辑。

何人变清风，骄奢日相袭。

制度非唐虞，赋敛犹呼吸。

伤哉田桑人，常悲大弦急。

一夫耕几垅，游惰如云集。

一蚕吐几丝，绮罗如山入。

太平不自存，凶荒亦何及。

神农与后稷，有灵应为泣。①

全诗借古喻今，核心集中在前面"圣人作耒耜，苍苍民乃粒。国裕俭且谆，人足而家给"四句对炎帝神农氏历史贡献的总结上面，想以此警醒世人尤其是告诫当政者要注意力戒"骄奢"，防止"赋敛"太重、社会矛盾激化等问题。

---

① 李学勤、张岂之总主编，徐育民主编：《炎黄汇典·诗歌卷》，吉林文史出版社 2002 年版，第 61 页。

王安石的《耒耜》诗曰：

> 耒耜见于易，圣人取风雷。
>
> 不有仁智兼，利端谁与开？
>
> 神农后稷死，般尔相寻来。
>
> 山林尽百巧，揉斫无良材。①

王安石的这首《耒耜》诗据《周易》经文引申，虽然内容简短，但与范仲淹的《咏农》一样，在歌颂炎帝神农氏的兴农之功方面，有异曲同工之妙。

相比之下，南宋罗泌的《炎帝赞》在歌颂炎帝神农氏的功业方面则更加全面而客观。其文曰：

> 火德开统，连山感神。
>
> 谨修地利，粒我蒸民。
>
> 鞭萁尝草，形神尽瘁。
>
> 避隩调元，以逃人害。
>
> 列廛聚货，吉蠲粲盛。
>
> 夷疏损谷，礼仪以兴。
>
> 善俗化下，均封便势。
>
> 虚素以公，威厉不试。
>
> 弗伤弗害，受福耕桑。
>
> 日省月考，献公明堂。
>
> 天下爱道，其鬼不神。
>
> 盛德不孤，万世同仁。②

---

① 李学勤、张岂之总主编，徐育民主编：《炎黄汇典·诗歌卷》，吉林文史出版社 2002 年版，第 62 页。

② 李学勤、张岂之总主编，徐育民主编：《炎黄汇典·诗歌卷》，吉林文史出版社 2002 年版，第 68—69 页。

罗泌的这首《炎帝赞》，内容涉及炎帝神农氏的"火德"五行与《连山易》的关系，"修地利"，尝百草发明中药，开辟交易市场，兴礼仪，教化民众，以及为政"虚素以公，威厉不试"，首创明堂祭祀等方面，比较详尽地赞颂了炎帝神农氏开辟洪荒、启迪文明的不朽贡献。

自宋太祖赵匡胤以后，几乎历代帝王都很重视对炎帝陵寝的祭祀。明朝曾鹤龄作《祀神农陵记》，对官方祭祀炎帝神农氏的原因解释得很清楚。他说："神农氏教民耕稼、蜡祭、医药、交易之事，开万世衣食相生相养之原，故凡后世有天下者皆祀之，而新即位者则告焉，示不忘本也。"①

中华人民共和国成立以来，人民政府很重视对炎帝文化的弘扬与保护。尤其是随着改革开放后海内外中华儿女寻根热潮的到来，对于炎帝神农氏的始祖祭祀，从地方政府到民间百姓，大家都十分关注与投入。凡是炎帝氏族足迹所到之处，例如湖南、湖北、陕西、山西、河南、山东等地，都有炎帝文化热的现象出现。尤其是炎陵、宝鸡、高平、随州等具有炎帝故里、陵墓以及庙祠悠久历史胜迹的地方，祭祀炎帝、弘扬炎帝文化的热潮更是一浪高过一浪。炎帝神农氏因其对中华文明所做出的重大贡献，永远受到世人的敬仰与传颂。

走笔至此，笔者亦草《炎帝神农氏赞》一首来结束本书：

> 大哉炎帝，文明之光。
>
> 伟哉神农，华夏祖皇。
>
> 立极太古，辟世洪荒。
>
> 农耕文明，至此开创。
>
> 耒耕稼穑，粒民食粮。
>
> 绩麻制衣，御民风霜。
>
> 相土台榭，安民庐堂。

---

① 李学勤、张岂之总主编，曲英杰主编：《炎黄汇典·祭祀卷》，吉林文史出版社 2002 年版，第 258 页。

遍尝药草，祛民疾伤。

冶斤作陶，利民器藏。

揉弓剡矢，益民猎防。

日中交易，开民市商。

桐琴弦乐，启民化氓。

炎帝精神，山高水长。

千秋圣人，万世崇扬。

慎终追远，笔荐衷肠。

继往开来，家国永昌！

附录　主要参考书目

一、文献典籍

［西汉］司马迁撰：《史记》，中华书局 1975 年版。

［西汉］刘安撰：《淮南子》，上海古籍出版社 1989 年版。

［东汉］班固撰：《汉书》，中华书局 1962 年版。

［东汉］王充撰：《论衡》，上海人民出版社 1974 年版。

［西晋］皇甫谧撰：《帝王世纪》，齐鲁书社 2010 年版。

［南朝］范晔撰：《后汉书》，中华书局 2007 年版。

［北魏］郦道元撰：《水经注》，中华书局 2016 年版。

［宋］王溥撰：《唐会要》，中华书局 2017 年版。

［宋］王存撰：《元丰九域志》，中华书局 1984 年版。

［南宋］罗泌撰：《路史》，北京图书馆出版社 2003 年版。

［明］马里等纂，董健桥等校注：《陕西通志》（上），三秦出版社 2006 年版。

［清］王聘珍撰，王文锦点校：《大戴礼记解诂》，中华书局 1983 年版。

［清］龙文彬编纂：《明会要》，中华书局 1956 年版。

［清］昆冈等编纂：《钦定大清会典事例》，光绪重修版。

［清］龙汝霖编纂：《高平县志》，同治六年刻本。

［清］王万澍撰：《衡湘稽古》，中国科学院图书馆藏清乾隆王国牧刻本。

［清］秦嘉谟等辑：《世本八种》，商务印书馆 1957 年版。

陈奇猷校注：《韩非子集释》，上海人民出版社 1974 年版。

袁珂校注：《山海经校注》，上海古籍出版社 1980 年版。

方诗铭等撰：《古本竹书纪年辑证》，上海古籍出版社 1981 年版。

陈奇猷校释：《吕氏春秋校释》，上海古籍出版社 1984 年版。

王文锦等点校：《通典》，中华书局 1988 年版。

王守谦等译注：《左传全译》，贵州人民出版社 1990 年版。

王强模译注:《列子全译》,贵州人民出版社 1993 年版。

黄怀信等撰:《逸周书汇校集注》,上海古籍出版社 1995 年版。

徐元浩撰:《国语集解》,中华书局 2002 年版。

李民等撰:《尚书译注》,上海古籍出版社 2004 年版。

杨天宇撰:《礼记译注》,上海古籍出版社 2004 年版。

王文楚等点校:《太平寰宇记》,中华书局 2007 年版。

周新发点校注:《炎陵志》,三秦出版社 2008 年版。

石磊译注:《商君书》,中华书局 2011 年版。

刘琳等校点:《宋会要辑稿》,上海古籍出版社 2014 年版。

李山等译注:《管子》,中华书局 2019 年版。

湖北省随州市地方志编纂委员会编:《随州志》,中国城市经济社会出版社 1988 年版。

宝鸡市社科联编:《炎帝史料辑录》(内部版),1993 年。

鄜县志编纂委员会编:《鄜县志》,中国社会出版社 1994 年版。

李学勤、张岂之总主编,王贵民、杨志清主编:《炎黄汇典·史籍卷》,吉林文史出版社 2002 年版。

李学勤、张岂之总主编,罗琨主编:《炎黄汇典·方志卷》,吉林文史出版社 2002 年版。

李学勤、张岂之总主编,曲英杰主编:《炎黄汇典·祭祀卷》,吉林文史出版社 2002 年版。

李学勤、张岂之总主编,徐育民主编:《炎黄汇典·诗歌卷》,吉林文史出版社 2002 年版。

李学勤、张岂之总主编,吴汝祚主编:《炎黄汇典·考古卷》,吉林文史出版社 2002 年版。

李学勤、张岂之总主编,郑杰祥主编:《炎黄汇典·文论卷》,吉林文史出版社 2002 年版。

胡崇峻搜集整理：《黑暗传》，长江文艺出版社 2002 年版。

中国文史出版社编：《二十五史》，中国文史出版社 2002 年版。

"高平金石志"编纂委员会编：《高平金石志》，中华书局 2004 年版。

陕西省地方志编纂委员会编：《陕西省志·炎帝志》，三秦出版社 2009 年版。

马志生主编：《炎帝汇典》，华艺出版社 2009 年版。

万里等辑校：《炎帝历史文献选编》，湖南大学出版社 2012 年版。

株洲市博物馆、株洲市考古与博物馆学会编：《株洲市文物考古文集》第一集（内部资料），2013 年印。

栾贵明主编：《炎帝集》，新世界出版社 2015 年版。

湖南省地方志编纂委员会编：《炎帝陵志》，湖南人民出版社 2019 年版。

宝鸡市地方志编纂委员会编：《宝鸡市志》，陕西人民出版社 2021 年版。

二、学人著作

王献唐著：《炎黄氏族文化考》，齐鲁书社 1985 年版。

任勇华、李晨编著：《炎帝的传说》，三秦出版社 1988 年版。

薛荣哲主编：《泽州古文化荟萃》，经济日报出版社 1989 年版。

陈放主编：《炎帝与炎帝文化》（论文集），湖北人民出版社 1991 年版。

湖北省随州市厉山炎帝神农纪念馆编：《炎帝》，长江文艺出版社 1991 年版。

何光岳著：《炎黄源流史》，江西教育出版社 1992 年版。

李绍连著：《华夏文明之源》，河南人民出版社 1992 年版。

蔡柏顺著：《炎黄二帝研究》，华龄出版社 1992 年版。

炎帝与宝鸡课题组编著：《炎帝·姜炎文化》，三秦出版社 1992 年版。

景明著：《神农氏·炎帝》，西北大学出版社 1993 年版。

伍新福、刘泱泱、宋斐夫主编：《湖南通史·古代卷》，湖南出版社 1994 年版。

苏秉琦著：《华人·龙的传人·中国人——考古寻根记》，辽宁大学出版社 1994

年版。

　　王德蓉、曹敬庄、邓玲玲主编：《炎帝与中华文化》（论文集），人民出版社 1994 年版。

　　山西考古研究所编：《山西考古四十年》，山西人民出版社 1994 年版。

　　钟宗宪著：《炎帝神农信仰》，学苑出版社 1994 年版。

　　霍想有主编：《伏羲文化》，中国社会出版社 1994 年版。

　　霍彦儒、郭天祥著：《炎帝传》，陕西旅游出版社 1995 年版。

　　梁福义编著：《炎帝氏族考略》，宝鸡市炎帝陵文管所 1995 年版。

　　宝鸡市社科联编：《炎帝论》（论文集），陕西人民出版社 1996 年版。

　　黄爱平、王俊义编：《炎黄文化与中华民族》，中国人民大学出版社 1996 年版。

　　石兴邦主编：《陕西通史·原始社会卷》，陕西师范大学出版社 1997 年版。

　　文怀沙、邵盈午著：《中华根与本——宝学概论》，中国文联出版公司 1997 年版。

　　罗立洲著：《神农论》，湖南株洲南楚诗社 1998 年版。

　　马巧珍主编：《炎帝神农文化在太行》，山西古籍出版社 1998 年版。

　　侯林青、杨连登主编：《神农文化》（论文集），湖南人民出版社 2000 年版。

　　卢勋等著：《中华民族凝聚力的形成和发展》，民族出版社 2000 年版。

　　刘俊男著：《华夏上古史研究》，延边大学出版社 2000 年版。

　　宝鸡市社科联编：《姜炎文化论》，三秦出版社 2001 年版。

　　湖北省炎黄文化研究会编：《炎帝神农与民族精神》（论文集），东方出版社 2002 年版。

　　侯福兴、郭生竑编著：《文明之光——上党炎帝文化探微》，山西人民出版社 2002 年版。

　　周新发编著：《炎帝春秋》，岳麓书社 2003 年版。

　　霍彦儒主编：《炎帝与汉民族论集》，三秦出版社 2003 年版。

　　徐旭生著：《中国古史的传说时代》，广西师范大学出版社 2003 年版。

　　谷峰编著：《高平发现炎帝陵》，远方出版社 2004 年版。

严文明著：《长江文明的曙光》，湖北教育出版社 2004 年版。

裴安平、熊建华著：《长江流域的稻作文化》，湖北教育出版社 2004 年版。

王树新、孟世凯主编：《炎帝文化》，中华书局 2005 年版。

宫长为、郑剑英主编：《炎帝神农氏——中华远古文明追索》，中国文史出版社 2005 年版。

张曼平主编：《炎帝文化》，海天出版社 2005 年版。

刘明科著：《宝鸡考古撷萃》，三秦出版社 2006 年版。

霍彦儒主编：《炎帝与民族复兴》（论文集），陕西人民出版社 2006 年版。

刘毓庆著：《上党神农氏传说与华夏文明起源》，人民出版社 2008 年版。

丁凤英主编：《炎黄文粹》，武汉出版社 2009 年版。

常四龙著：《原始文明与高平炎陵》，大众文艺出版社 2009 年版。

刘晓鸣主编，樊友刚著：《炎帝神农探源》，武汉出版社 2009 年版。

刘晓鸣主编，樊友刚、黄克勇主编：《名家话炎帝神农》，武汉出版社 2009 年版。

刘晓鸣主编，樊友刚选编：《炎帝神农典籍与传说》，武汉出版社 2009 年版。

中华炎黄文化研究会、会同县人民政府编：《华夏同始祖 天下共连山——全国首届会同炎帝故里文化研讨会论文集暨会同民间炎帝神农文化资料汇编》，大象出版社 2010 年版。

周德才主编：《茶陵文化溯源——炎帝神农氏茶陵故乡考》，方志出版社 2011 年版。

杨琥编：《夏曾佑集》（下），上海古籍出版社 2011 年版。

吴毅、朱世广、刘治立著：《中华人文精神论纲》，人民出版社 2011 年版。

王震中著：《中国文明起源的比较研究》，中国社会科学出版社 2013 年版。

刘俊男著：《长江中游地区文明进程研究》，科学出版社 2014 年版。

石玉珍、邓德芳、邓玲玲主编：《炎黄文化与中国梦》（论文集），2014 年印。

刘玉堂主编：《炎帝神农文化读本》，人民出版社 2015 年版。

湖南省人民政府台湾事务办公室、株洲市人民政府台湾事务办公室编：《海峡两岸共祭炎帝神农》，岳麓书社 2015 年版。

霍彦儒主编：《中国节日志·祭炎帝》，光明日报出版社 2016 年版。

周洪宇、王文虎著：《炎黄国祭论》，福建教育出版社 2017 年版。

丁雪峰、丁志理著：《溯源：历史与传说中的三皇五帝》，河南大学出版社 2017
年版。

袁珂著：《古神话选释》，北京联合出版公司 2017 年版。

马敏、李子林、张执均主编：《炎帝神农与长江文化学术研讨会论文集》，武汉
出版社 2017 年版。

章开沅、张正明、罗福惠主编，刘玉堂、张正明著：《湖北通史·先秦卷》，华
中师范大学出版社 2018 年版。

郭世谦著：《古史传说考》（四），天津古籍出版社 2019 年版。

苏秉琦著：《中国文明起源新探》，生活·读书·新知三联书店 2019 年版。

吕思勉著：《先秦史》，中华书局 2020 年版。

刘晓慧编著：《炎帝神农的历史贡献》，武汉出版社 2021 年版。

信阳师范学院《炎黄学概论》编委会编著，李俊、王震中主编，梁枢、姚圣良
副主编：《炎黄学概论》，人民出版社 2021 年版。

彭志瑞著：《炎帝与炎帝氏族》，广东人民出版社 2021 年版。

周文杰、段立新编著：《话说炎帝神农氏》，湖南大学出版社 2022 年版。

后　记

《礼记·郊特牲》曰："万物本乎天，人本乎祖。"探索人类远古文明的起源，确立自己民族的祖先，寻觅先祖文化历史发展之血脉，是世界各民族的神圣叙事，是关乎全球化时代国家认同的重大问题。以氏族血缘为纽带和根基的先祖崇拜，本是几千年来中国社会最具特色的文化现象，然而经过几千年的波折流传，各类史籍记载斑驳，尤其是新石器时代的"三皇"时期，时间久远，轮廓模糊。坚定历史自信是坚定中华文化自信的重要前提和基础。站在新时代大力推进中华优秀传统文化创造性转化、创新性发展的历史起点上，持续加强炎帝神农文化的发掘研究与开发利用，加强包括炎帝陵在内的炎帝神农文化遗迹的保护、建设、发展，大力提升炎帝神农文化的影响力和话语权，作为炎黄子孙，尤其是从事炎帝神农文化传承和研究的学者应是正逢其时，责无旁贷。

党的十八大以来，国家提出了一系列关于实施中华优秀传统文化传承发展工程的意见，党的二十大报告再次强调："坚守中华文化立场，提炼展示中华文明的精神标识和文化精髓，加快构建中国话语和中国叙事体系，讲好中国故事、传播好中国声音，展现可信、可爱、可敬的中国形象。"中华大地，处处都在深入学习贯彻党的二十大报告精神。在湖南，时任省委书记张庆伟明确要求："要充分挖掘史料，拓展炎帝文化研究，增进华侨华人对优秀传统文化的认同感，增强炎黄子孙的归属感。"株洲市委书记曹慧泉在担任株洲文旅"推荐官"时说："株洲的炎帝神农文化源远流长，我们要擦亮神农炎帝陵品牌，进一步整合历史、人文、生态资源，丰富全球炎帝祭祀典礼，打造全球华人寻根祈福的胜地。"炎陵县提出，要加大对炎帝文化发掘、研究和传播力度，守护好炎帝陵这一全球华人的精神家园。陕西省黄陵县提出，要进一步挖掘、弘扬、传承黄帝文化，守护好黄帝陵这一中华文明精神标识。以上这些，都体现了炎黄子孙对中华始祖的尊崇和敬仰。

该专著即是在这样的大背景之下，由中国社会科学院近代史研究所马平安教授执笔创作的项目成果。作者通过翔实的史料、精准的考究，对炎帝文化与中华文明的关系，作了细致的研究，以"我们是谁？我们从哪里来"为切入点，对炎帝神农氏出生、生平、称谓、世系、活动迁徙和具体作为，对中华民族的伟大贡献以及身后影响等，一一梳理，有机串联，依据文字记载和考古成果，将零散的历史事件串连成有逻辑、有条理、有学术价值的历史脉络，从中寻觅出祖先文化历史发展之血脉，在读者面前展示出茫茫远古岁月的历史景象，对推进中华文明的传承和中华民族的伟大复兴有着积极的意义。应该说，这是马平安教授勤奋治学的重要成果，与前著《黄帝文化与中华文明》交相辉映，构成其远古文明历史研究的双子星座。我们相信，在中华儿女为中华民族伟大复兴而不懈奋斗之今日，炎帝神农氏——中华民族的始祖，将永远激励中华儿女披荆斩棘、乘风破浪，佑福我泱泱华夏创造更大的辉煌，走向更加美好的未来！

该专著的出版，得到了很多单位和同志的助力。湖南省株洲市委市政府、湖南省炎帝陵基金会、株洲市财政局、中共炎陵县委县政府、湖南工业大学从不同角度给予支持，湖南省炎帝陵基金会牵头组织，炎帝陵基金会办公室主任沈红星统筹协调，中共炎陵县委宣传部、湖南炎帝文化研究与传播社科普及中心积极参与，陈卫华、朱建军、方强、黄国信、段谭云、张江华、席道合、何美琪、丁敢等同志予以文献资料、观点佐证、遗迹考察等方面的帮助。团结出版社社长梁光玉、总编辑赵广宁及各位领导，编辑赵真一等为本书的出版，尽心尽力。大家都有一个共同的想法：炎帝老祖宗的事，岂可旁观？这应该是所有炎黄儿女的心声吧！

项目组委会

2023 年 5 月 20 日